Comprendre l'alcoolisme pour en sortir

Daniel BENEDIC

Comprendre l'alcoolisme pour en sortir

L'Harmattan

5-7, rue de l'Ecole-Polytechnique, 75005 Paris

http://www.editions-harmattan.fr

ISBN : 978-2-343-15612-5
EAN : 9782343156125

Seul l'esprit s'il souffle sur la glaise peut créer l'Homme. (Antoine de Saint Exupéry, Terre des Hommes)[1]

[1]Antoine de Saint Exupéry in *Terre des Hommes*. Recueil d'essais autobiographiques paru en Février 1939 en France où il reçoit le grand prix du roman de l'Académie française, puis aux États Unis, en juin, sous le titre de *Wind, Sand and Stars* où il reçoit le National Book Award de 1939.

Remerciements

L'auteur tient tout particulièrement à remercier :

Madame Sandrine Charnier, psychologue au Service d'Alcoologie de Nancy, pour ses conseils éclairés, ses idées novatrices, sa créativité, ses analyses et le suivi qu'elle m'a accordé tout au long de mon traitement de même que pendant la rédaction de ce livre.

Madame Claudine Gillet, responsable du Service des consultations alcoologiques et tabacologiques au CHU de Nancy pour son suivi, sa compétence incontestée, sa grande expérience et ses conseils pertinents durant mon traitement en alcoologie et tabacologie.

Monsieur Jean - Marie Schlegel, membre de groupes de paroles et d'associations pour sa compréhension fine et encyclopédique de la maladie alcoolique, son sens aigu de la psychologie humaine, ses conseils, sa présence, son aide irremplaçable et la disponibilité dont il a fait preuve durant ma démarche d'arrêt de l'alcool.

L'ensemble des professionnels du Service d'alcoologie du CHU de Nancy pour leur connaissance approfondie de la maladie alcoolique, leur professionnalisme, leur motivation, leur disponibilité et leur patience.

Sans eux il y a longtemps que je ne serais plus là alors que je suis en pleine forme.

Préambule

L'idée de ce livre est venue de deux constats très simples. Tout d'abord, bien que l'alcoolisme soit un des plus vieux problèmes de dépendance de l'humanité il est également un des plus mal connus. Ensuite, les Services d'Alcoologie professionnels ont une compréhension de cette maladie qui ne pas fait l'objet d'ouvrages de vulgarisation à ma connaissance. Il existe de nombreuses publications professionnelles bien entendu, notamment de la Société Française d'Alcoologie, mais ce sont des publications que le grand public n'a pas l'occasion de lire. Les idées contenues dans ce livre trouvent leur origine dans les éléments suivants :

- les concepts des centres d'alcoologie professionnels tels que je les ai compris, je ne suis pas du tout mandaté pour en être le porte-parole, il s'agit de mon interprétation personnelle de ces concepts c'est-à-dire de l'interprétation d'un patient et de l'usage qu'il en a fait, j'ai tenu à garder une indépendance totale pour avoir la liberté de dire ce que je pense

- les idées échangées avec 750 buveurs environ et avec le personnel soignant

- les idées tirées de mon expérience et de ma réflexion personnelle

- ma pratique de l'alcoolisation au travers d'expériences et d'anecdotes vécues

L'usage des boissons alcooliques est contemporain de la sédentarisation de l'homme pendant le néolithique avec l'apparition de l'agriculture et l'invention de la poterie. La découverte de ce produit est vraisemblablement due à un mauvais stockage de produits alimentaires laissés à la pluie. Les premières traces de vin connues datent de cette époque, des archéologues ont trouvé à Zagros en Iran des amphores de vin vieilles de 7500 ans. La première représentation des procédés de vinification, elle, est le fait des Égyptiens, remontant au troisième millénaire avant Jésus Christ. On la trouve sur des bas-reliefs représentant des scènes de pressurage et de vendange, datant de 2500 av. J.C. En revanche, il est bien difficile de dater le début de la viticulture. Le raisin de ces vins était-il une lambrusque, vigne sauvage, ou était-il déjà cultivé ? Les historiens hésitent entre la région de Transcaucasie au sud de la mer Caspienne où se trouvent la plus grande variété de vignes sauvages au monde et la région entre la Palestine et la Mésopotamie. De ces régions, la vigne va rapidement gagner tout le croissant fertile. La « magie » de cette boisson a été rapidement contrôlée et son usage réservé aux pratiques religieuses, divinatoires, médicamenteuses et nutritionnelles... il y a déjà 10000 ans.

Les contemporains de cette découverte vont rapidement organiser la production, la consommation et ses bonnes règles, la diffusion, la limitation et la sacralisation du produit.

Les Grecs et les Romains (3 000 ans av JC) connaissent l'art viticole (sélection des plans, culture, taille) décrit dans l'Iliade et l'Odyssée. Ils connaissent également l'hydromel (fermentation du miel) et la cervoise, ancêtre de la bière. La cervoise était la boisson de Cérès, déesse des céréales. Outre le houblon, elle est aujourd'hui composée d'un mélange de céréales choisies parmi : l'orge, le froment, le seigle, le maïs, le riz, le seigle, l'avoine et l'épeautre.

L'Égypte ancienne. Des papyrus égyptiens décrivent les étapes de fabrication et l'importance de la production et de la commercialisation de la bière et du vin. La première appellation date probablement de cette époque avec des sceaux indiquant l'origine des boissons, les bons vins et les bonnes années. L'histoire égyptienne apportera un autre élément essentiel : les boissons fermentées s'autopurifient, la fermentation élimine les germes et les parasites. Les médecins de l'ancienne Égypte l'utiliseront pour lutter contre les parasitoses notamment la bilharziose endémique dans les eaux du Nil. En Mésopotamie au XVIIe siècle avant J.C, la stèle d'Hammourabi, roi de Babylone, comporte des usages de qualité sur le vin de dattes et sur l'interdiction faite aux prêtresses d'en consommer avant les sacrifices. Il valait mieux qu'elles aient les idées claires.

L**a Grèce antique**. Euripide, dramaturge grec, écrit dans « les bacchantes » en 408 avant JC :

« Il y a deux divinités, ô jeune homme, qui tiennent le premier rang chez les hommes. L'une est la déesse Déméter, ou la Terre - donne-lui le nom que tu voudras - c'est elle qui d'aliments solides nourrit les mortels. L'autre s'est placée de pair avec elle, c'est le fils de Sémélé (Dionysos). Il a trouvé un breuvage, le jus de la grappe et l'a introduit parmi les mortels... ». En quelque sorte, le pain (Déméter) et le vin (Dionysos). Dionysos (plus connu sous son nom Romain de Bacchus), fils de Zeus et de Sémélé, avait un père nourricier et précepteur Silène toujours ivre. Il passera sa jeunesse cachée en Égypte pour fuir la haine de Junon, apprendra à planter la vigne et sera vénéré comme le Dieu du vin, Junon finira par le frapper de folie... Son culte sera synonyme de fantaisie, de la fête, de la joie, de l'inspiration dans l'ivresse mystique. La littérature de cette époque est riche. On en retiendra la notion du « trop boire » mal vue d'un Socrate jamais ivre, buvant avec modération, éveillant son esprit sans excès de langage, d'un Platon interdisant le vin avant 18 ans, l'autorisant modérément jusqu'à 30 ans et levant toute limite après la quarantaine. À cette époque l'espérance de vie était beaucoup plus courte que la nôtre et ceux qui dépassaient nettement la quarantaine n'étaient pas légion.

Rome. Les Romains prennent le relais (Dionysos devenant Bacchus) avec les fêtes réglementées des bacchanales. L'empire s'étendant et exportant ses usages, il exporte avec succès la vigne et le vin. Cette époque devient très expansive, productrice et rend la consommation de vin plus démocratique. Le vin devient le support de médicaments (Caton l'Ancien 234 - 149 avant JC). L'alcoolodépendance est décrite à cette époque dans « De agri cultura » du même Caton l'ancien. La différence entre la consommation d'alcool et la dépendance, c'est-à-dire le stade où l'alcool devient une drogue date donc de 2200 ans au minimum. L'alcoolo dépendance étant la caractéristique qui justifie le statut de maladie, on mesure le retard de certains de nos contemporains dont la plupart sont incapables de faire clairement la différence entre ces deux concepts. Les idées répandues à son sujet comptent parmi les plus arriérées et les plus fausses qui soient concernant un problème de santé publique. Problème qui est à l'origine de 49 000 décès par an, chiffre le plus couramment admis actuellement. Il a fallu deux siècles pour admettre que la terre tourne autour du soleil. Il y a plus de deux millénaires que l'on refuse d'admettre que l'alcoolisme est une maladie en dépit de l'avis de l'Organisation Mondiale de la Santé de 1978 sur le sujet.

Cet obscurantisme est dû tout d'abord aux aprioris véhiculés sur ce fléau. La croyance populaire postule que ceux qui en sont atteints l'ont bien cherché de même que « qui a bu boira ». Deux axiomes totalement faux pour ceux qui en décident autrement. Il trouve également et surtout ses racines dans la méconnaissance totale des quelques mécanismes qui ont été identifiés jusqu'à présent. Bien du chemin reste à parcourir mais les connaissances actuelles sont suffisantes pour permettre de s'en sortir quand on est motivé comme le montre cet ouvrage.

Les connaissances et les découvertes sur l'alcool contenues dans cet ouvrage sont dues aux équipes soignantes des Services d'alcoologie. Le patient qui a rédigé ce livre n'a inventé quasiment aucun concept médical fondamental par lui-même. La rédaction de cet ouvrage est destinée à éviter que cette somme de connaissances et de progrès ne disparaisse de l'esprit du grand public. Ce livre est écrit par reconnaissance pour ceux qui l'ont tiré de cette saleté mortelle et pour servir à ceux qui en auront besoin à l'avenir. Pour que le savoir ne soit pas cantonné aux milieux spécialisés mais à la portée de tous. Caressons-en l'augure. Voilà pour ce qui concerne les motivations conscientes. Si elles existent, les motivations inconscientes sont inconscientes et on ne peut donc pas les connaître par définition. Ce qui n'empêchera jamais les adeptes de la psychologie de prisunic de s'en donner à cœur joie. Un problème insoluble devant être considéré comme résolu, on passe à la suite sans perdre de temps à nous y attarder.

Le Service hospitalier concerné a une pratique de plus de 30 ans des traitements de la dépendance alcoolique. À ce titre des milliers de cas y ont été traités depuis une trentaine d'années. L'auteur, abstinent depuis le 30 décembre 2006, fréquente ce service depuis novembre 2004. En tant que membre d'un groupe de parole, il a eu connaissance de 750 cas environ d'autres buveurs. Leurs expériences sont des témoignages de ce que l'on connaît aujourd'hui de cette dépendance ainsi que de certaines méthodes actuellement utilisées pour en sortir.

Bien entendu, il n'est pas dans notre propos de prétendre que ce Service hospitalier est le seul à avoir compris la dépendance alcoolique. D'autres services ont également un très bon niveau d'analyse de ce phénomène. Nous n'en citerons aucun de peur d'en oublier mais que les patients se rassurent, le traitement des problèmes liés à l'alcool est tout à fait possible ailleurs en France dans le secteur public. Et point n'est besoin de recourir à des soins privés onéreux hors de portée du commun des mortels. On a tout ce qu'il faut dans nos hôpitaux. La Santé étant un des rares Services Publics français qui fonctionnent encore à peu près bien. Nous ne pouvons malheureusement pas parler de l'étranger par manque d'informations sur le sujet. Encore un thème qui reste à développer.

Ce livre est destiné à tous publics. Cependant, l'auteur ne se fait pas d'illusions sur son impact concernant la vision de ce que tout le monde appelle l'alcoolisme. Il y a très peu de livres qui ont su modifier les erreurs de jugement de nos contemporains. Celui-ci ne fera pas exception. On se heurte tout d'abord au conservatisme viscéral de ceux qui ne veulent pas ou sont incapables d'admettre qu'ils se sont trompés depuis toujours sur un sujet quel qu'il soit. On ne peut rien pour ces pauvres bougres. Mais au-delà de cette attitude bornée il y a une réelle difficulté à maîtriser tous les concepts actuellement connus sur cette maladie. En effet, ils sont très nombreux et cette discipline est aussi complexe que n'importe quelle spécialité de médecine me semble-t-il. De même que l'on ne devient pas chirurgien cardiaque en 2 semaines, personne ne deviendra alcoologue de haut vol à la simple lecture de cet ouvrage ou d'un autre. Est-ce que je fais des opérations à cœur ouvert, moi ? De plus, il est nécessaire de traiter le sujet avec des patients comme dans n'importe quel cursus médical. Ce traitement doit évidemment être accompagné d'un professionnel qui connaît le sujet pour éviter toute erreur de jugement. Comme c'est la règle dans la formation de tout médecin. La formation médicale à l'alcoologie étant très peu répandue à ce jour, tout le monde se forme comme il peut au contact des spécialistes du domaine. Il convient de rappeler que, sauf erreur de ma part, les cours d'alcoologie ne durent que quelques heures dans les études de médecine générale si nos informations sont exactes. Il est inutile de dire que quelques heures ou rien c'est exactement la même chose. Ce rappel permet de comprendre pourquoi les généralistes ne peuvent pas être suffisamment compétents sur le sujet. Ce chiffre explique également en partie pourquoi l'alcool tue 49 000 personnes par an, c'est à dire 134 par jour quand la route en tue 9. Soit 15 fois moins mais ceux-là rapportent électoralement. Certains morts sont plus égaux que les autres. Ne nous faisons aucune illusion pour l'avenir. En raison de la crise économique actuelle aucun crédit supplémentaire ne sera accordé à ce secteur quel que soit la couleur politique de nos gouvernants. D'autant plus que politiquement ça ne rapporte aucune voix supplémentaire aux élections. Donc tant pis pour les buveurs qui devront donc continuer à trépasser tranquillement par bataillons de 49 000 par an en se débrouillant avec les structures existantes. Bonne chance. En ce qui me concerne tout va bien merci. J'ai eu la chance d'en sortir vivant. Ça n'est pas le cas pour tout le monde et ça n'est pas près d'être le cas. Saluons quand même au passage une initiative politique positive. Il s'agit de l'obligation de créer un service d'alcoologie dans tous les hôpitaux publics. Jusque-là tous les gouvernements successifs avaient consciemment décidé que les buveurs étaient priés de mourir en silence. De préférence. On ne va quand même pas dépenser de l'argent pour ces bons à rien, non mais sans blague. À quand le prochain progrès ? Après les difficultés économiques actuelles. Probablement pas avant une vingtaine d'années dans le meilleur des cas. Courage.

Chapitre 1 - Qu'est-ce que l'alcoolisme et la dépendance ?

I) Qu'est-ce que l'alcoolisme ?

Avant de parler de problèmes d'alcool il convient tout d'abord de préciser que pour 97 % des Français l'alcool n'est pas une drogue dans la mesure où ils n'en sont pas dépendants. Ils en consomment quand ils le souhaitent comme la viande, les yaourts, les pommes de terre ou la choucroute. Ils peuvent arrêter à volonté. Mais pour 3,0 % d'entre nous pour être précis, l'alcool est une drogue au même titre que l'héroïne, la cocaïne, le crack, le tabac, etc. Ceux-là sont dépendants et ne peuvent s'en passer qu'à la condition d'arrêter totalement d'en consommer. Ce qui est loin d'être facile. Le problème est le même avec l'héroïne, le tabac, etc. Seul le nombre de morts diffère d'une drogue à l'autre. Le tabac fait un peu mieux avec 66 000 morts par an. Certaines statistiques donnent même 73 000 morts par an mais nous garderons l'estimation minimale de 66 000 morts dans cet ouvrage. Quant à l'héroïne elle n'atteint que 750 morts par an (soit 1,7 % de l'alcool et 1,1 % du tabac). Ce score très faible pourrait être avantageusement amélioré avec la dépénalisation des drogues dont le projet est régulièrement ressorti par certains politiques sur le déclin. L'esprit humain est plein de ressources pour se refaire une petite popularité démagogique et populiste. Bien entendu ce projet serait le bienvenu si les partisans de la dépénalisation avaient des arguments clairs en faveur de cette mesure. Arguments qui m'ont échappé jusqu'à présent mais j'ai peut-être raté un épisode. Concernant la difficulté d'en sortir, il est difficile d'établir un palmarès entre les différents produits. Parmi les consommateurs qui ont l'expérience des deux drogues que sont l'alcool et l'héroïne certains estiment qu'il est plus facile d'arrêter l'héroïne que l'alcool mais encore une fois ce genre de comparaison est quasiment impossible à prouver scientifiquement. Ajoutons enfin qu'il est étonnant que pratiquement personne ne connaît ces chiffres qui sont accessibles sur internet en 10 minutes grand maximum pour les plus nuls. Faites l'expérience, vous vérifierez que c'est vrai. Il suffit de taper « nombre de morts par l'alcool en France » par exemple. Cette simple question vous donnera accès au nombre de morts par alcool, tabac et héroïne en quelques minutes en prenant tout son temps. Qu'on ne vienne pas nous dire qu'on est mal informés. Les gens ne veulent pas être informés. Nuance. Ça s'appelle tout simplement du déni. Nous y reviendrons.

Contrairement à ce qui est généralement admis, le terme « alcoolisme » ne veut rien dire. L'imprécision de ce terme a amené un comité d'experts de l'Organisation Mondiale de la Santé à lui préférer le terme de syndrome de dépendance à l'alcool. En anglais « alcohol dependence syndrome » (Edward & Gross 1976, Organisation Mondiale de la Santé 1980). C'est ce que nous allons nous attacher à expliquer ci-dessous. Les exemples qui suivent sont tirés soit de conversations avec des « collègues » anciens buveurs abstinents, soit de cas évoqués lors des réunions de groupes de buveurs. Ce sont donc des cas réels et pas théoriques ni hypothétiques du tout.

Un jeune qui fait la fête très souvent avec ses amis en boîte ou ailleurs est-il alcoolique ? La plupart de ces jeunes finissent par vivre en couple. Dans ce cas plusieurs cas se présentent. Certains d'entre eux arrêtent de s'alcooliser. Certains continuent à consommer volontairement avec excès mais ce n'est pas un besoin. Tandis que d'autres ne peuvent plus s'arrêter et ressentent le besoin de boire. Dans ces trois catégories qui est alcoolique ? A priori la dernière catégorie paraît plus alcoolique que les deux autres. Cependant la deuxième catégorie de ceux qui continuent à s'alcooliser avec excès n'est pas mal non plus. Qu'est-ce qui permet de qualifier certains d'alcooliques et d'autres pas ? Où est la frontière ? Le terme « d'alcoolique » ne permet pas de la fixer. C'est ce problème qui a été résolu par l'OMS en 1980.

Dans certaines situations de stress professionnel certains se détendent avec un alcool. Il peut s'agir d'un simple whisky le soir par exemple. Ensuite on en prend deux puis un autre à midi au prétexte que l'on est plus détendu dans l'après-midi. De fil en aiguille la consommation augmente insensiblement. À partir de quand le sujet est-il alcoolique ? Bonne question, la réponse est loin d'être évidente.

Prenons l'exemple d'un enseignant qui a peur de ses élèves. Situation banale. Certains font face à cette situation sans avoir recours à quelque produit que ce soit par la concentration, le yoga ou des méthodes diverses et variées. D'autres prennent des anxiolytiques plus ou moins « légers ». Et dans cet échantillon on trouve des sujets qui se soignent avec un petit verre de blanc par exemple avant d'aller en cours. Cette méthode les rend plus détendus, elle les désinhibe et leur donne une plus grande aisance d'élocution. Que rêver de mieux ? L'alcool a effectivement entre autres propriétés d'être un euphorisant et de faire disparaître les inhibitions. Tout est pour le mieux dans le meilleur des mondes possibles à part que la consommation a tendance à augmenter. Elle augmente tout d'abord pendant les jours d'enseignement puis elle s'étend aux périodes qui n'ont rien à voir avec l'enseignement telles que le Week End et les vacances. Cet enseignant est alcoolique ou non ? Sur la base de ces simples éléments on ne peut pas le dire.

Prenons un nouvel exemple. Celui d'un commercial qui trinque avec ses clients. Dans cette activité les occasions ne manquent pas. Il s'agit de rendre les clients plus euphoriques, de diminuer leur vigilance, de se désinhiber soi-même pour argumenter plus facilement, de se donner du courage pour aborder des clients que l'on n'a pas nécessairement envie de démarcher, d'arroser un accord, de faire bonne figure à un repas d'affaires, etc. Dans un tel métier la plupart des commerciaux sauront gérer leur consommation d'alcool pour en absorber le minimum. Alors que d'autres sauteront sur toutes les occasions pour absorber un maximum de cet euphorisant qui ne vous veut pas que du bien. Et là encore, la même question se pose : le commercial se plie-t-il aux contraintes de son métier ou a-t-il glissé insensiblement dans l'alcoolisme ? Et à partir de quand ?

On peut également évoquer le cas d'un secteur d'activité réputé à tort ou à raison pour sa consommation d'alcool. Je veux parler du bâtiment. Dans ce secteur, des terrassiers aux architectes et des maçons aux ingénieurs il est de bon ton de limiter la quantité d'eau dans le pastis ne serait-ce qu'en raison des dures conditions climatiques qu'il faut affronter en hiver. L'eau étant le produit le plus toxique dans cette boisson comme chacun le sait. Eh bien là non plus, tout le monde ne devient pas dépendant au produit. Et il faut faire la différence entre ceux qui font comme les copains sans être esclave de la boisson et ceux qui ne peuvent plus s'en passer. Ils boivent tous plus que la moyenne mais le terme d'alcoolique ne permet pas de faire la différence entre ceux qui peuvent s'arrêter et ceux qui ne peuvent plus.

Il existe également des cas qui sont à la limite de la dépendance et qui sont pour moi les plus difficiles à décrire, à diagnostiquer et à traiter. Il s'agit par exemple de quelqu'un qui a eu une activité professionnelle de contact avec des clients. Il a notamment été commercial, chômeur et divorcé de même qu'il a eu d'autres activités professionnelles le mettant en contact avec les autres. Cet individu ne réussit pas à s'arrêter de boire quand il commence mais il ne consomme apparemment pas grand-chose ou rien du tout entre ces périodes. Bizarre, bizarre. Est-il dépendant ? Je pense que oui et qu'il ne pourra plus jamais boire tranquillement comme les 97 % de français dont nous venons de parler supra. En revanche il n'a pas sombré dans une consommation excessive régulière. Peut-il être qualifié d'alcoolique ? Dans ce cas je n'en ai aucune idée. Joker ! La parole est aux professionnels qui ont mis au point des définitions de la dépendance.

Il convient de noter dans les exemples précédents que j'ai pris des cas où il est facile de trouver l'origine et quelques fois la cause de l'alcoolisation. Cette méthode a des raisons uniquement pédagogiques. Elle est destinée à faciliter la compréhension du texte. Malheureusement, dans la plupart des cas il est bien difficile voire impossible de trouver la cause du mal. Ce point doit être souligné pour que le lecteur ne s'imagine pas que tout est toujours aussi simple, loin s'en faut. Si c'était le cas, ça se saurait. J'ai simplement donné l'illusion de la simplicité.

II) Comment j'ai vécu le chemin vers la dépendance

Prenons un dernier exemple, le mien. Je n'ai jamais compris pourquoi je me suis mis à boire de plus en plus. J'ai eu une vocation tardive vers cinquante ans, quarante-huit peut-être. Il est en effet difficile de dire à partir de quand je me suis mis à boire pour rechercher consciemment l'effet euphorisant de l'alcool. Auparavant je ne buvais de l'alcool qu'aux repas de famille ou avec des amis mais jamais quotidiennement. Je ne buvais donc quasiment pas. J'étais célibataire à cette époque et je recherchais du travail. J'ai alors commencé à aller boire quelques demis au café en-dessous de chez moi. J'habitais alors en ville sur une belle place dans un quartier renaissance d'une ville moyenne. Le quartier est un des plus recherchés dans cette cité. J'étais donc dans un environnement extrêmement favorisé. D'un point de vue financier j'avais assez d'économies pour tenir un bon moment dans cette situation sans avoir de problèmes d'argent bien que je n'eusse aucune indemnité de chômage. Par ailleurs j'avais trouvé un demi-poste d'enseignant à l'Université avec le grade de Maître de Conférences qui me donnait un minimum de revenus (un peu plus qu'un SMIC sur 12 mois) et surtout des obligations pour préparer mes cours ainsi que d'être frais au moins une fois par semaine pour aller enseigner. J'avais en effet la possibilité de grouper mon service en une demi-journée par semaine.

Je fumais et les effets conjugués de la bière et du tabac me procuraient évidemment un grand plaisir. Ma consommation est rapidement montée jusqu'à 7 demis environ à chaque sortie, quelques fois plus. Arrivé à cette dose je remontais chez moi mais je ne sais plus si je regardais alors la télévision ou si j'allais directement me coucher. Je ne faisais pas ça tous les jours mais je suis incapable de me souvenir de la fréquence exacte de mes sorties bistrot à cette époque. J'ai ensuite retrouvé du travail comme salarié à Paris dans une grande banque puis comme consultant international libéral. Tous ces postes m'ont toujours permis de garder mes fonctions d'enseignant dans cette Université de même que j'ai toujours conservé mon logement dans ce vieux quartier. À cette époque j'étais convaincu que je buvais de temps à autre parce que cela me procurait un grand plaisir (propriété euphorisante de l'alcool) mais que cette pratique n'avait aucun effet néfaste sur moi dans la mesure où je suis doté d'une résistance physique supérieure à la moyenne. Sur ce dernier point je pense que j'avais raison mais pas sur le premier. Je commençais en effet à être dépendant ou je l'étais déjà ce qui a fini par me mettre dans une situation physique et sociale très inconfortable, c'est le moins que l'on puisse dire comme nous le verrons par la suite. Bien entendu je ne me rendais absolument pas compte que j'étais sur une mauvaise pente ce qui est très classique à ce stade du processus d'alcoolisation (déni).

Comme je l'ai dit supra j'ai assez rapidement trouvé du travail que j'ai conservé jusqu'à ce que j'arrête de boire et même après, jusqu'à ma retraite. Néanmoins cette réinsertion professionnelle après le chômage ne m'a pas empêchée de continuer à picoler. Dans mes fonctions de salarié à Paris j'habitais un petit hôtel 5 jours par semaine et je rentrais dans ma province préférée tous les vendredi soir pour le Week End. Je repartais le lundi matin dès l'aube naissante. Je buvais alors un peu plus que de raison 2 à 3 fois par semaine mais sans trop d'excès. Néanmoins je rentrais quand même quelques fois à l'hôtel ou chez moi dans un état d'euphorie avancée. La culpabilité habituelle du buveur aidant, je craignais toujours que le veilleur de l'hôtel se rende compte que je n'avais pas bu que de l'eau minérale. Qu'en était-il vraiment ? Nous ne le saurons jamais. J'avais alors simplement les yeux un peu plus rouges que d'habitude le lendemain matin. Je culpabilisais alors énormément en pensant que tout le monde voyait que j'avais picolé mais il n'en était rien. Là aussi nous sommes en présence d'une réaction de culpabilité classique du buveur qui a tendance soit à exagérer sa perception de l'état où il est, soit à la minimiser selon son degré de lucidité sur sa pratique du produit. L'exagération est très courante. Je prenais le bus tous les matins à Denfert Rochereau et je guettais les gens alentour en craignant de rencontrer quelqu'un que je connaissais. Ce qui n'est jamais arrivé. Paris est une ville totalement anonyme ou presque. La ville rêvée pour le buveur de fond comme toutes les capitales. La solitude chronique du parisien présente quelque avantage.

Ce job de banquier a été constitué en réalité de 3 contrats successifs à durée déterminée. Ils ont toujours été renouvelés jusqu'à ce que la réglementation en vigueur sur les contrats de travail l'interdise. À la suite de ces contrats je n'ai pas été embauché en contrat à durée indéterminée parce que la politique de la maison consistait à recruter des gens beaucoup plus jeunes pour alléger la pyramide des âges de ma génération du baby-boom. Cette politique était très classique en ce temps-là dans les services de Ressources humaines de toutes les boîtes françaises. Elle le sera en France jusqu'à ce que ces générations disparaissent du marché du travail, ce qui n'est pas le cas dans la plupart des autres pays développés. En effet les autres pays à peu près civilisés ont une attitude d'exclusion beaucoup moins intolérante vis-à-vis des seniors que la France. Ces renouvellements ont pour seul intérêt de prouver que l'alcool n'avait pas encore entamé mes capacités intellectuelles jusque-là dans la mesure où j'avais donné entièrement satisfaction.

En effectuant ces trois contrats j'étais resté en contact avec les Ressources humaines parisiennes de mon ancien poste (de financier dans une autre grande banque française). Étant resté en bon termes avec eux bien que je les eu quittés, ils ont fini par me trouver un poste de consultant international à condition que je l'exerce en tant que profession libérale. Cette condition était destinée à éviter de les obliger à me trouver un point de chute à la fin de la mission envisagée en Ukraine. Poste que j'ai pris à la fin de mes contrats dans l'autre banque. Il m'a suffi de me déclarer en tant que consultant libéral dans les organismes concernés ce qui ne m'a pris que quelques heures dans ma province d'origine. Deux ou trois me semble-t-il.

Au cours de cette première mission en Ukraine financée par la Commission européenne, je n'ai pratiquement pas bu. J'ai pris deux bonnes cuites là-bas en 2 ans. Pas plus. C'est-à-dire trois fois rien. Et je ne buvais pas d'alcool à table. J'étais donc d'une sobriété totale. En revanche je picolais beaucoup plus souvent quand je rentrais en France. Là encore, la fréquence exacte m'échappe. Ce souvenir s'est également effacé de ma mémoire mais je me souviens d'avoir culpabilisé d'avoir bu la veille des cours. Je me souviens également très bien d'avoir souffert pour faire certains cours. Les vapeurs d'alcool n'étant évidemment pas dissipées. Le foie élimine environ 0,10 g à 0,15 g d'alcool pas heure. Ayant arrêté de boire 6 à 7 heures avant le cours, il en restait une bonne dose dans le sang ce qui embrume quelque peu les méninges. À faibles doses l'alcool peut produire les effets bénéfiques que nous venons de citer mais petit à petit les doses augmentent et les effets néfastes apparaissent : fatigue intellectuelle, lenteur cérébrale, difficulté à réfléchir, difficulté de concentration pour n'en citer que quatre parmi des dizaines d'autres. Mais peu importe, je continuais à m'en sortir sans accrocs. Je souffrais après mes consommations mais apparemment ça ne se voyait pas trop. Et de plus je ne consommais pas encore quotidiennement ce qui me laissait le temps de récupérer et d'avoir quelques journées parfaitement lucides et « normales ».

À titre d'exemple je mentionnerai quand même une anecdote. Un jour il me fallait terminer la rédaction d'un rapport d'audit en anglais pour le soir même car j'avais imprudemment promis de le rendre ce jour-là. Dans le milieu du conseil à l'international la parole donnée a une valeur considérable. En effet personne ne vous voit travailler puisque vous le faites souvent à la maison. Nous ne pouvons être jugés que sur les travaux remis et personne ne sait exactement combien de temps il nous a fallu pour le faire. Dans ce contexte le respect des délais fait partie du sérieux du travail. Chacun fixe lui-même les délais qui lui sont nécessaires. Si l'on ne les tient pas on n'est évidemment pas très fiable. Ce matin-là j'avais d'énormes difficultés à travailler parce que j'avais consommé la veille au soir et j'ai souffert le martyre pour terminer ce travail à temps. Il me fallait constamment me fouetter moralement pour ne pas abandonner tant l'effort intellectuel m'étais pénible. J'y suis arrivé et je me suis juré de ne jamais plus boire quand j'aurais du travail à fournir. Promesse d'alcoolique que je n'ai jamais tenue bien entendu. Il est clair que 3 ans environ après avoir commencé à boire j'étais déjà dans l'incapacité de m'arrêter quand j'avais commencé ce qui est un signe clair de dépendance. La dépendance était-elle déjà définitivement installée ? Je l'ignore car il m'est difficile de le prouver après coup mais je pense que oui. À ce stade la consommation ne peut qu'augmenter et il est probable que tout retour à la normale est déjà impossible. Ceci dit l'avis des professionnels serait très utile sur ce point que je ne sais pas trancher clairement moi-même.

Par la suite j'ai continué à effectuer des missions pour des organismes internationaux tels que la Commission européenne, la Banque Mondiale ou la Banque européenne de Reconstruction et de Développement (BERD en français, EBRD en anglais). En parallèle j'ai également continué à donner des cours à l'Université. Je pouvais par chance rattraper mes cours lorsque je devais m'absenter plusieurs semaines à l'étranger. J'ai ainsi continué à travailler en Ukraine puis en Serbie, au Kosovo, en Bosnie, en Tunisie et en Algérie. Dans ce dernier pays j'avais arrêté définitivement de boire depuis 21 jours au début de la mission. Au fil du temps je buvais bien entendu de plus en plus souvent et des quantités de plus en plus importantes. Néanmoins je pense que ces missions m'ont un peu préservé en ce qu'elles m'obligeaient à modérer ma consommation pour assumer mon travail correctement. Jusqu'en 2005 j'ai pu faire face à peu près convenablement et les premières dégradations claires sont apparues cette année-là. J'ai continué à mener conjointement mes deux carrières de consultant et de buveur de fond tant bien que mal jusqu'en 2006. Année où il m'a fallu choisir entre la déchéance et la résurrection. J'ai fait le bon choix, maintenant tout va bien, merci. Nous reviendrons ultérieurement sur les conditions nécessaires à la rédemption. J'ai arrêté définitivement (jusqu'à présent) le 30 décembre 2006 vers 8 heures du matin après avoir fait un sevrage un an plus tôt suivi d'une rechute 3 mois après environ.

Que peut-on tirer de mon expérience et de mon passage en enfer ? À mon avis pas grand-chose quant aux causes de ma chute dans cette maladie. En revanche mon expérience comme celle de tous les buveurs est très riche d'enseignements sur les différentes conditions et chemins pour s'en sortir.

Revenons aux causes dans un premier temps. Je vivais donc seul et je devais affronter l'angoisse de ne pas retrouver de travail si tout se passait mal. La solitude ne m'a jamais gêné, je l'ai toujours recherchée, à temps partiel tout du moins. C'est même la raison pour laquelle je ne me suis jamais marié. Certes le chômage est une situation particulièrement angoissante mais j'ai retrouvé du travail avant d'être devenu totalement dépendant. Pourquoi ai-je continué à boire alors qu'il était peut-être possible d'arrêter sans dommages ? Je ne sais pas. Les esprits simplistes et les adeptes de la psychologie de bas de gamme concluront que les causes de mon alcoolisation sont claires : solitude et chômage. La cause est entendue, n'en parlons plus, circulez ! Candidat suivant et que ça saute ! C'est peut-être vrai mais je n'en suis pas persuadé dans la mesure où le début de ma dépendance peut être situé en 2000 comme nous le verrons plus loin. C'est à dire 6 ans environ après la fin de ma période de chômage et de solitude. Cette observation prouve une fois de plus s'il en était besoin que la psychologie simpliste de prisunic est bonne à mettre à la poubelle à mon avis. Et je le partage. De plus, tous les gens qui connaissent la même situation ne réagissent pas en devenant des buveurs invétérés. Qu'est-ce qui fait la différence entre eux. Si quelqu'un a des idées à peu près élaborées sur le sujet, j'achète. J'ai bien dit élaborées. Personnellement je suis incapable de conclure sur ce point. De plus je suis personnellement convaincu que les causes de l'alcoolisation n'ont aucun intérêt et ne sont d'aucune utilité pour s'en sortir. Je pense même que leur recherche est un obstacle infranchissable à la guérison contrairement à l'idéologie freudienne dominante. En effet, la cause étant impossible à trouver la plupart du temps, sa quête totalement vaine empêche le buveur de choisir une autre voie pour en sortir. Il erre donc éternellement dans ce labyrinthe sans issue et s'enfonce inexorablement. Fournissant ainsi une clientèle captive à tous les thérapeutes de la terre. La recherche de la cause est dans ce cas un prétexte supplémentaire pour continuer à boire au motif que tant que l'on n'aura pas trouvé cette cause on ne pourra pas s'en sortir. En attendant on continue gaillardement à picoler avec la meilleure conscience du monde. Je fais tout ce qu'il faut pour m'en sortir mais pour l'instant ça ne marche pas. Tant que je n'aurai pas trouvé le traumatisme primal ou je ne sais quoi je n'y peux rien, je suis condamné à boire en raison de la dépendance. Ben voyons. C'est une des multiples formes du déni. Il s'agit ici de refuser de voir qu'on applique une méthode psychologique totalement vouée à l'échec dans ce cas précis. Je suis personnellement tombé dans ce panneau grossier. J'ai entamé ma renaissance quand je suis sorti de cette impasse en forme de « bonne conscience ». J'étais alors disponible psychologiquement pour essayer d'autres méthodes qui ont fonctionné. Il était grand temps.

À travers les exemples évoqués supra on se rend compte qu'il y a toujours un moment, une période pendant laquelle les sujets boivent trop et trop souvent sans correspondre à la définition vernaculaire de l'alcoolisme. Et tout d'abord, cette définition existe-t-elle ? La réponse est clairement NON. Un buveur excessif qui peut s'arrêter quand il veut est-il un alcoolique ? Un buveur qui ne peut plus se passer d'alcool une seule journée est-il un alcoolique ? Il est clair que les deux notions sont totalement différentes. En conséquence on ne peut pas donner le même nom à deux concepts totalement différents. Nous venons donc de démontrer que le terme « alcoolisme » est beaucoup trop vague pour vouloir dire quelque chose et qu'il faut lui trouver un substitut qui ait un sens clair. C'est pourquoi ceux qui connaissent le sujet parlent de « dépendance » (à l'alcool). Et sur ce point tous les gens compétents en la matière sont d'accord pour admettre que le terme de dépendance a un sens alors que l'on peut mettre derrière « l'alcoolisme » une infinité de situations différentes de telle sorte qu'on ne sait pas de quoi on parle. De même il vaut mieux parler de buveur plutôt que d'alcoolique pour les mêmes raisons. Le buveur est simplement celui qui picole de temps à autre, même si ces épisodes sont rapprochés. Mais on ne sait pas s'il ne peut plus se passer du produit ou s'il s'agit simplement d'un joyeux fêtard qui fait la fête un peu trop souvent en pouvant s'arrêter selon son bon plaisir. Et surtout selon le bon plaisir de son entourage. Il y a donc des gens sobres, des buveurs dépendants et des buveurs non dépendants. Maintenant on sait de quoi on parle. Les statistiques françaises reprennent d'ailleurs ces concepts. Il y aurait en France 5 millions de buveurs dont 2 millions sont dépendants. Si ces chiffres sont exacts, nous aurions donc 3 millions de buveurs excessifs qui ne sont pas dépendants et peuvent arrêter de s'alcooliser quand ils veulent et 2 millions pour qui l'alcool est une drogue dure au même titre que l'héroïne, la cocaïne, etc. Ce taux de 3,0 % de dépendants dans notre beau pays (2 / 66 millions d'habitants en 2013) peut paraître faible mais sa « faiblesse » est due à la mortalité associée à la consommation d'alcool. Rappelons que 49 000 buveurs meurent chaque année en France. Ils sont à peu près tous dépendants. Ce chiffre montre qu'il faut 49 000 nouveaux alcooliques tous les ans ne serait-ce que pour maintenir le stock de 2 millions de buveurs dépendants. Il est clair que ce penchant pour la boisson nécessite une énergie soutenue de la part des nouveaux candidats. Le taux de 4,5 % de buveurs excessifs (3 sur 66 millions) dont certains vont devenir dépendants n'est pas à la portée de n'importe quel pays. On est bon où on peut.

III) La dépendance

On peut donner de la dépendance la définition suivante :

La dépendance est un état où le buveur n'est plus capable de contrôler sa consommation en dépit d'une conscience plus ou moins aiguë des problèmes liés à une consommation abusive. De nombreux types de dépendance sont possibles : pharmacodépendance, dépendance par rapport à un somnifère (hypnotique), à un antidépresseur, à un anxiolytique, à l'alcool, au tabac ou à une autre drogue, dépendance pour une activité telle que le jeu par exemple, etc. Il y aurait même des gens dépendants du travail. L'être humain est d'une créativité insoupçonnable dans le délire.

Bien entendu on peut trouver d'autres définitions de la dépendance, ce n'est pas ce qui manque mais l'essentiel est de bien comprendre que la personne dépendante ne peut plus se passer de la substance concernée. Elle en est incapable quel que soit son niveau intellectuel en dépit des risques, des dégâts sur sa santé, sur sa vie sociale, sur sa vie psychique et sur celle de ses proches. Ces dégâts psychologiques peuvent bien entendu aller jusqu'à maltraiter les autres ou à les tuer. Le produit à l'origine de la dépendance est plus fort que la propre volonté des individus qui n'existe plus. C'est pourquoi le corps médical considère qu'il s'agit de maladies puisque l'individu ne peut absolument plus s'affranchir du besoin d'absorber le produit concerné. C'est particulièrement vrai de l'alcool qui est plus fort que tout. Tant qu'il y a consommation c'est l'alcool qui commande. Plus du tout l'individu qui en est l'esclave. Il en est de même de toutes les autres substances psychoactives telles que tabac, héroïne, cocaïne, crack, etc. La dépendance est reconnue comme une maladie en France depuis 1978 bien que certains esprits attardés n'aient toujours pas compris. On ne peut pas grand-chose pour eux. Les autres pays à peu près civilisés ont adopté cette même définition.

Les alcoolodépendants ne peuvent plus maîtriser leur consommation. Demander à un alcoolo dépendant de maîtriser sa consommation d'alcool revient exactement au même que de demander à un Alzheimer de faire des efforts de mémoire. Le pauvre Alzheimer ne demande pas mieux bien entendu mais les zones de son cerveau dédiées à la mémoire sont très endommagées par la maladie voire même détruite. Il s'agit dans un cas comme dans l'autre de la même forme d'intolérance de l'entourage sur le même thème moralisateur totalement rigide : « quand on veut on peut ». Cette attitude totalitaire et intolérante se rencontre fréquemment dans l'entourage des personnes âgées également. Elle est due soit à la bêtise pure et simple de l'entourage qui ne comprend pas ce qui se passe soit dans une psychologie totalement bornée qui l'empêche de se mettre à la place des autres. Le stade suivant de cette démarche psychologique consiste à penser qu'il faut s'abstenir de soigner les vieux en application du bon vieux principe nazi consistant à se débarrasser des malades, des simples d'esprits et des infirmes. Cette idéologie s'applique également aux alcoolos dépendants que l'on met toujours à l'écart en application de ces principes débordants d'humanisme. La dépendance est donc bien une maladie qui ne se manifeste plus après un sevrage. La durée nécessaire de ce sevrage dépend de chaque individu et toute reprise du produit réactive le besoin chronique de prendre de l'alcool. Quelques gorgées suffisent à enclencher irrémédiablement le processus. De même que quelques bouffées de cigarette suffisent à faire replonger les anciens fumeurs. Pour atteindre à nouveau une consommation « de croisière » il faut néanmoins quelque temps dont la durée dépend de chaque individu. Généralement comprise entre l'effet immédiat et un mois. Mais personne n'y échappe. Comme si on réactivait un programme informatique dans le cerveau. Tant que le programme est fermé il ne se passe rien. Vous n'avez quasiment plus aucune envie après quelque temps d'abstinence. Si vous l'ouvrez en consommant de nouveau il se remet à tourner comme la dernière fois que vous l'avez fermé.

Il convient de noter que les produits créant cette dépendance ont une action psychotrope. C'est-à-dire qu'ils modifient la perception du réel, qu'ils agissent sur les centres du plaisir et qu'ils procurent des sensations bénéfiques artificielles (euphorie, diminution ou disparition de l'angoisse, aisance relationnelle, disparition temporaire de la dépression (insistons bien sur le caractère temporaire de cette disparition qui est généralement suivie d'une aggravation considérable de la déprime quand le produit n'agit plus), disparition des inhibitions (souvent excessive). Ils peuvent également avoir des effets extrêmement dangereux comme l'agressivité allant bien entendu jusqu'aux coups, la disparition de la peur (très dangereux en voiture) ou le meurtre qui peut être contrariant pour les victimes et leur famille. Bien entendu tous ces effets disparaissent plus ou moins vite quand le produit a été éliminé de l'organisme. Ce qui explique en partie qu'il faille « recharger » avec une nouvelle dose pour retrouver les effets bénéfiques. Ces doses étant généralement de plus en plus élevées elles conduisent souvent à la mort tant elles finissent par avoir des effets secondaires destructeurs sur l'organisme. Voilà tout simplement pourquoi 49 000 personnes succombent chaque année en France des suites de l'alcool. C'est très simple. Ces suites mortelles sont au nombre de 16 sur lesquelles nous reviendrons ultérieurement. La mortalité liée à l'alcool est intéressante puisque 400 000 personnes en meurent tous les 9 ans France soit une ville comme Strasbourg qui serait soluble dans l'alcool. Peuvent mieux faire en s'appliquant mais c'est quand même un bon début.

Les effets euphorisants des drogues sont liés au fait qu'elles produisent une sécrétion de dopamine par l'organisme. La dopamine active chez l'homme un circuit appelé « circuit de la récompense » en œuvre dans toutes les drogues. Y compris dans l'alcool bien entendu. Il s'agit d'un ensemble de structures cérébrales qui, comme un baromètre, nous indiquent à chaque instant dans quel état physique et psychique nous nous trouvons. Lorsque la quantité de dopamine augmente dans ces structures, quelle qu'en soit la raison, nous ressentons du plaisir et considérons que tout va bien, même si par ailleurs notre corps souffre ou que nous sommes déprimés. Toutes les drogues telles que cocaïne, ecstasy, tabac, alcool, héroïne, médicaments psychoactifs, etc. libèrent de la dopamine dans le cerveau et déclenchent une dépendance à terme. Cet élément est un petit progrès dans la connaissance de ce phénomène mais il n'explique toujours pas pourquoi seuls 3,0 % des gens vont jusqu'à la dépendance et pas 100 %. 100 % des gens ressentent les effets de la dopamine en buvant un verre de vin par exemple mais il n'y en a que 3,0 % qui deviennent dépendants. Comment les autres 97 % gèrent-ils ce phénomène ? La dopamine n'explique pas non plus quel est le mécanisme qui provoque la dépendance. On a simplement établi une corrélation entre dépendance et dopamine mais absolument pas pourquoi la dopamine finit par rendre dépendants certains rares individus et pas les autres. Il reste beaucoup de travail à faire sur ce sujet.

Bien que ce ne soit pas le sujet du livre, abordons ici le cas du tabac dont les effets psychotropes paraissent moins destructeurs dans l'esprit populaire que ceux des autres produits. Néanmoins la nicotine a également de tels effets comme par exemple de réduire l'appétit. Un tiers de ceux qui arrêtent de fumer prennent provisoirement de l'embonpoint. Malheureusement je fais partie de ce « mauvais » tiers. Pas de chance. Toutefois, il existe des stratégies, basées principalement sur l'augmentation des dépenses énergétiques, pour empêcher ou limiter la prise de poids après l'arrêt du tabac. La nicotine contenue dans la cigarette agit aussi, indirectement, sur le système de récompense. Elle active les récepteurs à acétylcholine, ce qui entraîne la libération de dopamine.

La nicotine seule ne rend pas dépendant paraît-il. La cigarette a aussi un effet antidépresseur, et c'est cet effet, combiné au plaisir procuré par l'activation du système de récompense qui va donner à la cigarette son fort pouvoir addictif. C'est pour cela aussi que l'arrêt de la cigarette provoque chez beaucoup d'individus une grande tristesse. L'effet antidépresseur est dû à l'harmane et à la norharmane, résultant de la combustion du tabac. Ces deux molécules ont pour effet une inhibition des monoamines oxydases, ce qui correspond à l'effet de certains antidépresseurs. L'avantage des médicaments sur le tabac réside dans leur absence de dépendance quand ils sont pris à dose raisonnable.

Le pouvoir addictif de la cigarette est comparable à celui des drogues comme l'héroïne. La présence d'additifs contribue encore à renforcer les phénomènes de dépendance : par exemple l'ammoniaque est soupçonnée de favoriser le transfert de la nicotine au cerveau en abaissant le pH de la fumée. Même chose pour la théobromine, cet extrait de cacao agirait comme bronchodilatateur, augmentant la surface d'échange dans les poumons entre l'air et le sang.

Dans certains cas la consommation de ce produit béni des Dieux se termine par la mort, lui aussi, pour ceux qui ont la malchance de ne pas mourir d'autre chose avant. Ils ont le choix entre l'insuffisance respiratoire (respiration assistée par une bouteille d'oxygène), les cancers divers et variés dont le cancer du poumon qui est un des plus meurtriers (14 % de survivants seulement chez les hommes 5 ans après le diagnostic), l'artériosclérose, l'insuffisance cardiaque, l'amputation des membres inférieurs et autres joyeusetés. Le catalogue est assez fourni, il y en a pour tous les goûts. Tout cela est évidemment une charge énorme pour la sécurité sociale mais jusqu'à présent aucun gouvernement de quelque bord que ce soit n'a jamais sérieusement tenté d'endiguer la consommation de tabac. Cette consommation rapporte en effet de petites fortunes au Trésor Public. Environ 10 milliards d'Euros par an, ça aide les finances publiques, un vrai bonheur. L'indemnisation moyenne des chômeurs s'établit à 980 € par mois en 2011. Je n'ai pas trouvé plus récent. Soit 11 760 € par an. Le tabac est égal aux indemnités de 850340 chômeurs par an. Pas mal. Certes ce n'est pas le Trésor public qui indemnise le chômage mais ça donne un ordre de grandeur. Ce montant est par ailleurs égal au tiers du budget de la Défense ou encore la moitié du budget de l'Enseignement supérieur et de la Recherche. Alors, les beaux discours politiques sur la toxicité du tabac, l'écologie et tout le toutim, ça fait très bien-pensant mais ça ne va pas beaucoup plus loin. Pour s'en convaincre il suffit de rappeler que la consommation de tabac ne baisse qu'à la suite d'une augmentation du prix supérieure à 6 % selon les études de marketing. À ma connaissance, l'augmentation la plus importante s'est élevée jusqu'à présent à 6,5 % sauf erreur de ma part. Soit une augmentation qui n'est toujours pas dissuasive. Ce taux ne devrait pas diminuer la consommation d'une seule cigarette. Son seul but est de faire rentrer de l'argent dans les Caisses de l'État qui en ont bien besoin. Après une augmentation tout le monde s'habitue au nouveau tarif et on taxe à nouveau le tabac la fois suivante mais de moins de 6 % pour maintenir le cheptel de ceux qui paient cet impôt dépendance. Soyons sérieux. Il me semble avoir entendu dire dans les gazettes ou dans le poste qu'on a un ministre de la Santé publique. J'ai dû mal comprendre. Pourtant je ne bois plus. Ou alors c'est dans un but social. Ne désespérons pas les smicars qui fument. Ils ne pourraient plus se payer leurs clopes. Ça doit plutôt être ça. On vit dans un pays formidable, social, solidaire, humaniste et tout et tout. Un vrai petit paradis que le monde entier nous envie, tout le monde sait ça.

IV) Quand suis-je devenu dépendant ?

Comme je l'ai déjà dit supra il y a toujours chez les buveurs une période où l'on ne sait pas trop s'ils sont déjà irrémédiablement dépendants ou non. Je n'échappe pas à la règle et je ne peux pas définir cette période avec précision. Il me faut néanmoins faire un petit effort pour essayer de me souvenir de quelques faits marquants. À la réflexion je pense que c'était en 2000. Soit environ 7 ans après avoir commencé à boire dans mon troquet préféré en dessous de chez moi. En 2000 nous sommes 7 ans après ma période de chômage. Je rappelle qu'au début j'y cherchais simplement un effet euphorisant. Voilà les faits qui me reviennent clairement en mémoire et qui me permettent de dater le début de cette dépendance. Rappelons qu'après ma période de chômage j'ai travaillé dans une grande banque parisienne pendant 1 an et demi et ensuite j'ai effectué des missions à l'étranger. Au cours de ma première mission en Ukraine je ne buvais quasiment pas. Mis à part deux cuites assez solides. La vodka est traîtresse, on ne le dira jamais assez.

La première est due à une expérience scientifique du plus haut intérêt pour l'avenir de l'humanité souffrante. J'ai en effet voulu tester les effets de la vodka sur les bipèdes et je n'ai pas été déçu. Un soir dans un restaurant à Kiev rue Sophie (софииська Улица) entre la place Sainte Sophie (софииська площадь) ou Square Sainte Sophie (Общественный сад Софи) et Maïdan, j'avais pris 4 ou 5 cto (prononcer sto qui veut dire 100 en Russe). Ce sont tout simplement des verres de vodka de 100 millilitres de cet alcool soit 10 centilitres soit un dixième de litre. Avec 5 verres vous absorbez un demi-litre d'une boisson à 40 degrés minimum. Pour adulte. Et on ne se rend compte de rien tant qu'on est assis. Je ne me sentais absolument pas ivre. Ce produit est extrêmement traître et on ne se rend pas compte de la quantité d'alcool qu'on a dans le sang. Je m'imaginais que c'était un alcool qui ne saoule pas. Un produit génial. Grave erreur. Cependant, le diagnostic est très clair quand on se lève après avoir payé l'addition. Et là, le vent se lève force 8. La marche en ligne droite n'est plus du tout un réflexe. On tient vraiment bien la route. On tient même tout le trottoir. Prenant rapidement conscience de l'ampleur du désastre au bout de quelques mètres, je décidai alors de faire un grand détour pour rentrer chez moi dans le but de marcher un maximum. Nous étions en hiver et en Ukraine le fond de l'air est frais en cette saison surtout à 11 heures du soir. Il gelait à pierre fendre. Je comptais également sur le froid pour me dégriser. Compte là-dessus. Peine perdue. En ce temps-là je ne connaissais pas les lois physiologiques de l'alcool qui se traduisent par une élimination de 0,10 à 0,15 gramme par heure comme nous l'avons déjà dit, point barre ! La marche, le vent, le froid ou la neige n'y changent rien. L'élimination par les poumons est tout à fait marginale, quasiment insignifiante. C'est le foie qui fait tout le travail et il a son rythme propre le bougre. Une loi de l'espèce. En marchant on a l'impression d'aller mieux mais il ne s'agit que d'une illusion passagère. Dès que l'on s'arrête le vent reprend force 8 sans faiblir d'un iota. J'étais d'autant plus gêné que je partageais un très beau logement avec le chef de la mission, un Anglais très british d'une « public school » (école privée anglaise comme son nom ne l'indique pas) qui ne faisait jamais d'excès, l'animal. Si on ne peut plus compter sur les Anglais pour se torcher le museau à la bière, où va-t-on ? On ne peut plus se fier à personne. Tout fout le camp. La civilisation occidentale est en péril. Ce genre de colocations permet aux expatriés de se faire du bénéfice sur les frais de déplacements forfaitaires que nous touchons. De surcroît nous étions à 2 pas de la place Sainte Sophie ainsi que de l'église du même nom (Святая Софи : Sviataïa Sophi). À 500 mètres de Khrechtchatik (Хрещатик). Bref en plein centre de Kiev pour ceux qui connaissent. Le luxe intégral. Nous étions dans l'appartement d'un compositeur ukrainien que le pouvoir soviétique avait doté d'un logement de rêve pour éminents services culturels rendus à la nation soviétique triomphante. Après la chute de l'Union Soviétique il était devenu propriétaire de son logement, certainement sans rien débourser et il louait aux étrangers. Le loyer lui permettait de vivre probablement confortablement dans une datcha plus excentrée ainsi que la famille de son fils. Fils dont l'activité principale consistait à gérer ledit logement. Soit dit en passant, il ne mettait apparemment pas beaucoup de jus d'orange dans sa vodka... Il est vrai que ça change un peu le goût. C'est en gros de cette manière que toutes les fortunes des « nouveaux Russes » se sont constituées. Par transfert à titre gracieux des biens de la collectivité soviétique, socialiste et néanmoins progressiste à des particuliers personnes physiques. Le compositeur nous avait laissé ses meubles, certaines partitions manuscrites qu'il avait composées ainsi que son piano dans la grande tradition russe. On fait aveuglément confiance aux autres. Avant de rentrer à l'appartement, après ma petite marche hygiénique je me suis arrêté pour contempler Sainte Sophie en parlant tout seul. Cette église est magnifique avec ses coupoles d'or qui resplendissaient dans la nuit d'hiver glacée de la mère de toutes les Russies. Elle m'inspirait je ne sais quelles méditations profondes et surtout alcoolisées quand mon patron préféré a surgi de la nuit ukrainienne. Il rentrait d'un repas avec des amis et venait de l'arrêt de bus qui est de l'autre côté de la place en haut de la rue Sophie qui vient de Podol (подол), à moins qu'il ne descendît d'un taxi. Je ne sais pas. Malheureusement pour moi il était parfaitement clair et n'avait pas abusé des spécialités locales. Il s'est immédiatement rendu compte de mon état en raison de mon monologue alcoolisé. Ce qui l'a bien fait rire. Nous sommes ensuite rentrés à la maison pour aller nous coucher dans nos chambres respectives et dormir du sommeil du juste en ce qui me concerne. Le lendemain matin, l'Anglais s'est félicité de me voir beaucoup plus frais que la veille. Tu m'étonnes.

L'autre anecdote s'est produite le jour de la fête des femmes à Kiev le 8 mars. En 1998 probablement. Un an et demi après la cuite précédente. Je faisais toujours la même mission à Kiev en Ukraine dans la même banque russe avec le même Anglais toujours aussi sobre et désespérément raisonnable. La généralisation de la fête des femmes le 8 mars est une invention soviétique. Ce jour était férié en Union Soviétique mais il ne l'est plus de nos jours en Ukraine alors qu'il l'est toujours en Russie sauf erreur de ma part. En revanche, après son indépendance en 1991 l'Ukraine a bien entendu continué à fêter les femmes le 8 mars. Il était impossible de faire disparaître un tel symbole mais ce jour n'est plus chômé. Dans les bureaux on travaille normalement jusqu'en fin d'après-midi et vers 18 heures, à l'heure de la sortie on reste là pour fêter toutes les femmes des services. On leur offre des montagnes de fleurs et quelques cadeaux. Les hommes cotisent évidemment pour payer tous ces présents. De plus on organise également un pot. Des amuses gueules sont servis en abondance ainsi que force boissons et jus de fruit. Les hommes n'en abusent pas (des jus de fruit). Nous sommes dans un pays de tradition russe. Il serait donc tout à fait inconvenant voire insultant de ne pas boire un toast après chaque discours. Discours qui sont fort nombreux. Chaque toast consiste en un petit verre de vodka. Leur contenance correspond environ à un verre à liqueur français. Néanmoins au septième ou au huitième on commence à être très euphorique. C'est le moins que l'on puisse dire. Ensuite il est tout à fait courant de continuer à boire en continuant à profiter des amuses gueules. Tant et si bien que l'on finit la fête des femmes vers huit ou neuf heures du soir et en sortant de la banque la ligne droite n'est plus du tout un réflexe inné, une fois de plus. Soucieux de m'imprégner de la culture Russe afin de ne pas mourir idiot, j'avais suivi scrupuleusement les us et coutumes locales. Sur le chemin de la station de bus, en compagnie d'Igor, mon interprète et fidèle lieutenant, il fallait quand même faire attention pour éviter les arbres sur les trottoirs. Pourquoi diable plantent-ils autant d'arbres en ville. Quelle idée ? Encore un coup des écolos. Ce qui me rassurait c'est qu'Igor n'était pas plus frais que moi. En rentrant à l'appartement j'ai retrouvé mon Anglais de patron qui avait fui lâchement l'évènement en partant au début de la fête, prétextant un rendez-vous à l'extérieur. Pieux mensonge bien entendu mais mensonge qui avait sauvé son foie et sa lucidité. Il était parfaitement clair comme toujours. Nous avons devisé quelques instants et il est parti se coucher.

J'ai alors eu une réaction dont il faut se méfier comme de la peste. J'ai repris du whisky de mon coloc habituel. Du whisky haut de gamme, mais je n'ai pas pu m'arrêter avant d'avoir fini la bouteille. C'était 5 ans après avoir commencé à descendre boire des bières dans mon bar préféré dont j'ai déjà parlé. Pour l'anecdote, mon patron s'est rendu compte le lendemain que j'avais sifflé son whisky préféré ce qui l'a mis dans une grande colère. Il a même ajouté que je finirais alcoolique pour le restant de mes jours. Le déni faisant son œuvre je n'en ai pas cru un mot. Trouvant ses propos très excessifs. Erreur, il avait malheureusement raison le bougre. Je serais quand même curieux de savoir d'où lui tenait cette connaissance fine de la dépendance alcoolique. En effet, je ne buvais quasiment jamais. Comment avait-il l'œil aussi acéré pour détecter les prémisses les plus infimes ? Peut-être était-il atteint du même mal ? C'est la seule explication possible. Nous ne le saurons jamais. En conclusion de cette anecdote sur ma consommation on peut dire au minimum que je présentais en 1998 des symptômes inquiétants. Certes je ne buvais presque pas mais cette appétence pour le produit dès que j'avais mis le nez dedans permet au moins de se poser la question de savoir si j'étais déjà dépendant au bout de 5 ans. Je n'ai pas de réponse définitive.

Chapitre II - Le déni, un des principaux problèmes des buveurs

Le déni est un des plus puissants mécanismes psychiques permettant de nier une évidence. C'est une réaction de défense pour supporter l'insupportable. Son but est d'assurer la survie des individus. Prenons quelques exemples concrets pour être plus clair.

I) Exemples de déni

I - 1) Exemple théorique : une mère perd ses enfants

Une mère perd un de ses enfants dans un accident de la route dont elle est entièrement responsable. Une réaction possible peut consister à se suicider tant la souffrance et la culpabilité sont insupportables. Le déni lui permet d'éviter de voir ce qui est arrivé bien qu'elle soit parfaitement consciente des faits. La douleur est ainsi atténuée, refoulée, je ne sais pas exactement comment le dire mais il me semble que l'idée générale est limpide. Il faut absolument diminuer l'intensité de la douleur pour éviter l'irréparable. Ce mécanisme assure sa survie et lui permet de continuer à vivre tant bien que mal au début. Puis de mieux en mieux par la suite et enfin presque normalement avec le temps. Le psychisme a contribué à mettre en œuvre l'instinct de survie qui semble être partie intégrante de tout ce qui vit : hommes, animaux, plantes. Nous n'aborderons pas ici la question de savoir pourquoi cet instinct existe. Tout d'abord parce que je ne sais pas y répondre sérieusement et ensuite parce que ça n'est pas le propos de cet ouvrage. Ce qui m'arrange bien, soit dit en passant. Par ailleurs la survie de la mère peut également conditionner la survie d'autres individus : ses autres enfants ou ses proches qui seraient très affectés et en partie détruits psychologiquement eux-mêmes par sa disparition. Le déni a dans ce cas des avantages évidents et permet à la vie de tout l'entourage de continuer en minimisant les souffrances « collatérales » pour les autres. Sans les faire totalement disparaître, ça va de soi.

I - 2) Un père tue une partie de sa famille en voiture

En s'inspirant de l'exemple précédent on peut en prendre un autre inspiré d'un fait réel. Un père de famille a un accident de la route alors qu'il est au volant. Sa femme est tuée avec deux de leurs enfants. Il survit à cette tragédie ainsi qu'un troisième enfant. Bien qu'il ne fût pas alcoolisé, comment peut-il continuer à vivre après un tel drame ? Certes il y a la nécessité de s'occuper du troisième enfant mais est-ce suffisant ? Je ne sais pas répondre à cette question non plus mais il me paraît clair que le refus de penser à ce qui s'est passé est une condition sine qua non. Il s'agit bien, encore une fois, du déni qui permet de continuer à vivre, de se remarier, d'avoir d'autres enfants et d'avoir le cycle de vie qu'il souhaitait alors que le conducteur aurait pu mettre un terme prématuré à sa vie. C'est donc bien le déni qui permet de continuer à avoir une vie qui vaut la peine d'être vécue. C'est grosso modo ce qui s'est réellement passé.

On peut multiplier les exemples mais ce serait maintenant inutile dans la mesure où l'idée générale du déni est acquise pour ceux qui le souhaitent. Appliquons maintenant cette notion à l'alcool. Les buveurs refusent d'admettre dans un premier temps qu'ils sont alcooliques. Je reprends volontairement ce terme que je considère comme impropre car la question se formule comme ça dans leur esprit quand ils n'ont pas de formation en alcoologie. Pourquoi refusent-ils de l'admettre ? Plusieurs hypothèses peuvent être avancées.

I - 3) Déni de l'alcool et des méfaits du tabac

Ils ont peur du qu'en-dira-t-on, de l'intolérance et du mépris de nos sociétés contemporaines vis-à-vis de cette maladie. Ils sont donc dans l'incapacité de subir l'opprobre qui les attend, croient-ils. Ils décident donc qu'ils n'ont rien à craindre puisqu'ils ne boivent pas.

Ils ont eux-mêmes un profond mépris pour les alcooliques et ne peuvent supporter d'en faire partie. Ils les voient comme des êtres faibles et sans personnalité alors qu'ils ont une image d'eux même autrement valorisante. Ça va de soi. Ils ne peuvent donc pas être ces déchets humains que sont les buveurs. Le déni leur permet d'éviter de changer d'avis sur les buveurs (conservatisme viscéral) et de prendre conscience qu'ils ne valent pas mieux que l'idée qu'ils s'en font.

Ils craignent de tomber dans la déchéance qui guette « ces gens-là » et refusent d'admettre qu'ils vont finir par y sombrer pour terminer SDF, mendiant et par mourir lamentablement d'une des maladies liées à l'abus d'alcool. (Cf Chapitre V Les pathologies liées à l'alcool) après avoir perdu travail, femme, famille, logement et dignité. Ce qui les guette effectivement s'ils ne prennent pas conscience de leur état. C'est-à-dire s'ils ne sortent pas du déni, précisément.

Je tente ces quelques explications du déni qui frappe tous les buveurs. Ces tentatives de définition peuvent probablement être améliorées. Il faut vraisemblablement creuser encore cette notion. En revanche, il est clair que le déni est un obstacle insurmontable pour arrêter de boire. De même qu'il est commun à tous ceux qui sont tombés dans le piège de l'alcool. Je n'ai vu personne y échapper jusqu'à présent.

Le pire exemple de déni que je connaisse en matière de dépendance concerne le tabac. Bien que cet exemple soit un peu éloigné de nos préoccupations, je ne résiste pas au plaisir d'en parler tant il est exemplaire. Il s'agit de l'argument utilisé par certains fumeurs lors de l'application du décret de 2006 en France. Il y a eu trois textes antitabac majeurs en France. La loi Veil de 1976, la loi Evin de 1991 et le décret N° 2006-1386 du 15/11/06 entré en application le 1° Février 2007. Nous avons eu droit à l'argument le plus ahurissant que j'ai jamais entendu. À savoir que ce décret était une atteinte à la liberté. Il convient de rappeler que ce texte n'empêche nullement les fumeurs de fumer dans leur coin. Il les empêche simplement d'empoisonner les autres par leur fumée.

Rappelons quelques évidences. Le tabac crée la dépendance et rend les fumeurs exclaves du produit. Tout individu dépendant, quelle que soit la drogue, devient incapable d'avoir le moindre libre arbitre. Il est totalement esclave du produit et ne peut plus limiter sa consommation en dessous de la dose qui est nécessaire à son organisme. Et certains ont osé parler de liberté là où il n'y a qu'esclavage et servilité de bas étage. Par ailleurs, le plaisir procuré par la consommation de tabac vient de la satisfaction de la dépendance, donc là aussi de l'esclavage. Comme chacun le sait si vous ne fumez pas vous n'éprouvez aucun plaisir à le faire. Il suffit de se souvenir de nos premières expériences en la matière quand nous fumions en cachette. Un autre argument peut être tiré de l'interdiction de fumer dans les lieux publics. Il réside dans le nombre de cancers liés au tabagisme passif. Il s'agit des cancers que l'on contracte pour avoir inhalé la fumée des autres. Le tabagisme passif tue 600 000 personnes par an dans le monde : 379 000 morts de maladies cardiaques, 165 000 décès par infections respiratoires basses, 36 900 décès dus à l'asthme et 21 400 décès par cancer du poumon. En France, il tue 3000 non-fumeurs chaque année. Et des inconscients relevant de l'asile psychiatrique voulaient pouvoir continuer à assassiner 3000 personnes par an pour satisfaire leur bon plaisir. Sans complexes. En dernier lieu nous citerons les maladies transmises aux enfants par leurs parents fumeurs. Il s'agit de l'asthme, de la respiration sifflante ou de l'installation d'une toux chronique qui peuvent être dus au tabagisme passif des enfants. Il est souvent associé à des troubles respiratoires qui persistent ensuite à l'âge adulte. Une respiration sifflante qui s'installe dans l'enfance puis persiste à l'âge adulte, traduit des déficits pulmonaires fonctionnels.

La bronchite chronique est un facteur de risque significatif de voir s'installer ensuite, une broncho-pneumopathie chronique obstructive (BPCO). Considérant les choses sous cet angle, exposer ses enfants au tabac, c'est en quelque sorte leur infliger une condamnation… à être malades à vie.

Les quatre effets du tabagisme exposés ci-dessus sont des conséquences directes du déni. Ces pauvres fumeurs refusent de voir non seulement qu'ils se donnent toutes les chances d'en mourir ce qui ne serait que demi-mal, mais qu'ils sont de surcroît des criminels de la plus dangereuse espèce. Quel est le groupe criminel qui tue 3000 personnes en France chaque année ? Je n'en connais aucun à part ceux qui ont lancé cette idée et qui méritent la palme de l'extermination massive pour avoir tenté de légitimer ces milliers de cadavres. Dans ce cas on a atteint le niveau le plus élevé de la bêtise humaine. Médaille d'Or toutes catégories. Tout cela pour refuser de voir la réalité. Voilà le résultat quand un mécanisme de défense permettant à l'Homme de survivre est dévoyé dans des esprits ayant perdu toute lucidité et toute raison à cause d'une drogue, quelle qu'elle soit.

II) Manifestations du déni dans mon cas

Dans mon cas le déni a duré jusqu'en 2005 soit pendant 14 ans environ sur 15. Je n'ai pas fait mieux que les autres à part que je n'ai jamais poussé la bêtise ni l'aveuglement jusqu'à provoquer des morts sans même m'en rendre compte comme dans le cas tout à fait réel concernant le tabac que nous venons d'évoquer. J'ai tout d'abord pensé comme je l'ai déjà dit que je buvais un peu plus que les autres, à table par exemple, ou ailleurs parce que j'avais une santé de fer. Une santé meilleure que celle des autres qui me permettait d'encaisser sans sourciller. Que j'ai une excellente santé, c'est clair. Je ne suis jamais malade. Je ne sais pas ce qu'est un rhume ni un mal de gorge ni quoi que ce soit d'autre. La maladie, ne connais pas. Mais cette capacité à encaisser l'alcool ne venait pas de là. Elle venait tout simplement d'un entraînement régulier à l'absorption de ce produit comme chacun le sait et je refusais totalement de le voir par déni. Le prétexte que j'avais trouvé résidait dans ma résistance sans failles aux maladies. Tout le monde en trouve au moins un, c'est à la portée de n'importe qui. Le plus bidon consiste à dire qu'il faut profiter des plaisirs de la vie. Les buveurs au long court finissent par absorber des quantités invraisemblables. J'en ai connu un qui buvait 11 litres de blanc par jour avant d'arrêter. Il buvait jour et nuit. Ça c'est du buveur de fond. Il est clair qu'à ce niveau de la compétition il faut choisir entre l'abstinence ou la mort. Ce choix s'avère d'ailleurs nécessaire bien avant d'ingurgiter des quantités pareilles. J'ai fini ma « carrière » en buvant 1,2 litre de whisky tous les deux jours à partir d'Avril 2006 ce qui commence à être présentable bien que d'autres fassent beaucoup mieux. Chacun ses limites. C'était présentable mais probablement mortel à terme. J'ai arrêté fin décembre de la même année. Excellente idée. Le marathonien du blanc sec aux 11 litres a pris 60 kilos quand il s'est arrêté. Son poids a tout simplement doublé. Il fallait bien compenser les 11 litres d'une manière ou d'une autre. Il a ensuite perdu une bonne partie des 60 kilos. Il n'y a pas de cas désespérés. Ça n'existe pas.

Lorsque j'ai commencé à m'inquiéter de ma consommation d'alcool je suis allé voir un psy diplômé de l'Université. Il s'agissait donc d'un psy qui avait fait une spécialité en psychiatrie comme tous ses collègues. Je tenais à prendre un diplômé de l'Université pour avoir une garantie quant à ses capacités intellectuelles ainsi qu'à sa formation. Ces gens-là ont prouvé qu'ils étaient capables d'ingurgiter des quantités invraisemblables de connaissances pendant leur formation. De plus ils ont une formation théorique et pratique puisqu'ils suivent des patients pendant leur cursus. Je voulais à tout prix éviter les psychanalystes sans aucun diplôme médical qui présentent deux types de risques. Ils ont pour seul bagage d'avoir suivi eux-mêmes une psychanalyse. Tout d'abord, personne ne sait quel niveau de compréhension psychologique ils ont atteint. De plus, ils n'ont jamais vu le moindre patient avant de s'installer. Et enfin on n'a aucune garantie quant à leur niveau intellectuel. Dans le pire des cas on peut avoir affaire à de parfaits abrutis totalement incompétents qui n'ont pour seul bagage que d'avoir payé un psy un certain temps sans avoir compris grand-chose à la psychologie. Malheureusement tout cela est parfaitement légal et il n'y a aucun contrôle en France. Vive la France et les pommes de terre frites.

Je pensais alors qu'en travaillant avec lui je découvrirais les causes de mon alcoolisme. Ce faisant, ayant pris conscience du motif caché de mon comportement, je me débarrasserais sans coup férir de cette dépendance. En application de ce que j'avais cru comprendre des bons principes freudiens. J'ai poursuivi cette méthode pendant 6 à 8 ans. Je ne me souviens plus exactement. Et qu'ai-je découvert sur moi-même ? Oh stupéfaction ! Absolument rien de rien ! Cette méthode n'a soulagé que mon compte en banque. Bien entendu cet échec total et retentissant peut venir de moi et pas de la méthode. On peut toujours dire ça puisqu'on ne peut absolument rien prouver. Néanmoins mon opinion personnelle sur le freudisme et ses corolaires Young et Lacan par exemple, est beaucoup plus sévère que ça. Précisons que mon jugement concerne uniquement la pratique actuelle et pas l'œuvre du Maître. Je laisserai à chacun le soin de se faire sa propre opinion. En tout état de cause cette pratique étant si solidement implantée et représentant de tels enjeux financiers par le montant des consultations facturées depuis un siècle qu'il est hors de question de s'y attaquer. « Business is business ». Il est toutefois possible de faire une petite incidente sur le niveau de conscience professionnelle des praticiens. À cet égard, je ne pense pas qu'ils soient tous cyniques. Il me semble qu'ils essaient au contraire d'obtenir des résultats en adaptant les grands principes, chacun à sa manière. Il me paraît peu vraisemblable que des êtres humains puissent avoir un tel mépris de leurs semblables sans avoir une image très négative d'eux-mêmes. En supposant que la méthode soit d'une efficacité très faible ou nulle (pure hypothèse d'école bien entendu), ils sont obligés de croire qu'elle est positive pour pouvoir se regarder dans une glace. Déni quand tu nous tiens.

Pour revenir à mon propre déni, je n'ai jamais accepté que j'étais dépendant de l'alcool pendant ces 6 ou 8 ans. Ma résistance à admettre l'évidence n'avait rien à voir avec le traitement suivi. Rien ni personne n'aurait pu en venir à bout. Quel que fût le psy, celui-là ou un autre, je n'aurais jamais accepté ma dépendance. J'étais convaincu que je buvais un peu trop et que la thérapie suivie allait me permettre de revenir à une consommation raisonnable d'alcool comme par le passé. J'étais toujours à la recherche de la méthode qui allait me ramener à l'époque bénie ou je buvais uniquement pour le plaisir. Je n'acceptais pas encore que cette époque fût définitivement révolue pour moi. En conséquence, je ne m'attaquais pas aux vrais problèmes et je n'avais donc aucune chance de les résoudre. Par ailleurs mes visites hebdomadaires étaient devenues une sorte de manière de me sociabiliser. J'allais voir quelqu'un d'un niveau correct, avec un bon niveau de formation universitaire. J'étais dans mon milieu pour deviser de mes petits soucis du moment. Je prenais ma dose de civilité hebdomadaire et ces séances ma rassuraient dans la mesure où j'y trouvais un conseiller particulier en cas de problème dans la vie courante. En réalité j'allais à confesse pour un prix exorbitant alors que les confessionnaux sont gratuits. Ça c'est du marketing : faire payer très cher aux catholiques une consultation qu'ils peuvent avoir gratuitement. Très fort. Aussi fort que de vendre des frigos aux Esquimaux ou des pianos à des manchots. Je pense que c'est un des pièges de l'analyse de penser qu'on ne peut plus rien résoudre sans l'avis du professionnel de l'âme humaine ou prétendu tel. Il se crée ainsi une sorte de dépendance qui peut faire perdre l'autonomie psychologique au patient alors qu'il a par ailleurs toutes les qualités nécessaires pour mener sa vie tout seul. Des gens qui ont une personnalité parfaitement affirmée peuvent finir par la perdre par la pratique de la psychologie freudienne à mon avis. Bien entendu il existe des gens qui sont incapables de trancher les problèmes de la vie. Pour ceux-là les séances sont probablement bénéfiques mais pour les autres qui sont de loin les plus nombreux les consultations peuvent avoir le rôle d'un véritable lavage de cerveau. C'est probablement ce qui explique que certains suivent des psychothérapies ou des psychanalyses quasiment à vie sans avancer d'un millimètre dans la résolution de leurs problèmes. Les lecteurs en ont probablement dans leurs relations et peuvent vérifier que les problèmes psychologiques de ces braves gens n'ont jamais été résolus et qu'au contraire ils s'aggravent régulièrement avec l'âge comme pour les gens à problèmes qui ne suivent aucun traitement. À mon âge et comme tout le monde je connais des amis ou des relations qui ont des problèmes clairs depuis toujours qu'il s'agisse de problèmes relationnels, d'idées fixes névrotiques jamais résolues qui reviennent régulièrement dans la conversation alors qu'ils n'ont aucun rapport avec le sujet évoqué à ce moment-là, etc. Force est de constater que ce type de problèmes ne s'arrange jamais et s'aggrave toujours avec l'âge que les gens suivent une analyse, très chic dans la petite bourgeoisie française, ou non. Le résultat est le même à mon avis. J'ai des exemples très précis en tête de gens que je fréquente de loin en loin et qui racontent les mêmes âneries obsessionnelles depuis une quarantaine d'années. Les idées sont les mêmes, les phrases sont les mêmes, les mots sont les mêmes et les arguments sont exactement les mêmes depuis 40 ans. Ils sont tellement obsédés par ces thèmes qu'ils imaginent qu'on y fait allusion dans la conversation alors qu'il n'en est rien. Il s'agit généralement de défauts qu'ils ne supportent pas en eux et qu'ils croient voir chez les autres : conservatisme, bêtise, mépris des autres, orgueil par exemple. Les plus réacs veulent se croire progressistes, les plus arriérés se croient modernes, les plus coincées se croient libérées, etc. Bien entendu leurs interlocuteurs sont totalement dépourvus de ces défauts mais le névrosé est tellement écorché vif sur ces traits de caractère qu'il croit les voir chez tout le monde. Le bon sens populaire traduit très bien ce comportement par le dicton « C'est celui qui le dit qui y est ». Étant mal dans leur peau ils vont voir un psy de temps à autre mais rien ne s'améliore. Au contraire ça s'aggrave clairement. La bonne question consiste à se demander ce qu'ils seraient devenus sans psy. Malheureusement il n'y a aucune réponse scientifique possible à cette question par définition puisqu'ils devraient recommencer leur vie sans psy pour que l'on puisse comparer les résultats. Or j'ai cru comprendre qu'on ne peut pas rajeunir de 40 ans à volonté. Ça se saurait.

Pour revenir à mon psy préféré il faut quand même rendre à César ce qui est à César. Probablement lassé ou découragé de me voir me dégrader avec une constance inébranlable, il m'a dit un jour de téléphoner au Service d'alcoologie du CHU le plus proche toutes affaires cessantes. Dès que je rentrerais à la maison. C'est ce que je fis et c'est ce qui m'a sauvé. Ce fut sa seule lueur analytique. Il l'a probablement fait à un moment favorable où j'étais disposé à suivre ce conseil. Il faut lui en rendre grâce. Par la suite j'ai mené de front les consultations au service d'alcoologie ainsi que chez lui pendant une quinzaine de mois environ pour finir par mettre un terme à nos entretiens qui ne m'apportaient absolument rien. Il faut quand même dire à sa décharge qu'à l'instar de tous les médecins, les psys n'ont pas non plus la moindre formation en alcoologie mis à part leur formation en médecine générale si mes informations sont exactes. J'ai pu le vérifier lorsque je suis allé en alcoologie où l'on m'a enseigné des dizaines de notions et de concepts dont mon psychiatre n'avait aucune idée. Il n'avait aucune connaissance des mécanismes de la dépendance et ignorait même totalement leur existence. Bien entendu il n'était pas responsable des lacunes de sa formation. En revanche il aurait peut-être pu se renseigner auprès des pros de l'alcoologie pour avoir quelques idées. Ça ne l'aurait pas épuisé et ça l'aurait sorti de sa petite routine. De nombreux personnels soignants le font auprès des centres d'alcoologie. D'autant plus que je n'étais certainement pas le seul buveur parmi ses clients depuis le début de sa carrière. Il ne l'avait apparemment jamais fait. Pourquoi ne l'a-t-il pas fait ? Peut-être parce qu'il s'en moquait, peut-être par vanité de psychiatre qui croit connaître la psychologie humaine mieux que personne ou parce que cela l'aurait conduit inévitablement à perdre un client. En effet il aurait alors compris qu'il ne pouvait être d'aucun secours. Ou bien il s'agit d'un savant mélange des trois. Allez savoir. Il m'a finalement perdu comme client mais j'ai gaspillé des années inutilement. Nous touchons là une fois de plus à la carence des études médicales françaises en alcoologie. Il serait intéressant de savoir comment les autres pays traitent ce sujet.

Lorsque je suis allé en consultations au Service d'alcoologie j'ai continué tranquillement dans le déni pendant un certain temps. Je pensais encore qu'en travaillant sur mon alcoolisme je finirais par arrêter mes consommations excessives et que je reviendrais à une consommation normale d'alcool comme tout le monde. Je refusais donc toujours d'admettre que ce n'était plus possible. J'ai commencé à fréquenter ce Service en novembre 2004. J'étais suivi par un certain nombre de professionnels de même que je fréquentais assidûment un groupe de parole une fois par semaine. Nous reviendrons ultérieurement sur les techniques mises en œuvre dans ce groupe et en consultations mais pour l'instant retenons que j'ai finalement accepté de suivre une cure de sevrage pendant les vacances de Noël 2005-2006. J'ai ensuite obtenu une prolongation d'une semaine pour conforter ma formation et ma détermination. Mais à l'issue de cette cure je n'avais pas encore totalement admis que j'étais dépendant et qu'il me fallait arrêter totalement de boire de l'alcool. La cure s'est très bien passée comme la plupart des cures. Je n'avais nulle envie de rentrer chez moi et je serais bien resté là jusqu'au printemps. Bien au chaud en attendant les beaux jours. Mais compte tenu du coût de ce genre de séjour en hospitalisation il n'est pas question de prolonger le séjour des patients pour le plaisir. De plus ils risquent d'avoir plus de difficultés à retourner dans la vie réelle ce qui peut les conduire à rechuter en sortant. Or donc, tout baignait dans l'huile, mon appartement avait été nettoyé et remis en ordre par des amis anciens alcooliques avec l'aide de ma famille. Qu'ils en soient de nouveau remerciés. Je n'ose pas imaginer le travail qu'ils ont dû avoir à cinq pour y arriver. Ils ont rempli 120 sacs-poubelle pour jeter le joyeux bazar que j'avais accumulé pendant des années. Ils ont trié soigneusement ce qui devait être gardé et ce qui pouvait passer à la poubelle. Dantesque ! Un travail de Romain en une journée. J'étais clochard chez moi comme de nombreux buveurs mais ça ne se voyait pas dans la mesure où je continuais néanmoins à soigner mon aspect extérieur : vêtements, cheveux, propreté, etc. Clochard de luxe en quelque sorte puisque j'avais encore suffisamment d'argent pour vivre comme je l'avais toujours fait et que j'avais mon logement dans les beaux quartiers, comme on dit. N'oublions pas que je continuais à enseigner à l'Université. C'est d'ailleurs la raison pour laquelle je suis allé en colonie de vacances (sevrage) pendant les congés de Noël. Cela m'a permis de m'absenter sans que cela se remarque. Je me suis arrangé pour ne pas avoir de cours la première semaine de la rentrée. Rappelons que mon stage en alcoologie débordait d'une semaine sur la rentrée. J'ai ensuite repris mes cours frais comme une rose. Ni vu ni connu. De plus, le Service d'hospitalisation avait été très sympa avec moi et m'avait donné des permissions pour les 2 réveillons de telle sorte que ma famille n'y a vu que du feu puisque j'étais là au réveillon comme d'habitude. Le reste du temps j'étais très pris par mes activités débordantes d'enseignement pour préparer mes cours ainsi que par mes missions de consultant comme chacun le sait. En réalité je n'avais aucune mission de consultant à cette époque. Peu importe, officiellement je ne pouvais pas aller voir ma vieille mère pendant les vacances en raison de mon activité professionnelle débordante. Enlevé c'est pesé.

De retour chez moi c'était donc Byzance. Il y avait des années que mon logement n'avait pas été aussi propre, aussi bien rangé et aussi agréable. J'avais donc tout pour être heureux et je l'étais. En grande partie grâce à la solidarité des copains anciens buveurs qui avaient bossé comme des damnés pour que je rentre dans un logement accueillant. Je dois aussi saluer les membres de ma famille qui ont travaillé avec les collègues de la confrérie. Je vivais donc dans un logement qui ne comportait aucune trace et aucun symbole de ma vie d'avant. Ce point est très important. Il faut une rupture avec la vie de buveur. Il faut changer si possible de cadre de vie pour diminuer au maximum les réflexes de boire qui sont en partie des réflexes conditionnés et câblés automatiquement dans le cerveau. Le fait de se retrouver dans le même environnement peut déclencher des envies de boire. Il faut évidemment supprimer au maximum tout ce qui peut déclencher ces envies ou ces pulsions (2 notions différentes que nous approfondirons ultérieurement). Elles constituent le risque majeur de rechute. Il faut en particulier éviter d'aller dans les magasins où l'on s'approvisionnait auparavant et même éviter de passer devant. Quitte à changer ses circuits de déplacement. Le simple fait de passer devant le magasin peut vous donner l'envie irrépressible de rentrer pour acheter votre poison préféré. C'est également très important. Il va de soi qu'il faut supprimer toutes les boissons alcoolisées chez soi pendant les premières années. Ou au moins la ou les boissons que l'on avait l'habitude de consommer. C'est une précaution élémentaire. Là encore il s'agit d'un réflexe de Pavlov. Quand on voit notre drogue favorite, le whisky dans mon cas, le cerveau se souvient immédiatement du plaisir éprouvé à le boire et déclenche l'envie d'en absorber pour retrouver le plaisir en question. Le cerveau sait que le whisky agit sur le centre du plaisir et déclenche alors l'ordre d'en boire. Alors qu'en cas d'abstinence bien installée ce brave cerveau n'y pense même plus. Il doit y avoir de nombreux neuromédiateurs, de nombreux neurones et de nombreuses régions du cerveau qui entrent en jeu dans cette réaction mais le principe de base est aussi simple que cela. Il suffirait peut-être de placer un alcoolique dans une IRM. De lui présenter sa boisson préférée dans la machine et de voir ce qui s'allume dans sa cervelle de buveur invétéré. C'est aux médecins de voir si cette expérience peut être intéressante si elle n'a jamais été réalisée. Ce que j'ignore. Ensuite, pourquoi l'envie est-elle aussi violente avec les drogues alors qu'elle est beaucoup plus faible en cas de soif aigüe par exemple. Je prends volontairement ici une des envies « normale » les plus puissantes de l'être humain. Je ne le sais pas. C'est à découvrir. Il faut bien qu'il reste un peu de boulot pour les autres. Par ailleurs il y a de nombreux autres cas de figures qui déclenchent l'envie de boire. Sinon ce serait beaucoup trop simple. On ne sait pas tous les identifier d'autant plus que bien souvent ils sont multifactoriels. Il faut plusieurs causes physiques et psychologiques simultanées pour les déclencher. Ce qui les rend très difficiles à détecter et à prévenir.

Nous nous sommes éloignés de mon déni. Nous en étions restés à ma sortie de cure de sevrage. Nous étions début janvier 2005 et j'étais donc toujours dans le déni. Je pensais encore secrètement que je pourrais reboire un peu d'alcool un jour. Je dis secrètement parce qu'on m'avait tellement répété que la dépendance était à vie que je n'osais plus dire ouvertement le contraire de peur de faire voir que je n'avais toujours pas admis cette vérité incontournable. Je me croyais clairement plus malin que les autres et moi je réussirais là où tout le monde avait échoué. Ils étaient tous nuls et on allait voir ce qu'on allait voir. Ça a été vite vu. Au bout de 3 mois d'abstinence heureuse, je me suis dit que je maîtrisais l'absence de consommation et que je pouvais donc reboire un petit coup. C'est un des coups les plus classiques. J'ai donc acheté et bu une flasque de whisky de 20 centilitres. Ce n'est rien 20 centilitres, il n'y a pas de quoi en faire un drame. Comme on pouvait s'y attendre j'ai bu une nouvelle flasque 2 ou 3 jours après. Puis j'en ai bu une tous les jours. Ensuite j'en ai bu deux. Après les deux j'avais très rapidement envie de continuer à boire. J'ai alors acheté une bouteille de whisky en étant persuadé que je n'en boirais qu'un peu. Bien entendu j'ai tout bu le soir même. Nous étions donc à une consommation de 2 fois 20 centilitres plus 75 centilitres soit 1,15 litre de whisky pur à chaque consommation. Il ne s'agirait pas de gâcher le whisky pur par des jus de fruit répugnants. Pas de vulgarité. Cette consommation est alors devenue ma consommation de croisière tous les deux jours. Je buvais ça dans la soirée. J'arrêtais ensuite pendant 24 heures. Le temps de m'en remettre. Et je recommençais le soir suivant. Il m'arrivait quand même de rester 3 jours sans boire quand j'avais cours mais je n'ai jamais pu faire plus. Avant la cure je buvais environ une bouteille tous les deux jours soit 75 centilitres et après ma rechute 1,15 litre tous les deux jours soit une augmentation de 53 % exactement. Disons 50 % pour simplifier. Beau résultat. C'est seulement à ce moment-là que j'ai admis que j'étais alcoolo dépendant et que je devais arrêter toute consommation d'alcool à tout jamais pour m'en sortir. Il a encore fallu 9 mois pour arrêter le massacre définitivement. Mon déni a donc pris fin en avril 2006. Il avait duré pendant quasiment toute ma période d'alcoolisation c'est à dire pendant 14 ans et 3 mois sur une durée totale d'alcoolisation que l'on peut estimer à 15 ans environ. Soit pendant 95 % du temps. Bien joué. Déni quand tu nous tiens, déni tu nous tiens bien.

Cette expérience confirme une loi bien connue par ailleurs. Ce n'est pas mon expérience qui permet de dire cela. Mon expérience n'est qu'une illustration supplémentaire de cet axiome d'une grande banalité. Tant qu'on est dans le déni, c'est-à-dire tant que l'on n'a pas admis clairement que l'on est dépendant et qu'on le sera à vie, on n'a aucune chance de devenir durablement abstinent. On pourra s'arrêter temporairement à l'aide d'une cure de sevrage ou non. De nombreux buveurs sont capables de faire ça. On pourra éventuellement limiter sa consommation ou la faire disparaître temporairement à l'aide de médicaments s'il s'avère qu'il en existe ayant cet effet. Il n'y a rien d'héroïque là-dedans. Mais il faut sortir du déni pour être dans une psychologie où l'on est capable de rassembler assez de détermination et donc de motivation pour se décider à arrêter. Je parle de détermination et de motivation mais surtout pas de volonté. La volonté ne conduit qu'à l'échec. Nous y reviendrons. Nous essaierons de définir clairement ce terme tout d'abord. En effet, dans son sens vernaculaire il n'est pas plus clair que l'alcoolisme. On peut y mettre tout et de préférence n'importe quoi. C'est le terme le plus imprécis dans la problématique de la maladie alcoolique. Il n'y a pas plus flou. Ensuite nous définirons à quelles impasses il conduit. Patience.

Chapitre III - La dépendance à l'alcool et aux drogues est à vie

Nous traitons dans ce chapitre le point le plus difficile à admettre dans le processus de sevrage. La plupart des buveurs qui décident d'aborder leur problème de boisson sont pleins d'illusions. Les plus inconscients s'imaginent qu'avec quelques consultations en alcoologie ils vont avoir la révélation d'on ne sait qui et d'on ne sait où et qu'ils vont arrêter leur consommation excessive pour revenir à une consommation « normale ». Comme tout le monde et comme au temps béni où ils pouvaient s'arrêter à volonté sans aucun problème. Que nenni. Il n'en est rien et ça ne s'est jamais vu. Tout d'abord il faut beaucoup travailler. À titre personnel il m'a fallu travailler un peu plus de 2 ans avec des professionnels compétents des centres d'alcoologie. Le travail avec des psys sans formation alcoologique compte pour zéro bien entendu bien qu'ils aient une formation en psychologie. Il ne sert absolument à rien à mon avis. Certains mettent moins de temps, d'autres beaucoup plus. Ce point n'est pas l'objet de ce chapitre. Nous ne nous y attarderons pas. Ensuite et c'est là le propos de ce chapitre, il est hors de question d'y retoucher un jour. Tout du moins en l'état actuel de nos connaissances.

Il faut tout d'abord traiter le problème des médicaments. On peut les classer en deux grandes catégories. Ceux qui permettent le sevrage en évitant aux patients d'en mourir. Ce qui est généralement considéré comme un avantage appréciable. Ceux qui sont censés diminuer l'appétence envers l'alcool.

I) Les risques liés au sevrage

Les médicaments liés au sevrage sont traités ici dans la mesure où ils permettent de sortir indemne de la consommation excessive du produit. Ils sont donc liés à la dépendance. À un certain stade d'imprégnation alcoolique le patient peut être confronté à 2 risques quand il arrête de boire : la crise de délirium tremens qui peut être mortelle dans 15 % des cas seulement et la crise d'épilepsie dont le taux de mortalité m'est inconnu.

I - 1) Le Delirium tremens

Le delirium tremens est la conséquence neurologique la plus sévère du syndrome de sevrage d'alcool. Le delirium tremens survient uniquement chez les alcoolodépendants au cours d'un sevrage d'alcool non contrôlé par un traitement efficace du sevrage. Le syndrome de sevrage alcoolique a un tableau clinique qui va du petit tremblement matinal au véritable delirium tremens. Il est dû à une forte diminution ou à un arrêt brutal, ou au moins assez rapide, volontaire ou non, d'une consommation importante et régulière d'alcool. Ce qui compte est donc le gradient d'alcoolémie cérébrale (on peut être atteint d'un syndrome de sevrage lorsque l'on passe de 4 g/l à 1 g/l d'alcool dans le sang). Il est consécutif à des modifications physiques des membranes biologiques (perturbation de la rigidité membranaire par les molécules d'éthanol) et à des modifications de l'état biochimique de ces membranes. Le tableau clinique est caractérisé par des signes de sevrage classique auxquels s'ajoute un syndrome confuso-onirique associant une désorientation temporo-spatiale, une obnubilation et un délire. Des hallucinations visuelles mettant en scène des animaux (zoopsies) y sont très fréquemment associées.

Des crises convulsives sont fréquentes dans les premières 48 heures. Sans traitement, le risque de décès peut aller jusqu'à 15 % selon les études. L'ensemble de la symptomatologie est source d'anxiété et d'agitation pouvant être à l'origine d'actes agressifs. Le sujet est également très sensible à l'environnement. C'est pourquoi il est important de le rassurer par la voix et le comportement.

Les traitements doivent être administrés par des médecins bien entendu. Les plus courants consistent en :

- Une réhydratation par voie parentérale veineuse par un soluté type glucosé à 5 % + 4 g de chlorure de sodium ($NaCl$) + 2 g de chlorure de potassium (KCl) ;

- Une vitaminothérapie B1B6 qui ne prévient, ni ne traite le delirium tremens lui-même mais qui prévient le risque de syndrome de Korsakoff ou de Gayet-Wernicke. Elle est indispensable d'autant qu'une perfusion de glucose est mise en place (déplétion vitaminique induite par le glucose) ;

- La contention physique qui doit rester limitée aux cas où il existe un risque d'arrachage de la perfusion ;

- Une sédation par benzodiazépine à demi vie longue, ce qui constitue le traitement du delirium tremens ;

- Un environnement calme le moins anxiogène possible : chambre éclairée, mots rassurants, peu de bruits ;

- Une surveillance infirmière régulière.

I - 2) La crise d'épilepsie

Elle est le plus souvent une crise généralisée tonicoclonique, unique, dans les 48 heures du sevrage, sans anomalie de l'électroencéphalogramme. Si la crise est unique, il n'y a pas d'indication d'un traitement antiépileptique. La crise d'épilepsie peut causer une chute et un traumatisme crânien. Elle peut aussi se répéter et se prolonger jusqu'à déboucher sur un état de mal épileptique qui peut être fatal. Dans ce cas une crise prolongée peut faire craindre :

- Une insuffisance respiratoire par encombrement bronchique et bradypnée (ralentissement respiratoire)

- Des troubles circulatoires

- Des séquelles neurologiques et intellectuelles définitives

- Des troubles hydroélectrolytiques (déshydratation, acidose lactique)

- Un œdème cérébral

De plus la crise d'épilepsie peut également conduire le malade à s'étouffer en avalant sa langue. En l'absence d'interventions extérieures, l'issue est également fatale bien entendu.

Les deux complications ci- dessus (délirium tremens et épilepsie) ne peuvent être prises en charge que par des médecins lorsque la crise est apparue. Ils sont également les seuls capables de donner les traitements préventifs pour les éviter lors des sevrages. Toute prise en charge par quelqu'un d'autre relève du charlatanisme, de l'exercice illégal de la médecine, de la non-assistance à personne en danger ou de l'homicide par imprudence. Ce sera tout pour aujourd'hui.

Les deux types de crises décrites ci-dessus permettent de constater que la maladie alcoolique est une des rares maladies et peut être la seule dont on peut mourir en « guérissant ». Le terme guérissant est entre guillemets puisque l'on ne guérit jamais de la dépendance. En revanche comme nous l'avons déjà dit, l'abstinence finit par supprimer toute envie de boire et permet de retrouver une vie tout à fait normale et épanouie. À la condition de ne plus y toucher. Comme pour le tabac ou pour toutes les autres drogues créant une dépendance.

Lorsque l'on décide de s'arrêter, il est préférable de le faire en restant en vie. C'est plus motivant. De plus, certains buveurs ont encore des proches assez inconscients pour tenir à eux. Bref, il vaut mieux s'en sortir en pleine forme que mort. Soit on n'est pas trop imprégné et on ne risque pas de faire les malaises décrits ci-dessus. Dans ce cas il n'y a pas de médicaments à prendre en prévention. Soit on est à un stade plus avancé et le risque est grand de faire une crise de delirium tremens ou d'épilepsie. Il existe alors toute une panoplie de médicaments qui évitent ce genre de désagréments. Les médecins des centres d'alcoologie sont donc les seuls à être capables de savoir si le patient présente un risque de crises ou non. Ils en jugent en fonction de certains symptômes qu'ils connaissent bien. Ces mêmes centres ainsi que tous les médecins qui ont reçu une formation à l'alcoologie donnée par les centres spécialisés sont en mesure de prescrire les médicaments préventifs idoines. Il s'agit d'anxiolytiques ou de neuroleptiques dont certains sont bien connus. Ils ne sont disponibles que sur ordonnance. Nous ne donnerons aucun détail supplémentaire. Consultez votre médecin préféré et ne jouez surtout pas aux apprentis sorciers, vous n'êtes pas compétents. La vie des buveurs est en jeu.

II) Mon expérience des médicaments à prendre en cas de sevrage

J'ai fait deux sevrages dans ma brillante carrière de buveur. J'ai arrêté une première fois de boire par une cure de sevrage classique en milieu hospitalier. Après ma rechute je me suis sevré à la maison. Dans le premier cas les médecins ont jugé que je ne courrais aucun risque de crises de délirium ou d'épilepsie. Je n'ai donc pas pris de médicaments et tout s'est très bien passé. Mon deuxième cas de sevrage est un peu particulier parce que j'ai décidé d'arrêter par moi - même, « en douce » des alcoologues qui me suivaient. En cas d'échec cette méthode me permettait de retourner vers eux et de leur demander alors une cure. La raison de cette ruse de guerre est simple. Elle résulte de deux éléments. En décembre 2006 je buvais donc comme un trou et mon état général commençait à se dégrader. Je reçus alors une proposition de contrat de conseil en Algérie. Proposition fort intéressante que j'avais sollicitée 9 mois avant pendant ma première période d'abstinence. Les honoraires étaient très corrects comme d'habitude et la durée d'intervention aussi, ce qui me garantissait une bonne rentrée d'argent. Par ailleurs le sujet était passionnant. Il s'agissait de préparer la privatisation de bon nombre d'entreprises algériennes. Je décidai donc d'accepter en dépit de la dégradation de ma santé physique et mentale. C'est le premier élément. Le second élément réside dans le fait que j'avais compris que je ne pouvais pas continuer à boire de telles doses et qu'il fallait à nouveau arrêter le massacre. À cette époque, à tort ou à raison, je pensais qu'il me restait environ un an à vivre si je continuais à boire au même rythme. Je tirais cette brillante déduction des conversations que j'avais en consultation avec les médecins mais surtout des informations que j'avais depuis longtemps en fréquentant mes « collègues buveurs de fond » du groupe de paroles. Je commençais à ressentir des dégradations physiques et dans ce cas l'état général se détériore très vite. De telle sorte que l'on peut envisager une fin brutale dans des délais assez rapprochés avec un risque d'erreur assez faible. Il fallait donc impérativement arrêter or je n'avais plus le temps de faire une cure de sevrage en raison de cette mission imminente à l'étranger. Pour obtenir une cure il faut la demander bien entendu. Convaincre que l'on est réellement motivé cette fois-ci. Attendre qu'il y ait de la place parce que l'on n'attend pas que moi en hospitalisation où les places sont chères. Et il fallait ensuite rester deux semaines en sevrage environ. Je n'avais plus le temps de suivre ce processus car j'avais donné mon accord sur une date rapprochée de prise de fonction en Algérie. Les carottes étant cuites côté cure il ne me restait qu'une solution : y arriver tout seul. Il me restait évidemment la possibilité de partir en continuant à boire et en essayant de cacher ma consommation d'alcool tant bien que mal. Mais j'étais convaincu qu'au point où j'en étais je ne tiendrais pas la distance et que je finirais par me faire virer avec pertes et fracas. Cette solution me remplissait d'effroi rien que d'y penser et je n'avais plus le choix si je voulais assurer ma survie physique, mentale, intellectuelle, sociale et financière. Des contrats comme celui-là ne se trouvent pas sous le pied d'un cheval et c'était peut-être ma dernière chance de me rétablir. L'instinct de survie a alors pris le dessus et je suis allé voir mon généraliste pour qu'il me donne les médicaments nécessaires. Par chance il avait suivi un stage de formation au Service d'alcoologie qui s'occupait de mon cas. Il avait donc une culture alcoologique qui lui permettait de me prendre en charge. Il me fit une ordonnance avec des anxiolytiques, les vitamines classiques dans ce cas et un médicament qui peut atténuer légèrement les envies de boire. Je suis allé acheter tout cela en sortant de chez lui et j'ai arrêté le 30 décembre 2006 comme je l'ai déjà dit. Par ailleurs j'avais un ami ancien buveur et abstinent depuis 26 ou 27 ans qui fait partie d'une association de buveurs repentis ou désireux de l'être. Il me suivait également ce qui est toujours utile en cas de problèmes métaphysiques brutaux comme peuvent en avoir les gens qui boivent. En effet dans ces cas-là il est rassurant de savoir que l'on peut téléphoner à un expert de la discipline en attendant d'obtenir un rendez-vous avec les médecins. Lui-même avait arrêté tout seul 26 ans auparavant mais à cette époque personne ne savait ce que l'on sait maintenant. Il avait donc souffert le martyr en l'absence des médicaments que l'on prend aujourd'hui.

Dès les premières heures du sevrage j'ai ressenti comme des coups de poignard dans le corps en dépit des médocs. J'ai alors été pris d'une peur intense, craignant les crises que je pouvais avoir. J'étais tout seul dans mon appartement et je ne me voyais pas mourir étouffé pendant une crise d'épilepsie. Ça ne me branchait pas du tout. Les médicaments que j'avais pris ne me rassuraient qu'à moitié. J'ai donc téléphoné à mon ami qui m'a tout de suite rassuré en me disant que c'était tout à fait normal et que ces coups de poignard reviendraient environ à telle et telle heure. Ce qui fut le cas. J'étais donc rassuré. J'ai attendu les coups de poignard annoncés et les derniers n'ont pas eu lieu. Quelques heures après l'heure des derniers coups de poignard ratés mon inquiétude a cessé. Elle n'avait duré que 2 jours. Je sentis alors que c'était fini et bien fini. Passé ce délai, mon alcoolisme n'était plus qu'un lointain souvenir et je n'ai jamais rebu depuis. J'ai continué à prendre les médicaments prescrits pour ne prendre aucun risque. J'ai laissé passer la fin des vacances de Noël et je suis allé, tout fier, dire au Service d'alcoologie que premièrement je ne buvais plus et que deuxièmement j'avais trouvé le contrat du siècle en Algérie. Et last but not least j'ai appris que le médecin qui me suivait à l'hôpital m'avait réservé une cure de sevrage suivie d'une post cure dans le département voisin qui est doté d'un établissement spécialisé dans ces post cures. Preuve que mon état suscitait l'inquiétude des pros qui me suivaient. Ce protocole prend au moins 3 mois. Les post cures durent 2 à 3 mois en général. J'ai alors demandé l'annulation de ces deux réservations en disant que je n'en avais plus besoin. Voilà comment s'est terminée mon alcoolisation mais pas mon suivi. Bien au contraire.

La manière dont j'ai arrêté de boire peut paraître miraculeuse mais il n'en est rien bien entendu. J'ai en effet décidé qu'il me fallait arrêter tout seul. J'ai demandé les médicaments nécessaires. J'ai pris la décision par un beau matin blême de décembre. Trois jours après tout était réglé définitivement et on n'en parlait plus. Cette description est effectivement conforme aux faits réels que j'ai vécus. Néanmoins il faut bien comprendre que c'est l'aboutissement d'un long processus qui a duré de 8 à 10 ans dans mon cas si l'on compte mes consultations chez le psy qui ont duré 6 à 8 ans. Je ne sais plus très bien. Supposons 6 ans auxquels il faut ajouter plus de deux ans de consultations dans le service d'alcoologie. On arrive bien à 8 ans dont une cure en service hospitalier. Si l'on ne tient pas compte des 6 premières années on réduit la durée du travail nécessaire pour moi à 2 ans en arrondissant. On peut compter comme on veut. Si l'on est victime de déni on compte 2 ans. Si l'on est capable de regarder la réalité en face on compte 8 ans entre le moment où j'ai commencé à m'en inquiéter et l'arrêt de l'alcool. Cette estimation ne porte que sur le délai total nécessaire mais ne tient pas compte du temps passé à travailler le sujet. Ce phénomène est comparable à tout processus d'apprentissage. Qu'il s'agisse de mathématiques, d'une langue étrangère ou d'un morceau de piano pour ne parler que de ce que je connais, il y a de longues périodes de travail sans aucun progrès, suivies de progrès extrêmement brutaux. Il est clair que ces avancées brutales sont le résultat de tout le travail accumulé auparavant. J'étudie actuellement une nouvelle langue étrangère. Le processus est exactement le même. Il m'arrive de travailler besogneusement et consciencieusement pendant de longues périodes (des mois ou des années) en stagnant dans une médiocrité constante et rebelle. Puis tout à coup je me mets brutalement à comprendre des choses qui m'échappaient jusqu'alors. Ensuite le processus recommence, travail sans progrès puis progrès soudains. Etc. Il me semble que l'abstinence obéit tout simplement aux mêmes lois. Il n'y a rien de surprenant là-dedans.

Essayons maintenant de faire une estimation de ce temps de travail. Il s'agit là du fameux travail que l'on fait sur soi pour atteindre un meilleur niveau de lucidité. Ce travail est généralement considéré comme la condition sine qua non pour arriver à un état psychique assez clairvoyant pour arrêter notre drogue favorite. Estimons tout d'abord le temps passé en groupe de parole. Il y a un groupe de deux heures par semaine. Il faut ensuite retirer les absences pour causes professionnelles et autres que j'estime à deux mois par an pendant cette période. J'ai donc assisté à 95 séances environ de 2 heures pendant ces deux ans. Soit 190 heures. Passons maintenant aux consultations. J'allais en consultation avec deux personnes. Consultations hebdomadaires avec l'une d'elles et consultation mensuelle avec l'autre. Soit 5 consultations mensuelles d'une demi-heure pendant 10 mois par an. On retire toujours les 2 mois d'absence (Cf. ci-dessus). J'ai donc assisté à 100 consultations d'une demi-heure pendant cette période. Soit 50 heures. Ajoutons enfin le travail fourni pendant les 3 semaines de cure de sevrage. L'estimation va être plus approximative. Disons que l'on avait des formations à l'alcoologie 4 heures par jour (non compris la relaxation). 5 jours par semaines pendant trois semaines dans mon cas. Soit 60 heures. Nous trouvons donc un total de travail sur soi encadré par des professionnels de 190 + 50 + 60 = 300 heures de boulot. Ce chiffre est un minorant. Le chiffre réel est plus élevé parce qu'il y a eu plus de consultations que ce que je viens de compter surtout au début. Le chiffre réel est probablement compris entre 300 et 400 heures dans mon cas. Pour simplifier gardons néanmoins ce chiffre de 300 heures qui a le mérite d'être facile à retenir.

Il faut prendre en compte le temps passé en groupe de parole comme nous venons de le faire. Au début on pose des questions au groupe qui y répond. Lorsque l'on est plus avancé dans la compréhension de la maladie on répond aux questions des autres. Cette deuxième phase permet également de faire un gros travail sur soi parce que l'on n'est jamais totalement satisfait des réponses que l'on a données. On y repense par la suite ce qui permet d'avancer sur soi-même. De plus tous les participants à ces groupes vous diront que l'on est fatigué à la fin des deux heures si l'on s'est concentré. On y fait un travail en profondeur sur soi sans s'en rendre compte en s'occupant des autres. Contrairement à tous les groupes du milieu associatif, l'intérêt majeur de ces groupes en milieu hospitalier est l'encadrement par un personnel médical compétent qui s'assure d'une part que l'on n'y commet pas d'erreurs monumentales et d'autre part que les participants ne se laissent pas tenter par la contemplation de leur nombril. Ce qui évite que certains « anciens » se mettent à pontifier en s'écoutant parler. Il n'y a pas de petits chefs possibles parmi les participants. Bien entendu c'est tout à fait différent dans les groupes de bénévoles dépourvus de professionnels. Dans ce cas il n'y plus aucune garantie du niveau médical, intellectuel et déontologique des débats.

III) Les médicaments disponibles

Venons-en maintenant aux autres médicaments en dehors des médicaments permettant d'éviter les crises de délirium tremens et d'épilepsie traités supra qui sont des analgésiques dont l'utilisation requiert une compétence médicale certaine. Nous traitons simplement ici ceux qui sont censés diminuer l'appétence à l'alcool. C'est-à-dire qu'ils sont censés diminuer les envies de boire. L'un d'entre eux rend malade lorsque l'on absorbe ce produit.

Commençons par ce dernier qui est à ma connaissance le plus ancien et qui n'est quasiment plus utilisé à ma connaissance.

III - 1) l'Espéral

La molécule active est le disulfirame. Il a un effet antabuse. Comme son nom l'indique il évite d'abuser de quelque chose (l'alcool dans notre cas). Il provoque des troubles pénibles lors de la prise d'alcool : bouffées de chaleur, nausées, vomissements, accélération du rythme cardiaque, sensation de malaise. L'association alcool-troubles pénibles est censé entraîner un dégoût du produit chez le grand buveur, qui serait ainsi amené à modifier son comportement. Le travail nécessaire à l'abstinence n'ayant pas été fait, le patient a peu de chances d'être motivé pour arrêter. Il arrêtera donc l'espéral mais pas l'alcool puisque dès que l'on arrête de le prendre les envies de boire sont bien entendu intactes.

III - 2) Le Révia

La molécule active est la naltrexone chlorhydrate. Ce médicament est un antagoniste opiacé : il bloque temporairement les centres du cerveau qui sont stimulés par les substances opiacées. Or, il semble que chez l'alcoolique, les effets euphorisants de l'alcool soient en partie liés à la stimulation des récepteurs aux opiacés. Néanmoins, le mécanisme d'action de ce médicament chez l'alcoolique n'est pas totalement élucidé. Il est utilisé dans le cadre de la désintoxication alcoolique, après la période de sevrage, pour faciliter la prévention des rechutes. Il diminuerait la reprise d'alcool dans 12 % des cas seulement.

III - 3) L'Aotal

La molécule active est l'acamprosate généralement bien toléré. Ce médicament peut diminuer les envies de boire lorsque l'on est abstinent. Il n'a aucun effet quand on continue à s'alcooliser. Il diminuerait la reprise d'alcool dans 16 % des cas seulement. C'est le seul que j'ai pris. Tout d'abord pendant mon alcoolisation. Il n'a eu aucun effet sur mes envies de boire. Totalement inefficace dans mon cas tant que j'ai continué à prendre de l'alcool. Cet effet est connu. Je l'ai ensuite absorbé après mon sevrage et là il a été efficace. Comment je le sais, c'est très simple. Six ou huit mois après avoir arrêté la seconde fois j'ai eu des envies de boire plus fréquentes que d'habitude. Rien de bien grave mais je m'en suis inquiété. Il ne faut négliger aucun risque qui pourrait conduire à une rechute. On m'a alors demandé si je continuais à prendre mon aotal comme on me l'avait prescrit. Et la réponse était non. La discipline n'étant pas ma qualité principale, j'avais arrêté en pensant que je n'en avais plus besoin. Grave erreur. Je l'ai donc repris immédiatement puisqu'il m'en restait dans une boîte et les envies ont disparu presque instantanément. J'ai donc poursuivi le traitement quelques mois encore. Je ne me souviens plus combien exactement. Et cette fois j'ai pris garde de noter si les envies de boire revenaient. Ce qui n'a pas été le cas. Donc fin de l'aotal. Encore un problème définitivement réglé.

III - 4) Le Baclofène

Ce médicament est un générique de LIORÉSAL. C'est un myorelaxant qui exerce une action décontractante sur les muscles. Il est utilisé dans le traitement des contractures douloureuses qui accompagnent la sclérose en plaques et certaines paralysies. C'est le quatrième et dernier médicament miracle à la mode contre la dépendance depuis qu'un médecin en a fait une excellente publicité dans un de ses ouvrages après l'avoir testé sur lui-même à doses très importantes. Ce médecin n'était par ailleurs absolument pas alcoologue. Il est détourné de son but initial qui est essentiellement la sclérose en plaques. Après tout pourquoi pas. Ce ne serait pas la première fois qu'on découvre d'autres propriétés à un médicament. Les études médicales sérieuses concernant son efficacité sur la dépendance sont en cours. Deux essais thérapeutiques ont été lancés en octobre 2012 : étude « BACLOVILLE » en ambulatoire (lancée en mai 2012 il y a 6 ans) et étude « ALPADIR » à l'hôpital. Ces études sont toujours en cours et ne réussissent pas à trancher le problème jusqu'à présent ce qui paraît à tout le moins surprenant. En attendant, les nombreux buveurs traités au baclofène continuent à servir de cobayes depuis de nombreuses années. Les arguments que l'on peut avancer sont les suivants. Ils sont en partie tirés de la thèse de Paul Monguillot[2].

Ce médicament est censé supprimer l'envie de boire quand il est pris à forte dose. Il n'a toujours pas reçu l'Autorisation de Mise sur le Marché (AMM) en Juillet 2018 quand il est utilisé contre la dépendance alcoolique. Dans ce cas il bénéficie simplement d'une Recommandation temporaire d'utilisation (RTU) limitée à 300 mg par jour à ma connaissance. En revanche il bénéficie depuis longtemps de cette AMM pour traiter la sclérose en plaques. L'AMM est délivrée par l'Agence Nationale de Sécurité du Médicament et des produits de santé (ANSM).

1) Ce médicament semble faire disparaître l'envie de boire dans certains cas. En effet, en 2011 le médecin addictologue Pr Philippe JAURY, Professeur de Médecine à l'Université Paris Descartes a annoncé les résultats d'une étude qu'il a menée pendant deux années testant l'efficacité du traitement par Baclofène à haut dosage contre la dépendance à l'alcool sur 181 patients

[2] Soutenue le 5 décembre 2014 à l'UFR de Médecine de l'Université de MONTPELLIER I en vue d'obtenir le grade de DOCTEUR EN MÉDECINE.

suivis en cabinet. Le taux de réussite serait de 59%. D'une part il faut vérifier ce taux sur un grand nombre de buveurs, le chiffre de 181 « essais » ne pouvant être considéré comme un échantillon suffisamment représentatif de la population générale. Rappelons qu'il en faut au moins 1000. Et d'autre part que signifie taux de « réussite » exactement ?

2) Ce traitement suppose l'absorption de doses importantes. Il convient donc de vérifier si tous les patients peuvent supporter de telles doses.

3) Les effets secondaires éventuellement nocifs doivent être détectés sur longue période.

4) Ce médicament semble avoir des effets positifs plus importants que tous les autres médicaments mis au point contre l'alcool jusqu'à présent. À ce titre il pourrait représenter une révolution copernicienne dans le traitement de la dépendance alcoolique susceptible d'expliquer certaines réticences à l'utiliser dans la mesure où tout changement brutal dans un type de traitement suscite généralement la méfiance. Pasteur a été obligé d'essayer un vaccin sur lui-même pour convaincre de son innocuité.

5) Il ne semble pas supprimer la dépendance à l'alcool, il semble simplement anesthésier l'envie de consommer tant que les patients en prennent. Ce qui signifie que dès qu'on arrête le traitement les pulsions à boire reviennent. Rien n'empêche donc les buveurs de se remettre à picoler si ça leur chante.

6) Le seul problème qui me paraît clair c'est qu'il est utilisé par de nombreux généralistes. Ces médecins n'ont malheureusement eu aucune formation sérieuse à la maladie alcoolique et peuvent donc faire des erreurs.

C'est du bon sens élémentaire. Ces erreurs peuvent-elles avoir des conséquences graves ? L'avenir nous le dira.

En conclusion sur cette molécule, elle est peut-être très efficace et sans danger. Acceptons-en l'augure. Je peux simplement témoigner que nous avons déjà enterré plusieurs collègues qui en prenaient. Ce qui ne prouve rien. Ils seraient peut-être morts sans ce médicament. Bien que je ne sois nullement compétent en la matière, il me semble qu'il convient de tester ses avantages et ses inconvénients comme pour tout médicament. L'objectif étant de savoir s'il a plus d'avantages que d'inconvénients et s'il évite un certain nombre de décès par exemple. Tout simplement. En attendant que ce soit prouvé c'est un remarquable succès de marketing. Les ventes de ce médicament ont augmenté de 26 % en 2012 et de 28 % en 2013. Tant mieux pour les laboratoires qui le fabriquent. Il soulage au moins leur situation financière. De plus, il permet à certains généralistes de traiter une clientèle supplémentaire qui leur échappait jusqu'alors et d'accroître un peu leur chiffre d’affaires. Toujours ça de pris sur la crise. Par mon expérience professionnelle j’ai l’esprit très mal tourné et j’envisage toujours les aspects financiers des grands élans altruistes de mes contemporains. Ce qui est mesquin et très mal-pensant j’en conviens. Mais pas toujours faux.

Pour diminuer l'appétence (en français l'envie de boire), il faut retenir que nous disposons actuellement de deux médicaments ayant un effet reconnu et d’un autre qui fait actuellement ses classes pour savoir ce qu'il en est. Les deux anciennes molécules efficaces ne font que diminuer légèrement l'envie de boire mais ne la supprime absolument pas. Elles aident les buveurs à lutter mais il faut toujours mettre en œuvre les autres méthodes permettant de faire passer ces envies sans l'aide de médicaments en attendant qu'elles disparaissent. De plus, ces deux médicaments n'agiraient respectivement que sur 12 % et 16 % des patients. Soit une petite minorité. En tout état de cause, les médicaments qui ont été testés sérieusement jusqu'à présent ne suppriment pas la dépendance. Ils en masquent les effets très partiellement et temporairement. Il faut donc toujours faire disparaître à long terme les envies de boire par la seule méthode actuellement connue et vérifiée qui est l'abstinence totale. En effet au bout d'un certain temps, on ne pense absolument plus à l'alcool et les envies ou les pulsions de consommer ce produit disparaissent totalement. On retrouve enfin la liberté de vivre comme tout un chacun. En ce qui me concerne je n'ai eu que 2 ou 3 envies de boire après la période de 18 mois d'abstinence. Elles se sont manifestées en juin 2011 à quelques jours d'intervalle. Dans un contexte que nous avons pu analyser avec précision. Certains anciens buveurs disent qu'ils se sentent « à côté » de l'alcool. Je n'utiliserais pas cette formule que je n'ai jamais comprise. Ils seraient conscients que l'alcool représente toujours un danger pour eux et qu'ils pourraient y retomber s'ils n'étaient pas vigilants. Mais ils ne risquent absolument rien tant qu'ils n'y touchent pas. De plus ils n'ont pas d'envies de boire mais savent qu'il ne faut pas se mettre dans des situations où il pourrait y avoir trop de risques. En ce qui me concerne je peux simplement dire que je n'ai plus envie de boire du tout depuis plusieurs années, environ sept ans. Je reste vigilant comme mes petits camarades mais cette vigilance est une méthode que je m'impose et pas un risque que je ressentirais. J'ai d'ailleurs environ 350 bouteilles de vin dans ma cave. Ce qui ne me pose aucun problème. Je peux faire vieillir mes bouteilles comme avant et les offrir à des amis ou quand je suis invité.

Il faut rappeler que je buvais du whisky. Le vin ne déclenche donc chez moi aucun souvenir de plaisir lié à la consommation d'alcool mais ce n'est pas une règle générale. Mon indifférence aux bonnes bouteilles de vin m'est propre et on la rencontre chez très peu d'abstinents. Donc méfiance. Connaissez-vous vous-mêmes. En revanche après onze ans d'abstinence je crains toujours comme la peste la présence de bouteilles d'alcool fort à proximité.

Surtout le whisky, ça va de soi. Je ne pourrais toujours pas en avoir à la maison. La tentation serait trop forte. Après quelques années d'abstinence, la notion de risque est propre à chacun et il n'y a pas deux individus qui sont sensibles aux mêmes risques. Les risques sont propres à l'histoire de chacun. Après quelques années d'abstinence il ne s'agit plus d'événements aussi simplistes que l'absorption d'alcool par les autres ou le passage au rayon alcool d'un magasin, etc. Ces tentations simples existent au début du sevrage mais disparaissent généralement après. Par la suite les causes sont multifactorielles et de ce fait plus difficiles à analyser. Elles mettent en jeu plusieurs facteurs simultanément et chaque facteur pris séparément ne déclenche absolument rien.

Les envies disparaissent mais pas la dépendance. Si l'on se remet à consommer le « logiciel ou l'application » alcool se remet en marche dans le cerveau comme un logiciel informatique que l'on ouvre dans son ordinateur. Tout repart alors comme avant. Même si le logiciel n'a pas été utilisé pendant des années ou des décennies. Dans la plupart des cas les buveurs consomment plus qu'avant. Pour les plus chanceux, la consommation reste au niveau de ce qu'elle était lors du sevrage précédent. Malheureusement ces derniers ne sont pas très nombreux. Rappelons que lors de ma rechute j'ai consommé 50 % de plus qu'avant mon premier sevrage. Bien entendu ce n'est pas une loi immuable. Certains augmentent moins leur consommation, d'autres l'augmentent plus. C'est d'ailleurs une des raisons qui conduisent certains à battre des records toutes catégories. Si l'on fait plusieurs rechutes on peut atteindre des doses olympiques sans forcer. Comme ce buveur dont j'ai parlé qui avalait 11 litres de blanc sec par jour. À ce niveau de la compétition c'est l'arrêt ou la mort. Tout simplement. Aucun organisme ne résiste très longtemps à ce rythme-là. Même les plus robustes. Signalons également que l'on peut très bien mourir en buvant beaucoup moins. Avec l'alcool, la mort est à la portée de toutes les bourses. Tous les espoirs sont permis. Il n'y a pas plus démocratique comme poison. D'où son succès.

IV) Les méthodes de transmission des connaissances en alcoologie (écrit - oral)

Au cours des séances du groupe de parole on entend dire qu'il existe des cas de rechute après plus de 20 ans de sevrage. C'est exact. J'ai moi-même été témoin de telles rechutes sur des « collègues ». Ces témoignages sont très importants pour renforcer l'idée que la dépendance est à vie. En effet, rappelons qu'une des idées les plus difficiles à admettre dans le cursus de sevrage est justement cette dépendance incontournable et à vie. Elle signifie un arrêt total et définitif de la consommation. Souvenons-nous que c'est également le cas avec toutes les drogues. Ce n'est pas propre à l'alcool. Par conséquent tout ce qui permet d'intégrer ce concept le plus rapidement possible est le bienvenu et il est important de souligner qu'il existe de nombreuses méthodes permettant d'y parvenir. Les groupes de paroles en font partie. Néanmoins dans l'impact que peut avoir une idée, le support de cette idée est important. On peut distinguer plusieurs types de transmissions des concepts dont les impacts sont plus ou moins efficaces. Nous distinguerons quatre modes de transmission concernant le sujet « alcool » qui nous occupe ici.

Il s'agit tout d'abord de l'écrit. C'est le moins efficace quel que soit le support. Qu'il s'agisse de papier ou d'écrans de toute nature : cinéma, publicités urbaines (on peut encore distinguer entre 4 mètres par 3 mètres et les autres formats), écrans géants supérieurs aux 4 par 3, écrans cathodiques, écrans plats, tablettes de lecture et j'en oublie probablement.

En second lieu il y a la transmission orale et j'y vois trois situations différentes.

Commençons par la transmission émanant des professionnels de santé compétents. C'est-à-dire ceux qui travaillent sur le sujet à plein temps depuis plusieurs années dans des services spécialisés reconnus au niveau national. Ce sont de loin les plus compétents en la matière. Il n'y a aucun doute là-dessus. Néanmoins les patients sont moins convaincus que lorsque le message vient des buveurs eux-mêmes. Je ne sais pas analyser ce phénomène avec rigueur mais il est admis par tout le monde à commencer par les professionnels eux-mêmes. La compétence ne suffit absolument pas à convaincre. Et puis après tout, peut-on vraiment faire confiance à des gens qui ne sont même pas alcooliques ? Je pose la question. On peut vérifier ce phénomène dans de nombreux autres domaines médicaux. Tous les médecins vous disent de faire de l'exercice, d'arrêter de fumer, de manger raisonnablement, etc. Est-ce que leurs patients les écoutent ? En général pas du tout. Tout le monde s'en moque comme d'une guigne. Tout ça c'est bon pour les autres. Ils les écouteront plus volontiers lorsqu'ils auront des exemples sous les yeux. Exemple de quelqu'un dont le cœur fonctionne très péniblement parce qu'ils fument ou qu'ils ont mangé trop gras ou qu'ils n'ont jamais fait d'exercice par exemple. Ils seront également réceptifs aux bons conseils s'ils ont peur de quelque chose (un essoufflement, une douleur dans les jambes...) ou pour d'autres raisons. Il semble que ce soit une loi de l'espèce qu'il serait bon de comprendre pour améliorer la santé publique en général. Et probablement à moindres frais.

Le deuxième mode de transmission oral émane des buveurs et de préférence des anciens buveurs abstinents. Il faut maintenant faire une sous-catégorie de messages transmis par les buveurs. Nous voulons parler dans un premier temps des témoignages indirects. Par exemple : un buveur vous dit qu'il a vu un autre buveur abstinent replonger au bout de 20 ans. Nous n'entendons pas directement ce témoignage de la bouche du récidiviste. Autre exemple : on vous parle d'une femme alcoolique qui a fini par se jeter par la fenêtre tant elle en avait assez. Vous n'êtes pas en contact directement avec la mort due à l'alcool. Ces cas sont moins dissuasifs que si vous apprenez la mort d'un buveur que vous avez essayé d'aider et qui a fini par se tirer une balle dans la bouche pendant qu'il téléphonait à un autre de ses amis pour lui dire qu'il mettait fin à ses jours... Je cite ces exemples parce que je les ai vécus personnellement. Je suis donc bien placé pour savoir que l'effet ressenti n'est pas du tout le même selon que vous connaissez la personne ou selon que vous en entendez simplement parler.

Comme le lecteur l'a compris, le dernier cas concerne les témoignages directs. Un buveur vient en groupe de parole pour dire qu'il a remis le couvert (s'est remis à boire) après 22 ou 23 ans d'abstinence heureuse. Un autre vient vous parler lui-même de ses tentatives de suicide. Un troisième a du mal à parler en raison des opérations de ses trois cancers des voies aériennes supérieures (palais, mâchoire, langue). Cancers dus au savant mélange alcool + tabac. Il n'y a pas mieux pour diminuer le nombre de retraites à payer. Ce patient a entre autres un morceau de mâchoire en acier massif et véritable. Robocop. J'en passe et de bien meilleures. Bon appétit. Il est clair que dans ces cas vécus eux aussi, le caractère pédagogique des témoignages atteint des sommets. Malheureusement c'est souvent insuffisant. L'alcool est plus fort que tout. Mais c'est quand même ce que l'on fait de mieux dans le genre. Je pense que ces témoignages peuvent néanmoins porter leurs fruits à terme pour ceux qui ont atteint une motivation suffisante pour arrêter. Ce qui n'est pas le cas de tout le monde. Dans ce cas ces témoignages font partie des informations qui participent à l'apparition ou au renforcement de cette motivation.

Le baclofène ne modifiera en rien ce constat. Il évitera peut-être de consommer trop mais il ne fera que masquer la dépendance. En son absence, les buveurs retomberont dans leurs doses habituelles et la dépendance produira alors tous ses effets destructeurs. Elle ne disparaîtra pas. Et on sera à nouveau dans le cas général précédent bien connu. Le médicament l'empêchera d'agir comme les trithérapies empêchent les virus du sida de proliférer. Ce qui constituerait un énorme progrès bien entendu. Mais il ne fera jamais disparaître la dépendance à mon avis. Et je le partage.

Le baclofène n'est probablement ni un médicament miracle ni une fumisterie intégrale. C'est un nouveau médicament dont il faut apprendre à se servir. Tout simplement.

Chapitre IV - connaît-on les véritables causes de l'alcoolisme ?

Cette question est évidemment très intéressante puisque sa réponse permettrait de faire de la prévention en s'attaquant aux causes que l'on aurait détectées. Élémentaire mon cher Watson. Je crains que la réponse ne soit pas aussi évidente que cela. Ma réponse à cette question est clairement non. Certes il y a des facteurs qui favorisent le développement de ce phénomène. Toutes les études statistiques le montrent. Mais connait-on vraiment les causes ? Je ne le pense pas. Et peut-on s'attaquer aux phénomènes qui favorisent l'apparition de la dépendance ? Je n'en suis pas sûr non plus. Quoi qu'il en soit, avant d'apporter une réponse, examinons plutôt les arguments et les raisonnements qui peuvent nous éclairer en fonction de ce que l'on sait aujourd'hui. N'oublions pas que le but de cet ouvrage est de combattre tous les aprioris et l'obscurantisme moyenâgeux qui règnent en maîtres sur la consommation excessive d'alcool afin d'essayer d'y comprendre quelque chose.

Aujourd'hui rien ne permet de se prononcer scientifiquement. Un certain nombre d'arguments peuvent être avancés. Après les avoir exposés nous serons peut-être en mesure de porter un jugement un peu plus éclairé.

I) L'hérédité

Rien n'indique que ce facteur doive être privilégié néanmoins il ne peut pas être rejeté non plus sans autre forme de procès. Chacun a pu constater qu'il y avait quelques fois plusieurs alcooliques parmi les ascendants ou descendants des buveurs. Les lois statistiques permettent de comprendre pourquoi. Compte tenu du nombre de buveurs dépendants en France, 2 millions, il y en a 1 pour 33 personnes (66 millions d'habitants en France, 66 / 2 = 33 habitants). Lorsque l'on prend en compte les ascendants et les descendants on arrive facilement à trouver 33 personnes dans une même famille et même 66. Par conséquent il y a statistiquement 1 ou 2 alcooliques par famille prise au hasard. La répartition n'étant pas homogène, dans certaines familles il y en a plus et dans d'autres moins. C'est à dire pas du tout. Si l'on prend en compte les 5 millions de buveurs excessifs, il y en a entre 3 et 6 par famille avec une répartition statistique au hasard. Ce raisonnement prouve qu'il est tout à fait normal qu'il y ait des alcooliques dans une famille sans que cela puisse être imputé à l'hérédité. Il s'agit simplement d'une répartition au hasard obéissant à une loi de Gauss[3]. Il est normal qu'il y en ait dans toutes les familles. Néanmoins le fait que les statistiques au hasard expliquent la pré-

---

[3] Antoine de Saint Exupéry in *Terre des Hommes*. Recueil d'essais autobiographiques paru en Février 1939 en France où il reçoit le grand prix du roman de l'Académie française, puis aux États Unis, en juin, sous le titre de *Wind, Sand and Stars* où il reçoit le National Book Award

sence d'alcooliques dans toutes les familles ne prouve pas que l'hérédité n'intervient jamais. Un chercheur dont j'ai malheureusement oublié les références a travaillé sur les gènes de ses patients alcoolo-dépendants. Il a étudié le patrimoine génétique de 20 d'entre eux. Et tous les 20 présentaient une anomalie génétique du même chromosome. Cette analyse militerait en faveur du caractère génétique si elle ne présentait de graves lacunes. Le nombre d'observations est beaucoup trop faible pour prouver quoi que ce soit. Il faudrait 1000 patients minimum pour que l'étude ait un caractère scientifique et pas 20. Dans ce cas la Loi de Gauss[4] nous dit qu'il y a 2,5 % d'erreurs ce qui serait très acceptable. On voit bien qu'il faudrait un échantillon statistique 50 fois plus important que ce qui a été réalisé. En dernier lieu prenons en compte un dernier argument qui vient encore compliquer le problème. En admettant le caractère héréditaire de cette maladie, il faut tenir compte du fait qu'il semble qu'il est nécessaire de boire pendant plusieurs années pour devenir dépendant. La dépendance se mérite et nécessite un travail long, consciencieux et méthodique. On n'est pas là pour rigoler. Par conséquent des gens méfiants ou prudents ne se laisseront pas aller à picoler sans retenue même s'ils ont une tendance à le faire en raison de l'éventuel gène maléfique. Il pourrait donc y avoir des porteurs « sains » du gène éventuel. C'est à dire des porteurs qui ne développent pas la maladie parce qu'ils ont pris garde de ne pas trop boire ni trop longtemps. Ce qui vient encore compliquer les problèmes de mesure du phénomène puisqu'on ne pourrait pas identifier tous les porteurs. Certains dissimuleraient habilement leur gène détérioré. La question du caractère héréditaire de l'alcoolo-dépendance reste donc ouverte. Encore un problème à explorer. Il ne reste plus qu'à trouver les crédits qui ne courent pas les rues.

II) Les facteurs environnementaux liés à l'activité professionnelle

Des données parcellaires sont disponibles concernant la fréquence de l'alcoolisation par type d'activités professionnelles.

II - 1) Les transports routiers

Les transports sont un secteur d'activité étudié étant donné les risques liés à la conduite. Une étude multicentrique pour la branche professionnelle des transporteurs routiers a été réalisée en 2003-2004 dans la région Nord Pas-de-Calais (Labat et al., 2004) sur la prévalence de la consommation de produits modifiant la vigilance. Un dépistage urinaire a été réalisé. Les résultats exprimés en pourcentage de positifs sont les suivants (1) : opiacés (4,1 %),

[4]Carl Friedrich Gauss, mathématicien et physicien allemand né en 1777 à Brunswick, a établi des lois statistiques ainsi que le théorème fondamental de l'algèbre.

cannabinoïdes (8,5 %), cocaïne (0,1 %), amphétamines (0,3 %), buprénorphine (1,8 %), méthadone (0,5 %), benzodiazépines (0,4 %) et alcool (5 %). Ces résultats montrent une tendance à la consommation de cannabis et d'alcool chez les transporteurs routiers. On notera qu'ils consomment plus de cannabis que de gros rouge ce qui n'était pas évident à priori.

Une enquête nationale par questionnaire a été réalisée en 2005 par la Mutualité sociale agricole (Devos et Masson, 2006). Le questionnaire soumis aux chauffeurs (tractoristes, engins, caristes, poids lourds) évaluait la consommation de tabac, de cannabis, d'alcool et de médicaments au cours d'une visite médicale où une fiche d'aptitude leur était délivrée. Les résultats montrent que 8% des répondants ont fumé du cannabis au cours des douze derniers mois, 22% présentent une consommation d'alcool à risque, et 9,5% prennent un ou plusieurs médicaments. Cette étude présente l'intérêt de porter sur des postes de chauffeurs dans le secteur agricole, secteur d'activité peu étudié quant à la consommation de substances psycho actives.

L'étude Stupéfiants et Accidents Mortels (SAM) apporte des informations nouvelles sur les accidents de conduite mortels en fonction du motif de déplacement (Laumon et al. 2005). L'objectif est d'étudier l'influence de la consommation d'alcool et de drogues, notamment de cannabis, sur le fait d'être responsable d'un accident mortel de la circulation chez les conducteurs au travail quelle que soit leur profession, ou en trajet domicile-travail. Pour le cannabis on observe 3,2% de positifs chez les conducteurs accidentés au travail et 5,7% chez les conducteurs effectuant un trajet domicile-travail (c'est aussi parmi les conducteurs accidentés au travail que l'on observe la plus faible proportion de positifs à l'alcool). Concernant les autres familles de stupéfiants, le nombre de conducteurs testés positifs est faible dans les accidents liés au travail. Être sous l'emprise de l'alcool en déplacement pour le travail n'augmente pas plus le risque d'accident mortel que dans les déplacements privés. Sur l'ensemble des conducteurs étudiés, conduire sous l'effet de l'alcool multiplie par 8,5 le risque d'être responsable d'un accident mortel. Ce chiffre permet de prendre conscience que le taux d'alcoolémie autorisé en France de 0,5 gramme multiplie les accidents mortels par 8,5. Par conséquent il s'agit clairement d'un permis de tuer. Le problème de Société qui se pose est de savoir s'il faut empêcher les conducteurs de tuer au volant à cause de l'alcool. La réponse des politiques est clairement non, ils peuvent continuer tranquillement à tuer leurs concitoyens tant qu'ils ne boivent que modérément. C'est un choix entre le vote des électeurs et la vie des Français. La vie des Français pèse moins lourd que de perdre une élection. Il suffit de le savoir. De plus, mon expérience personnelle montre que le dépistage de l'alcool au volant est totalement déficient en France. Depuis que j'ai arrêté de boire j'ai été dépisté trois fois seulement pour mon taux d'alcoolémie au volant. Je fais environ 12 000 kilomètres par an en France. Trois fois en 11 ans, totalement ridicule. Un contrôle tous les 44 000 kilomètres. Ça permet de picoler tranquillement. La raison paraît évidente. En cas de dépassement du taux autorisé, les contrôles nécessaires prennent des heures aux forces de l'ordre. Des heures pendant lesquelles ils ne peuvent verbaliser personne. Des heures pendant lesquelles ils perdent de l'argent pour le fisc. Puisqu'on vous dit que les PV servent à améliorer le civisme et la sécurité de tous. Et pas à récupérer du pognon. Bien entendu les forces de l'ordre n'y sont pour rien, elles obéissent à des ordres ou à des incitations. Donnés par qui ? Ce ne serait pas par les politiques ? Non, je ne pense pas, ce serait incroyable et pourquoi pas scandaleux. Voire même criminel en y réfléchissant bien.

II - 2) Les professions médicales

En France, une enquête nationale[5] a été conduite pour préciser la consommation de substances psycho actives parmi les médecins anesthésistes–réanimateurs (Beaujouan et al., 2005). L'alcool est la principale cause d'addiction chez les médecins anesthésistes–réanimateurs français. De plus, 22,7% des répondeurs était des fumeurs quotidiens mais la consommation de substances psychoactives recouvre un large éventail de produits : 10,9 % étaient abuseurs ou dépendants à au moins une substance autre que le tabac : soit l'alcool (59,0 %), les tranquillisants et hypnotiques (41,0 %), le cannabis (6,3 %), les opiacés (5,3 %), et/ou les stimulants (1,9 %). On notera qu'environ 11 % des anesthésistes sont abuseurs ou dépendants de substances psychoactives dont 59 % d'alcool. Ce qui signifie en clair que 6 % d'entre eux sont consommateurs excessifs d'alcool mais pas tous alcoolo - dépendants. Ce chiffre n'est pas étonnant puisqu'il est proche de la moyenne nationale tous consommateurs confondus qui s'établit à 7,6 % (5 millions sur 65,35 millions d'habitants). Il est à noter qu'ils boivent moins que la moyenne des Français. Font des efforts louables mais pourraient mieux faire en s'appliquant.

II - 3) Les gens de mer : marins de pêche et marins de commerce

Une étude[6] sur les gens de mer (Bergeret et Fort, 2008) met en évidence un taux assez élevé de consommation de drogues. Deux types de marins ont été identifiés : les marins de pêche et les marins de commerce. Des différences de consommations sont apparues selon le type de marins : les expérimentations de produits stupéfiants sont plus élevées chez les marins de commerce. Les consommations récentes de drogues sont comparables. Près de la moitié des marins interrogés ont déjà consommé du cannabis. Au cours de l'année précédente, 9% déclarent avoir consommé du cannabis et 2,8%

---

[5] Rapport de la Haute Autorité de Santé sur « Addictions et travail »

[6] Rapport de la Haute Autorité de Santé sur « Addictions et travail »

ont consommé plus de 10 prises au cours des 30 derniers jours. 16 % des marins civils se sont livrés à une consommation récente de cannabis. La recherche de métabolites de cannabis a été menée au moyen d'un test urinaire au moment de l'enquête afin d'identifier une consommation récente. L'expérimentation de produits stupéfiants hors cannabis concerne 15,4% des marins. On peut citer par exemple les champignons hallucinogènes (7,5%), la cocaïne (7,2%), les poppers (vasodilatateurs) (6,8%) ou l'ecstasy (5,1%) comme produits stupéfiants les plus fréquemment expérimentés. La consommation récente (au cours des 30 derniers jours) pour l'ensemble de ces produits est quasi nulle (0,8% pour la cocaïne, 0,4% pour l'héroïne).

II - 4) Enseignements des études auprès de populations salariées sur les liens entre consommations de Substances Psycho Actives (SPA) et travail

Des études plus récentes[7] à portée régionale dans la Loire et en Aquitaine, ne mettent pas en évidence des secteurs ou des postes d'activité où les consommations seraient plus élevées.

Une étude a été menée dans les Pays de Loire en 2005 (Orset et al., 2007) sur des salariés via quarante-trois médecins du travail. Sur 1406 questionnaires exploités, seuls les sujets à risque de dépendance ont été pris en compte pour une analyse selon le poste de travail, car plus à risque d'entraîner des incidents au travail. Les résultats montrent que parmi les consommateurs de l'un ou l'autre des produits suivants : alcool, cannabis, médicaments, hormis les drogues dites dures, seuls 13,7 % sont à risque de dépendance. Ce qui correspond à 12,9 % de l'échantillon. Le statut d'intérimaire est associé à un fort risque de dépendance. Cependant, l'interprétation de cette association reste à faire.

Une enquête sur la consommation de substances des salariés en Aquitaine en 2008 (pas de publication référencée) a été réalisée dans le cadre de la médecine du travail à partir de 1 186 questionnaires analysés. Elle a montré que 40 % des salariés auraient au moins consommé une substance illégale dans leur vie (cannabis, opiacés, cocaïne, stimulants), que 8 % en consomment actuellement et que, parmi eux, 12 % considèrent leur consommation comme problématique. L'enquête n'a pas mis en évidence de différences de consommation selon les secteurs d'activités (BTP, commerce, services, santé/social). Les résultats de ces travaux doivent encore être consolidés.

Une étude pilote a été réalisée avec la collaboration de médecins du service de santé de la Sarthe et de la Mayenne en Pays de Loire en mai 2008

---

[7] Rapport de la Haute Autorité de Santé sur « Addictions et travail »

(SFA, 2010), auprès d'un échantillon de 1 641 salariés volontaires (1 556 questionnaires exploités). Les résultats montrent des liens entre certaines caractéristiques de travail et les conduites addictives, pouvant contribuer partiellement aux différences entre les sexes : pour les femmes, le travail en horaires décalés, et pour les hommes une demande importante dans le travail, sont corrélés avec la prise de substance psychoactives. Les substances psychoactives licites, illicites et les médicaments ont été pris en compte mais les résultats présentés portent surtout sur les drogues licites (tabac, alcool, anxiolytiques).

Enfin, une tentative a été menée récemment (Bœuf-Cazou, 2011), à partir des résultats de l'étude ' Mode de Vie et Travail ' en 2006 pour identifier des profils de SPA chez les salariés en tenant compte des caractéristiques de leur travail. Cinq profils de salariés associés à une consommation de substances psychoactives ont été identifiés : (1) les consommateurs d'alcool pendant le travail étaient des commerciaux satisfaits professionnellement, (2) les consommateurs d'alcool après le travail étaient insatisfaits dans leur vie, (3) les consommateurs de cannabis étaient des hommes satisfaits professionnellement mais soumis à une insécurité d'emploi, (4) les fumeurs regroupaient des salariés occupant des postes à responsabilité et soumis à une pression temporelle, (5) les poly-consommateurs occupaient des postes avec de fortes contraintes professionnelles. C'est apparemment la première fois qu'a été dressée une typologie de consommateurs de SPA selon leurs caractéristiques de travail. Néanmoins, cette étude fait apparaître des tendances assez générales qui ne permettent pas d'affirmer que tel type de travail est la cause d'une absorption excessive de SPA et notamment d'alcool. En effet la grande majorité des salariés occupant ces postes ne consomment pas de SPA. Il y a donc au moins une autre cause qui provoque cette consommation et probablement plusieurs mais lesquelles ? On est toujours confronté au problème des causes multifactorielles ou multiples simultanées. Ce qui favorise la prise de SPA est la catégorie de travail identifiée mais elle doit être associée à d'autres facteurs qui ne sont pas identifiés sinon tous les salariés de ces catégories consommeraient alcool, cannabis, cocaïne... Prenons par exemple la catégorie (3), les consommateurs de cannabis sont des hommes satisfaits professionnellement mais soumis à une insécurité d'emploi. Il y a bien entendu une faible proportion d'hommes satisfaits professionnellement avec une insécurité d'emploi qui consomment du cannabis. Cette proportion n'est pas donnée ici mais c'est évident. On constate dans toutes les études que ces proportions sont toujours faibles. Il y a donc une grande majorité de ces salariés qui ne consomment rien de particulier. Qu'est-ce qui fait la différence entre ceux qui consomment et ceux qui ne consomment pas ? Quelles sont les autres causes inévitablement associées ? On aura compris pourquoi ces salariés consomment du hachich quand on pourra répondre à cette question et ce n'est apparemment pas pour demain étant entendu que les aprioris néandertaliens du genre « ce sont des faibles », ne répondent pas scientifiquement à la question. Il faut élever un peu le niveau actuel. Ce qui n'est pas très difficile.

III) La recherche des causes de l'alcoolo dépendance par des méthodes psychologiques freudiennes

La méthode consiste ici à rechercher la ou les failles de l'individu ou de sa personnalité pour trouver ce qu'il compense par l'alcool. C'est l'application d'un principe basique selon lequel un traumatisme, un manque affectif, un conflit avec le père, la mère, les frères, les sœurs ou le roi de Prusse ont généré un problème psychologique qui va du défaut de caractère sans grand intérêt à la psychose obsessionnelle beaucoup plus chic, en passant par l'état caractériel ou la névrose simple et sans supplément. Bien entendu j'en passe. Pour une description plus complète des symptômes possibles voir un psy Freudien (à ne pas confondre avec les comportementalistes). Ce traumatisme est censé être profondément refoulé et enfoui au fond du tréfonds de l'inconscient du patient. Patient qui ne peut pas le trouver lui - même puisqu'il l'a refoulé, cette triple buse. Or donc, messires et gentes dames, il faut l'intervention dûment tarifée d'un éminent spécialiste de l'âme humaine pour avoir une chance de mettre la main sur ce maudit traumatisme qui se dissimule habillement on ne sait où. Ça s'appelle un psy. C'est très compliqué l'âme humaine et ce n'est pas à la portée de n'importe qui. Plus le tarif du spécialiste est élevé et plus le patient se décarcassera pour mettre la main sur cette saleté de traumatisme. Il y mettra d'autant plus d'énergie que les séances lui coûtent cher. Il en veut pour son argent le bougre. Tout le monde sait ça. Le fric est la seule motivation de l'Homme, c'est bien connu. Si on commence à douter de cet axiome de base, les psys sont ruinés. Alors soyons sérieux. Comme si l'espoir de sortir de ses problèmes ne suffisait pas. Plus le patient se ruine et mieux il se porte. On n'a jamais fait mieux. C'est un modèle de marketing, tous les fabricants de lessive rêvent de trouver un slogan aussi génial. Il faut reconnaître.

La suite du raisonnement est également bien connue. Lorsque l'on a trouvé l'origine des problèmes psychologiques qui nous accablent, cette simple prise de conscience exorcise le problème qui est censé s'atténuer ou disparaître comme par enchantement. S'il résiste en dépit de tous nos efforts, notamment financiers, on sait beaucoup mieux le gérer à chaque fois qu'il se manifeste. À condition bien sûr de revenir consulter, toujours au même tarif. Ça va de soi. Tout le monde est content. Le patient a trouvé un confesseur qui lui prête une oreille attentive quand c'est nécessaire. Rappelons que c'était gratuit chez les catholiques pendant sept siècles. Ça l'est toujours mais la pratique tombe en désuétude ce qui permet à d'autres de récupérer le marché. Il y a là un magnifique créneau qui n'a échappé à personne. Le psy fait œuvre pie en soulageant la souffrance humaine. Il mérite donc ses honoraires, ce qui lui permet de dormir du sommeil du juste. Et tout est pour le mieux dans le meilleur des mondes possible comme disait Voltaire[8].

Tout est pour le mieux à ceci près qu'avec l'alcool ça ne marche absolument pas. J'ai déjà fait part de mon expérience personnelle en matière de psychologie freudienne avec un psychiatre qui ne connaissait rien à l'alcoologie. Ce fut totalement inefficace, je n'en ai absolument rien tiré. Je ne reviens pas sur cet épisode. Bien entendu mon expérience ne concerne qu'une seule personne, ce qui n'a aucune valeur statistique ni scientifique. En revanche j'ai eu l'occasion d'avoir connaissance de l'expérience de 750 autres buveurs environ en groupe de parole comme je l'ai déjà dit. Certes, nous n'avons pas toujours abordé le sujet de la recherche psychanalitico - freudienne des causes de leur dépendance. Mais ce sujet est régulièrement évoqué dans ce genre de groupe et je n'en ai jamais rencontré un seul qui nous ait affirmé qu'il avait arrêté de consommer après avoir pris conscience des causes de son alcoolisme. De plus, parmi les abstinents, je n'en ai également jamais entendu un seul nous dire qu'il savait avec certitude pourquoi il a bu. On rencontre fréquemment deux attitudes face aux causes.

La première est propre à ceux ou celles qui ne sont pas très avancés dans la compréhension de la dépendance. Parmi eux on rencontre parfois des sujets qui sont très influencés par l'idéologie freudienne très à la mode dans les classes moyennes et dans les classes supérieures. C'est-à-dire dans les classes sociales qui ont les moyens de se les payer au cas où ils iraient voir un psy qui n'est pas remboursé par la sécu. Ils sont convaincus que ce type d'analyse est la seule méthode possible pour s'en sortir. Ils se caractérisent en général par une très grande intolérance et un conservatisme viscéral qui leur interdisent d'envisager d'autres pistes. Il convient avec eux de tester par avance leur degré d'ouverture d'esprit qui est toujours faible en tout état de cause. Cette précaution est indispensable parce qu'ils ne supportent pas la remise en cause de leurs dogmes, ce qui peut les rendre très agressif ou au contraire désespérés. Cette remise en cause signifie à tort dans leur esprit qu'ils ne s'en sortiront jamais. Qu'ils n'ont aucune chance. Ceci étant posé, l'agressivité ou le désespoir s'expliquent très bien. L'intolérance les conduit à considérer que vous êtes un arriéré complet qui ne comprend rien à rien puisque vous ne pensez pas comme eux. D'où l'agressivité. Le désespoir saisit ceux qui sont moins intolérants et moins conservateurs que les autres. Ceux-là sont prêts à envisager une autre opinion que la leur. Et certains pensent que vous avez peut-être raison. Dans ce cas il n'y a aucune issue pour eux puisque la méthode freudienne est la seule planche de salut possible et

---

[8] In *Candide ou l'Optimiste*, à l'origine la formule est de Leibnitz, elle a également été reprise par Aldous Huxley dans *Le meilleur des mondes*, *Brave New World* en anglais

quelle ne marche pas. Cette opinion est évidemment totalement erronée mais ils l'ignorent, victimes du dogme en vigueur. En tout état de cause les buveurs ayant ce profil n'ont trouvé aucune hypothèse de cause de leurs déboires avec l'alcool. Ce type de cas n'est pas très fréquent par bonheur mais il existe. Il convient d'y être attentifs.

La seconde attitude se retrouve chez ceux qui sont beaucoup plus avancés dans la compréhension de la maladie et qui ont donc dépassé le stade primitif de la recherche des causes. Chez ceux-là on peut distinguer également deux types d'attitudes. On rencontre tout d'abord ceux qui ne voient pas pourquoi il se sont mis à boire. Ceux-là ont les idées claires et cherchent à arrêter ou à maintenir leur abstinence. Ils ont tout compris. Il y a également ceux qui ont une hypothèse mais qui se rendent compte qu'elle n'explique pas tout. Comme je l'ai déjà dit, c'est mon cas. Rappelons-le brièvement puisqu'il a déjà été évoqué. J'étais chômeur et célibataire mais tous les chômeurs célibataires ne sombrent pas dans le whisky. Par ailleurs j'ai retrouvé du travail alors que je n'étais vraisemblablement pas encore dépendant. Pourquoi ai-je continué à m'alcooliser plus que de raison alors que les causes apparentes avaient disparu ? Deux questions sans réponse. Prenons d'autres exemples que j'ai rencontrés. Celui d'un enseignant qui n'était pas à l'aise pour parler à ses élèves. Il a soigné son trac au blanc sec. Dans un premier temps c'est indolore pour la Sécurité sociale, mais après ça se complique. L'alcool est un excellent désinhibant et le remède a très bien fonctionné jusqu'à ce qu'il ne soit plus capable de travailler parce qu'il lui fallait des doses trop importantes. Tous les enseignants qui ont le trac face à leurs élèves ne deviennent pas alcooliques. J'en connais personnellement qui prennent des anxiolytiques faiblement dosés de temps en temps. D'autres font du yoga ou du sport, d'autres voient des psys, etc. Il y a donc d'autres éléments qui s'ajoutent à la peur du trac pour expliquer le choix de l'alcool qui n'est qu'un moyen parmi tant d'autres de surmonter la difficulté. Prenons l'exemple des mineurs de fond il y a plusieurs décennies. On leur donnait leur « topette » tous les jours pour leur donner du cœur à l'ouvrage. Une topette est une petite bouteille de vin rouge. C'était une incitation très claire à devenir buveur excessif puis alcoolo - dépendant. Néanmoins tous les mineurs ne sont pas devenus de fieffés alcooliques. Quels facteurs psychologiques ou physiologiques ont fait la différence entre ceux qui sont restés sobres et ceux qui sont devenus des alcoolos professionnels ? Mystère.

On peut multiplier les exemples à l'infini, on ne trouve jamais tous les éléments psychologiques de l'équation qui expliquerait pourquoi 3 % des Français deviennent dépendants alors que 97 % ne le deviennent pas. Parmi ces 97 % il y en a une grande proportion qui a les mêmes raisons de boire que ceux qui sont devenus dépendants. Pourquoi ne sont-ils pas tombés dans la dépendance ? Si quelqu'un à des réponses d'un niveau plus élevé que les banalités habituelles du type ils sont plus forts que les autres, ils étaient bien entourés, ils avaient un meilleur équilibre de vie et autres balivernes, j'achète. Avant de clore cette partie dévolue à l'analyse psychanalitico - freudienne des causes, il convient de préciser que le chemin vers l'abstinence passe par un travail psychologique important. Ça va de soi mais ce travail est effectué grâce à des concepts différents de la quête du traumatisme originel. Il s'agit par exemple de la psychologie comportementale ou d'autres méthodes qui se sont éloignées des dogmes freudiens évoqués ci - dessus. N'étant pas spécialiste je ne m'appesantirai pas dans ce chapitre sur ces techniques mises en œuvre par des pros. Tous les abstinents ont arrêté de consommer par des méthodes qui n'ont rien à voir avec la découverte des causes.

Si l'on observe la consommation d'alcool par professions et catégories socio professionnelles (PCS) on n'est pas plus avancés pour expliquer les causes[9]. Cette classification est celle que je connais le moins bien. Il ne m'est jamais venu à l'idée de faire des statistiques personnelles sur l'origine sociale des buveurs de mon groupe de parole préféré. Par ailleurs les éléments d'information statistiques dont je dispose n'analysent pas les causes possibles des différences que l'on observe entre les PCS. De plus les chiffres portent sur des notions dont je ne connais pas la définition exacte. Il s'agit de consommations à risques ponctuels et de consommation à risque chronique. On peut penser que les consommations à risque chronique correspondent à peu près aux buveurs dépendants mais ça n'est pas certain. Il m'est donc très difficile d'interpréter des données dont je connais mal le sens. On peut néanmoins citer quelques chiffres pour montrer que leur interprétation n'est pas évidente. C'est le moins que l'on puisse dire.

Commençons par les chiffres concernant les femmes qui montrent que les buveuses appartiennent à des catégories professionnelles assez surprenantes d'une part et que les causes de leur consommation excessive ne sautent pas du tout aux yeux d'autre part. Les deux catégories les plus touchées par des alcoolisations à risque chronique sont les agricultrices et les femmes artisans (qui ne sont pas nécessairement des femmes d'artisans mais peut être des artisans elles-mêmes, ce n'est pas tout à fait clair dans les documents que j'ai consultés). Elles seraient environ 5,5 % à être concernées. Ensuite on trouve les femmes cadres à égalité avec les ouvrières avec un peu plus de 4 % de leurs effectifs touchés par une alcoolisation excessive. Si l'on veut trouver des causes à priori on en trouve toujours mais ce n'est pas sérieux. On peut dire par exemple que les agricultrices sont assez isolées dans leur ferme et qu'elles n'ont pas suffisamment de contacts avec l'extérieur. On peut dire

[9] Rapport de la Haute Autorité de Santé sur « Addictions et travail »

également que les cadres sont soumises à un stress important et qu'elles essaient de le gérer par l'alcool qui est un des meilleurs déstressant qui existe. On peut penser que les conditions sociales des ouvrières sont extrêmement rudes et qu'elles recherchent l'effet euphorisant de l'alcool pour oublier leurs soucis. Le seul inconvénient de ces spéculations consiste justement dans leur aspect spéculatif et rien ne prouve qu'il s'agisse des véritables causes. Elles n'ont peut-être rien à voir avec tout cela. Pour tenter de les détecter il faudrait avoir au minimum des enquêtes d'opinion pour savoir ce qu'elles disent elles-mêmes de leurs problèmes et pourquoi à leur avis elles ont un penchant prononcé pour la bouteille. On ne peut pas parler à leur place. Or ces enquêtes n'existent pas à ma connaissance. Ces statistiques ne nous apportent pas grand-chose sur les causes professionnelles de l'alcoolisation des femmes.

Le constat est le même en ce qui concerne les hommes. Le peloton de tête est constitué par les artisans et les agriculteurs. Les cadres et les ouvriers sont ceux qui consomment le moins chez les hommes. Lorsqu'on est confrontés à ces chiffres on a plus de questions que de réponses. Pourquoi les cadres masculins sont plus épargnés que les cadres féminines ? Pourquoi les agriculteurs sont aussi concernés que les ouvriers alors que leurs conditions de travail sont tout à fait différentes ? Là encore il est possible de trouver de nombreuses explications à priori qui ne seront pas plus sérieuses que celles que nous avons avancées pour les femmes. Toutes nos questions concernant les causes liées à l'activité professionnelle restent sans réponses.

IV) Mon expérience personnelle de recherche des causes de ma consommation d'alcool

Cette expérience a déjà été évoquée précédemment et en grande partie à travers la description de mon expérience chez un psy en ville. Cette recherche a été un échec total après 6 ans minimum de travail hebdomadaire. Cet échec peut s'expliquer par la méthode utilisée (freudisme), par l'ignorance totale du problème par le praticien ou par mon refus de voir le problème en face. Rappelons que l'alcool et sa dépendance ne sont quasiment pas enseignés dans nos bonnes facultés de médecine pendant le cycle de formation des médecins généralistes. Les étudiants reçoivent quelques heures de formation, c'est-à-dire quasiment rien. Ce qui contribue en partie à expliquer le bilan de 49 000 morts par an dus à ce produit. Au risque de lasser, rappelons que l'hécatombe s'élève à 134 morts par jour en moyenne soit un mort toutes les 11 minutes. À côté de ce brillant score certaines guerres sont des promenades de santé. Pour donner un ordre de grandeur la guerre civile en Syrie faisait 137 morts par jour à ses débuts. (200 000 morts en 4 ans[10]). Pratiquement autant. L'alcool en France équivaut à une bonne petite guerre civile de derrière les fagots, bien fraîche et joyeuse. Mais le tabac fait beaucoup mieux : 181 morts par jour en France. Beaucoup mieux que la guerre civile en Syrie pendant les premières années du conflit. Toujours plus fort.

V) Maladies sans causes

S'il est difficile de trouver les véritables causes de la dépendance alcoolique il convient d'observer que cette maladie est loin d'être la seule dont on ignore l'origine. Il est donc utile de s'attarder un peu sur la méconnaissance des causes de certaines autres maladies à commencer par le cancer par exemple. En effet, les esprits conservateurs et limités s'appuient sur ce point pour justifier leur refus d'accepter que l'alcoolo dépendance soit une maladie. Pour eux c'est une idée nouvelle donc intolérable. On rencontre ce genre d'individus partout et sur tous les thèmes, notamment en matière d'alcool. Ils pensent que si l'on ne connaît pas la cause de cette maladie on ne peut pas la soigner. D'après eux, une méthode qui postule que l'on ne peut pas trouver les causes d'une maladie ne pourra jamais apporter le moindre soulagement de cette maladie. Ce qui leur permet de rester crispés sur leurs aprioris de l'âge de pierre, pensent-ils avec soulagement. Malheureusement pour eux cet argument ne tient pas. Il y a bien d'autres maladies dont on ne connaît pas les causes et que la médecine réussit à soigner, à soulager et quelquefois à guérir. Il existe plus d'une centaine de maladies dont on ne connaît pas les causes. Il n'est donc pas étonnant que la dépendance alcoolique en soit une de plus. Nous en citons ci - dessous quelques-unes à titre d'exemple. Les lecteurs qui ont compris que l'alcoolo - dépendance est une maladie peuvent sauter les passages qui suivent et passer directement à la conclusion de ce chapitre.

V - 1) Cancers

Il est clair que parmi les individus exposés aux mêmes risques certains développent un cancer et d'autres non. À doses égales de tabac, certains fumeurs ne développent jamais de cancers contrairement à d'autres. À ma connaissance on n'est pas en mesure d'expliquer pourquoi. J'ai fumé pendant 43 ans et bu pendant une quinzaine d'années. Je n'ai développé aucun cancer lié à ces excès jusqu'à présent. Certes tout espoir n'est pas perdu puisque les cancers du poumon peuvent se déclarer une dizaine d'années après l'arrêt du tabac mais jusqu'à présent j'y ai échappé. En revanche je connais d'autres buveurs qui ont fumé moins longtemps que moi et qui sont morts depuis longtemps de cancers des voies aériennes par exemple (gorge, palais, larynx,

---

[10] Le Monde du 16 Avril 2015 donne le nombre de morts, j'ai moi-même introduit la durée.

etc.). Mon hygiène de vie a été bien pire que la leur et ce sont eux qui sont morts.

Il existe des cancers du poumon chez des gens qui n'ont jamais été en contact avec le tabac. Certes ils sont très rares mais ils existent. L'inégalité face à la maladie est un phénomène archi connu et il est inutile de disserter longuement sur ces exemples que tout le monde connaît. Il est clair que l'on est très loin d'avoir trouvé les causes exactes de l'apparition des cancers. On connaît certains éléments favorisant leur apparition. À ne pas confondre avec les causes.

V - 2) Le syndrome des jambes sans repos (SJSR) est un trouble *neurologique* (du système nerveux). Il se caractérise par une envie de bouger les jambes pour ne plus ressentir de sensations anormales comme de la douleur, le fourmillement ou des brûlures. En fait, certaines personnes disent qu'elles ont l'impression de sentir des insectes grouiller dans leurs jambes. L'envie de bouger les jambes se produit pendant les périodes de repos, au moment de l'endormissement et elle a généralement tendance à empirer le soir et la nuit. Bien que le mouvement soulage les symptômes, les sensations reviennent souvent. Bien que cette affection soit connue sous le nom de syndrome des jambes sans repos, ces sensations anormales peuvent également se manifester dans les bras. La cause de cette maladie n'est pas connue avec certitude.

V - 3) La fibromyalgie fut, pendant longtemps, une maladie controversée, non reconnue par les professionnels de santé. Aujourd’hui, grâce à la recherche médicale, l'apparition de cette maladie bénéficie d’une reconnaissance, bien que toutes les causes ne soient pas encore totalement élucidées. Pour les personnes atteintes de cette maladie, les premiers malaises ressentis sont des douleurs diffuses. En effet, dans la majorité des cas, il est impossible de localiser les sources de la douleur. D’autant plus que ces douleurs sont souvent décrites comme des sensations de brûlure ou des fourmillements.

Affectant les muscles mous, à savoir les tendons, les articulations osseuses et les ligaments, la difficulté du diagnostic par le médecin réside dans la ressemblance des symptômes la fibromyalgie à d’autres maladies. Faute d’éléments biologiques ou radiologiques pour confirmer sa présence, tout comme une migraine, la fibromyalgie est souvent attribuée à des causes psychosomatiques bien qu’elle celles-ci restent hypothétiques.

V - 4) Prurit sans cause dermatologique

Un prurit « sine materia », c’est-à-dire des démangeaisons sans lésion dermatologique, ne peut pas être d’origine allergique hormis les causes de prise médicamenteuse. C’est un signe d’une maladie interne qu’il faut rechercher. Le prurit ne signifie pas allergie ou parasitose. Différentes causes peuvent être envisagées qu'il faut rechercher :

- la cholestase c'est-à-dire la diminution ou l'arrêt de l'écoulement de la bile et dont les éléments refluent dans le sang,

- la cirrhose biliaire primitive,

- la cholangite sclérosante,

- l'hépatite C,

- l'insuffisance rénale chronique,

- une carence en fer,

- un dysfonctionnement de la glande thyroïde,

- une hypercalcémie,

- un diabète

- une hyperuricémie

- la grossesse

- l'âge (prurit sénile)

- l'alcoolisme chronique

- la prise de certains médicaments (antibiotiques, antifongiques, antiviraux, antipaludéens, neurotropes, anticoagulants, analgésiques, hormones, antidiabétiques, IEC, diurétiques, vitamines)

- et bien d'autres...

V - 5) L'hémorragie sous arachnoïdienne sans cause (HSA, hémorragie cérébrale)

Dans 10% des cas l'HSA est sans cause, aucun anévrisme n'est retrouvé sur l'angioscanner initial ou sur l'artériographie cérébrale initiale. Il est possible qu'une thrombose initiale de l'anévrisme le rende indétectable. Il est donc nécessaire de réitérer ces examens à distance. Classiquement au 10ème jour puis à trois mois. Il existe une forme particulière d'HSA sans cause : l'hémorragie méningée bénigne idiopathique. Cette forme associe une HSA péri-mésencéphalique et l'absence d'anévrisme rompu. Elle est bénigne car le taux de complication est plus faible mais reste cependant non nul. La prise en charge des patients reste donc identique.

V - 6) La fatigue chronique

Il s'agit d'un ensemble de symptômes parmi lesquels la fatigue, une sensation de fatigue ou d'épuisement qui n'est pas soulagé par le repos et qui a une cause inconnue.

Bien qu'elle soit aussi appelée encéphalomyélite myalgique, l'utilisation de ce terme est très réservée, car une inflammation du cerveau n'a pas toujours été établie. Ce n'est pas une maladie nouvelle, car depuis plus d'un siècle, on a parlé de la neurasthénie, une maladie qui partage de nombreuses caractéristiques avec la fatigue chronique.

C'est une maladie relativement fréquente dans ses formes plus douces, et elle peut affecter jusqu'à 25% de la population, tandis que les formes graves peuvent entraîner une invalidité chez 1% des souffrants. Elle semble être plus présente dans la classe moyenne, entre 30 et 50 ans, et principalement chez les femmes.

Comment contracte-t-on cette maladie ? Mystère. La cause n'est pas connue, même si un certain nombre de facteurs ou de maladies qui semblent contribuer au développement du syndrome ont été identifiés. Parmi les facteurs les plus fréquemment cités vous trouverez : la dépression, l'anxiété, le stress, une maladie allergique / immunitaire / rhumatismale, des infections telles que la mononucléose ou l'herpès, l'anémie sévère, des troubles métaboliques et hormonaux (diabète, hypothyroïdie) et des médicaments (anxiolytiques, antidépresseurs, antihypertenseurs). Il semble y avoir une certaine prédisposition génétique. Dans de nombreux cas, les symptômes commencent après les symptômes de la grippe aiguë mais de nombreuses études ont été incapables de détecter une cause infectieuse bien qu'il semble que cela puisse déclencher la maladie. Au fil du temps il y a une amélioration graduelle, de sorte que, après deux ans, dans la grande majorité des cas, les souffrants connaissent un rétablissement complet sans traitement spécifique et seuls quelques cas finissent par développer une incapacité chronique.

V – 7) Maladie de Sudeck

Symptômes :

- Douleurs : douleurs au repos, nocturnes et au mouvement

- Altérations cutanées : tuméfaction de la peau (elle devient tendue, brillante, pâteuse), coloration bleu-rouge, transpiration accrue, les veines superficielles sont très visibles.

- Différence de température : d'abord une hyperthermie (par rapport à une partie saine du corps), ensuite refroidissement de la zone concernée.

- Tuméfactions : les articulations sont gonflées et la mobilité réduite.

A un stade avancé :

- Atrophie musculaire : après avoir gonflé, les muscles deviennent très fins.

- Atrophie de la peau : la peau paraît lisse, brillante et il est difficile de la pincer ; une pilosité accrue s'observe surtout au niveau du dos de la main et sur le dessus du pied.

- Raideurs articulaires : les capsules et ligaments articulaires s'atrophient et les articulations se raidissent.

- Décalage de température : suite au manque de circulation, une hypothermie locale se produit.

- Ostéoporose uniquement visible à la radiographie.

Cette maladie survient après une lésion des extrémités après un accident (par ex. fracture, contusion, entorse, brûlure), plaie après une intervention chirurgicale, infection locale (abcès). La survenue de la maladie de Sudeck ne dépend pas de la gravité de la blessure, même des blessures très légères peuvent être suivies d'une maladie de Sudeck. Pour cette raison, on estime qu'un mécanisme de réflexe excédentaire du système nerveux est l'origine de la maladie. Les facteurs psychiques présents avant l'accident (décès d'un proche, problèmes de couple, professionnels ou autres, dépression, anxiété) semblent favoriser la survenue de la maladie. À l'heure actuelle, on ne sait toujours pas pourquoi un sujet développe une maladie de Sudeck et un autre n'en développera pas alors qu'ils ont eu la même blessure.

V - 8) La dystonie

La dystonie est un syndrome caractérisé par des spasmes musculaires involontaires, souvent douloureux, qui provoquent des mouvements répétitifs ou causent des postures anormales. La dystonie peut affecter une partie du corps (dystonie focale) ou le corps entier (dystonie généralisée). Les cas de dystonie focale sont assez rares. Le nombre de cas de dystonie généralisée est encore plus faible. Vu combien il est difficile de diagnostiquer cette maladie, le nombre de personnes touchées est probablement plus élevé que les cas recensés. La dystonie touche les hommes et les femmes, bien qu'elle prédomine généralement chez les femmes. Elle survient plus communément entre les âges de 40 à 60 ans, mais elle peut survenir à tout âge.

Pourquoi la dystonie survient-elle ? La dystonie est un trouble du mouvement. On ne sait pas exactement pourquoi elle se produit, mais elle pourrait être due à une altération du fonctionnement des structures profondes du cerveau, appelées noyaux gris centraux, plus précisément dans une partie appelée le globus pallidus. Il est lié à une autre structure appelée le thalamus, qui est impliquée dans la planification et la mise en œuvre des mouvements volontaires et involontaires. En cas de dysfonctionnement, la contraction musculaire n'est pas contrôlée correctement, ce qui fait que les mauvais muscles se contractent ou les muscles se contractent tous à la fois, provoquant des mouvements ou postures anormales. On pense que dans la dystonie il y a un déséquilibre entre les différents messagers chimiques, ou neurotransmetteurs comme la dopamine, dans le ganglion basal. En conséquence, les signaux transmis d'une cellule nerveuse à une autre sont incorrects et altèrent la coordination des mouvements.

V - 9) La pancréatite

C'est une inflammation sévère du pancréas qui peut être très grave. La pancréatite chronique peut survenir à la suite d'attaques répétées de pancréatite aiguë ou suite à d'autres lésions du pancréas (voir ci-dessous). On croit que la blessure du pancréas survient à la suite du passage d'enzymes digestives (normalement hors du pancréas) dans le giron du tissu pancréatique, ce qui initie la digestion. Ce phénomène provoque une inflammation, puis un processus de guérison qui déforme la structure du pancréas et favorise l'émergence de nouveaux épisodes d'inflammation. Ce qui crée un cercle vicieux.

À la suite de dommages à long terme subis par le pancréas, il cesse de produire suffisamment d'enzymes pour digérer correctement les aliments. Cette insuffisance conduit à la perte de poids avec l'apparition fréquente de selles de couleur brillante contenant des quantités excessives de graisse. Par ailleurs, la destruction des cellules productrices d'insuline entraîne l'apparition du diabète.

La cause la plus fréquente de la pancréatite chronique est la consommation excessive et prolongée d'alcool. Il y a une relation directe entre la quantité d'alcool consommée et le risque de pancréatite chronique. Cependant seule une minorité de gros buveurs développent la maladie.

D'autres causes sont :

- Des concentrations élevées de calcium dans le sang (hypercalcémie)
- Des malformations anatomiques qui sont habituellement présentes dès la naissance.
- Une fibrose kystique
- Des niveaux élevés de certaines graisses dans le sang (hypertriglycéridémie)
- Une maladie des voies biliaires

- En de rares occasions, certains médicaments peuvent causer une pancréatite.

Dans certains cas, il est impossible d'identifier une cause spécifique. Il est clair que dans le cas des pancréatites dues à l'alcool, là encore on est incapable de savoir pourquoi certains buveurs en sont atteints et d'autres non. Il y a donc d'autres éléments que l'alcool qui interviennent dans l'apparition de cette maladie. Ces autres éléments font partie intégrante de la cause et on ne les connaît pas.

Conclusion

Nous retiendrons cinq idées principales concernant la recherche des causes de l'alcoolisme :

- Nous ne connaissons pas les vraies causes qui poussent les individus à boire plus que de raison. Elles sont multifactorielles et nous ne voyons la plupart du temps que la cause la plus simpliste (déprime, séparation, perte d'emploi, peur d'affronter certaines situations courantes de la vie...). Donc très insuffisante à expliquer le phénomène.

- Ce n'est pas parce que l'on ne connaît pas les causes d'une maladie qu'on ne peut pas la soigner ni la guérir.

- Les véritables causes sont probablement constituées d'une combinaison de plusieurs facteurs simultanés pour chaque individu. Le nombre de ces facteurs varie d'un buveur à un autre. Tant que le problème ne sera pas posé en ces termes on n'aura aucune chance de trouver les véritables origines.

- Les facteurs qui nous paraissent être les bons ont toutes les chances d'être faux. Le buveur privilégie ce qui l'arrange et pas les vraies raisons qui restent le plus souvent profondément enfouies.

- Si par extraordinaire on les trouvait, cette découverte ne conduirait probablement pas à l'abstinence. Le déclic conduisant à l'arrêt ne peut pas venir de là. Et en tout état de cause il faudrait faire le travail que nous faisons dans les centres spécialisés de médecine pour arrêter quand on ne sait pas pourquoi on boit.

Nous noterons qu'il n'est pas nécessaire de trouver les causes de l'alcoolisation pour arrêter de boire. J'ajouterai enfin qu'à mon avis ceux qui recherchent les causes de leur comportement n'ont aucune chance de devenir abstinents par cette démarche. Cette méthode prouve qu'ils cherchent un prétexte pour ne pas affronter en face le chemin à parcourir pour se passer de ce produit. Ce chemin demande beaucoup de travail alors que la découverte des causes serait un remède miracle qui éviterait de faire ce travail. Malheureusement c'est un leurre qui conduit à l'échec. Les méthodes conduisant à l'abstinence comprennent évidemment des composantes psychologiques mais on travaille avec des concepts d'autres écoles psychologiques que l'école freudienne. Il sera toujours possible de s'interroger par la suite sur les causes éventuelles de sa maladie alcoolique. Lorsque l'on a fini la démarche conduisant à l'abstinence. La recherche des causes est une des erreurs d'analyse qui explique en partie l'hécatombe impressionnante de 45 000 ou 49 000 morts par an dus à l'alcool. Elle fait perdre un temps considérable aux buveurs dont certains sont au bout du rouleau. Ceux-là se donnent toutes les chances d'y rester pour avoir attendu trop longtemps. À la vôtre.

Chapitre V - Les pathologies liées à l'alcool

Les pathologies liées à l'alcool se manifestent après plusieurs années de consommation. Lorsqu'elles apparaissent non seulement le sujet est généralement alcoolo - dépendant depuis longtemps mais de surcroît il approche de la fin. Il est impossible de prédire la date de sa mort bien entendu mais la poursuite de sa consommation l'y conduira inévitablement. En effet les dégradations physiques sonnent généralement le début de la pente inexorable vers le boulevard des allongés d'après les observations que j'ai pu faire en groupe de parole.

Concernant les statistiques portant sur les décès dus à l'alcool, il convient de faire les remarques méthodologiques qui s'imposent. L'analyse des causes précises des 540 000 décès annuels en France est difficile, notamment lorsqu'il s'agit d'évaluer le poids de l'alcool dans cette mortalité globale, d'où des variations considérables, allant de 25 000 à 60 000 décès imputables à l'alcool. Le Professeur Claude Got, Observatoire français des drogues et toxicomanies, donne les principales causes de ces écarts. Les certificats de décès collectés par le service spécialisé de l'Inserm (Institut national de la santé et de la recherche médicale) ne comportent pas toujours les précisions nécessaires pour déterminer l'ensemble des causes précises d'un décès. Il faudrait en effet pouvoir y distinguer systématiquement les événements pathologiques contemporains du décès, une maladie principale et un ou plusieurs facteurs de risque ; respectivement, par exemple, une encéphalopathie hépatique, une cirrhose, un alcoolisme chronique. Mais ces précisions ne sont pas toujours disponibles.

Un certificat peut mentionner la cause, cirrhose par exemple, sans que celle-ci soit qualifiée. Toutes les cirrhoses ne sont pas d'origine alcoolique bien entendu. 25 % d'entre elles sont dues à d'autres causes comme les médicaments notamment chez la personne âgée. Elles peuvent également être dues à des causes infectieuses : en Asie et en Afrique, la cause principale est le virus de l'hépatite B et dans les pays occidentaux, le virus de l'hépatite C. D'autres facteurs peuvent provoquer cette maladie comme des maladies génétiques (cirrhose biliaire primitive, maladie de Wilson, déficit héréditaire en alpha-1 antitrypsine, hémochromatose...), des maladies auto-immunes ou l'insuffisance cardiaque droite. Des arguments épidémiologiques, notamment départementaux, peuvent parfois justifier de regrouper ces cirrhoses non qualifiées avec les cirrhoses d'origine alcoolique. Cependant, ce regroupement est aléatoire et le sera sans doute de plus en plus devant la régression de la cirrhose alcoolique en France et au contraire la forte progression de la cirrhose post-hépatique C. Mais les décès par cirrhose post-hépatique C ou par cancer primitif du foie peuvent être pour partie liés à une consommation d'alcool dont on sait qu'elle favorise l'évolution d'une hépatite C vers la cirrhose. L'implication de l'alcool dans une cirrhose est donc quelques fois difficile à établir avec précision.

L'alcool est connu pour favoriser certains cancers, notamment des voies aérodigestives supérieures. Mais tous les cancers de ce type ne sont pas imputables à l'alcool.

Tous les accidents de la route avec décès d'une ou plusieurs personnes ne donnent pas systématiquement lieu à une recherche de l'alcoolisation du ou des conducteurs. Les causes réelles des autres types d'accidents mortels sont encore moins bien connues que ceux de la route.

Autre facteur de complexité : l'effet supposé favorable de la consommation modérée de vin sur la mortalité globale. Nous venons de voir que certains cancers des voies aérodigestives supérieures sont favorisés par l'alcool. Mais il va de soi que personne ne sait à partir de quelle quantité. Quantité qui doit varier chez chaque individu, de surcroît. On peut donc supposer que cette influence peut exister chez des gens qui ne sont pas alcoolos dépendants. Or ce type de population est difficile à détecter. Donc la question est de savoir comment établir l'influence de l'alcool dans un cancer de l'estomac chez quelqu'un qui buvait nettement plus que les doses recommandées. Il est clair que la réponse est très loin d'être évidente.

I) Décès liés à l'alcool

Ces remarques sur la difficulté de connaître la véritable cause des décès étant faites, on admet généralement que conformément à un rapport publié à la Documentation française[11] il y avait 45 000 morts par an directement ou indirectement imputables à l'alcool. Ce chiffre est maintenant passé à 49000.

Sur les 45000, 23 000 décès étaient directement liés à ce produit. De plus il intervient comme facteur associé, c'est-à-dire qu'il contribue au déclenchement de la maladie à l'origine du décès, dans 22 à 26 000 autres décès[12]. Les 23 000 décès directement liés à l'alcool se décomposent ainsi :

- 11 706 décès par cancers (dont 5 003 cancers des lèvres, de la cavité buccale ou du pharynx)

- 4 432 cancers de l'œsophage et 2 271 cancers du larynx

---

[11] Catherine Hill, Institut Gustave Roussy, *Alcool et risque de cancer, Actualité et dossier en santé publique*, La documentation française, mars 2000.
[12] Expertise collective Inserm 2001, données 1998

- 8 863 par cirrhoses (soit environ 20 % seulement... contrairement à une autre idée fausse largement répandue)

- 2 541 par alcoolo-dépendance.

18 388 décès touchent les hommes et 4 722 chez les femmes (20,5 %, peuvent mieux faire en s'appliquant pour atteindre la parité).

À tous les âges, la mortalité masculine liée à l'alcool est 2 à 5 fois supérieure à la mortalité féminine. En moyenne, la consommation excessive d'alcool est à l'origine d'un décès sur 7 chez les hommes, contre 1 sur 33 chez les femmes.

Par ailleurs le coût du traitement des pathologies liées à ce produit est impressionnant. Le traitement de l'alcoolisme et des pathologies associées entraîne un coût direct de 10 milliards d'euros, soit environ 10 % du total des dépenses de consommation médicale[13]. Le coût du dispositif spécialisé (CCAA[14] et centres de cure et de postcure s'élève à 76 millions d'euros. Le coût de l'hospitalisation pour alcoolisme est estimé à 1,2 milliard d'euros pour l'année 1995[15]. N'oublions pas que l'alcoolisme est la seconde cause de mortalité évitable en France. La première est le tabac bien entendu avec 66000 morts par an. Ces deux drogues légales en France font quand même 111 000 morts par an et il est totalement impossible de les interdire. Toutes les prohibitions de l'alcool ont abouti à des échecs complets et elles ont fait la fortune des contrebandiers et de la mafia. Par ailleurs c'est aussi indéfendable que d'interdire la vente de sucre sous prétexte qu'il y a des diabétiques. Il n'y a que 3 % des Français qui sont dépendants. Pour 63 millions de nos compatriotes l'alcool est une boisson des plus sympathiques. Venons-en maintenant aux mille et une manières de mourir de ce produit béni des dieux qui est décidément plein de ressources.

II) L'excès d'alcool provoque des cancers

Il est maintenant clairement démontré que les gros consommateurs présentent plus de risque de développer un cancer des voies aérodigestives supérieures (bouche, pharynx, œsophage, mâchoires et larynx) que ceux qui ne consomment pas ou peu d'alcool. Selon la quantité d'alcool ingérée chaque jour, le risque est entre 2 et 6 fois plus important. L'alcool et le tabac forment

[13] Presse Med. 1999 Oct 9;28(30):1653-60.
[14] Centre de Cure Ambulatoire en Alcoologie
[15] Enquête CREDES, 1997

un redoutable cocktail aux effets particulièrement néfastes. Consommés conjointement, ils augmentent nettement le risque de survenue des cancers des voies aérodigestives. Comparés à ceux qui ne boivent pas d'alcool et ne fument pas de tabac, les consommateurs de plus de 45g d'alcool par jour (= 11,5 centilitres de whisky = 3 rations simples dans un bar) ont deux fois plus de risque de développer un cancer de la cavité buccale et du pharynx. Ce risque est multiplié par 15 si, de surcroît, ils fument chaque jour plus de 40 cigarettes. De même, les personnes qui boivent et fument beaucoup ont un risque de développer un cancer de l'œsophage multiplié par 44. Ce produit favorise également les cancers du côlon et du rectum en tant qu'éléments du système digestif.

Le cancer du foie peut aussi se déclarer suite à une consommation excessive d'alcool. Ce type de cancer n'apparaît que chez les patients ayant d'abord développé une cirrhose. Pour ces patients cirrhotiques, et en particulier pour ceux ayant été infectés par le virus de l'hépatite B ou C, la probabilité d'être atteints d'un cancer du foie dans les cinq années qui suivent est estimée à 15 - 20%.

Certaines études soulignent la probable relation entre une consommation chronique d'alcool et le risque de développer un cancer du sein chez la femme. Au-delà de 10g d'alcool par jour (= 10 centilitres de vin = 1 verre), ce risque semble augmenter de 10% tous les 10g supplémentaires d'alcool consommés.

III) Effets sur le cerveau et sur le système nerveux

Les atteintes du cerveau et du système nerveux conduisent rarement à une mort rapide. Néanmoins une consommation prolongée peut rendre le sujet inapte à toute activité professionnelle. Des troubles cognitifs sont fréquemment observés chez plus de 50% des consommateurs excessifs. Ces troubles affectent la mémoire, les capacités visuomotrices et perceptives, les praxies (adaptation des mouvements au but visé), l'abstraction ou les capacités d'élaboration. Ces symptômes peuvent persister après le sevrage, pendant plusieurs mois, voire plusieurs années. Plus grave, l'encéphalopathie de Wernicke, surtout quand elle évolue en syndrome de Korsakoff (troubles importants de la mémoire, fabulation, fausses reconnaissances), se traduit par un état confusionnel, des troubles visuels et des problèmes dans la coordination des mouvements. Le cortex frontal, une région cérébrale impliquée dans la réalisation des tâches cognitives, est particulièrement sensible aux effets de l'alcool. Il n'existe pas de mécanisme unique expliquant la neurotoxicité du produit. Toutefois, il est certain que l'éthanol, lui-même, est neurotoxique : à fortes doses, il perturbe les mécanismes de transmission de l'information nerveuse. Il peut même détruire les neurones. Mais l'alcool agit aussi de manière indirecte. Par exemple, il peut induire une carence en vitamine B1 (thiamine), responsable du syndrome de Wernicke-Korsakoff.

L'usage chronique d'alcool détruit les neurones soit directement lors de l'absorption de doses massives, soit en empêchant l'absorption digestive des vitamines B. Les neurones ayant absolument besoin de ces vitamines pour vivre, il y a mort neuronale. Cette mort neuronale se traduit par plusieurs symptômes. Des troubles définitifs de l'équilibre, la personne peut rester « ébrieuse » à vie du fait de lésions situées au niveau du cervelet (ataxie) et des nerfs périphériques (polynévrite). Le sujet a du mal de marcher normalement. La démarche n'est plus un réflexe et il doit faire des efforts pour mettre un pied devant l'autre. J'ai vu quelques cas atteints provisoirement de ce genre de trouble lors de leur cure de sevrage. La démarche est alors caractéristique et très comparable à celle du monstre de Frankenstein en personne. Impressionnant. Pendant ces cures les patients viennent en groupe de parole pour permettre à ceux qui le désirent de s'exprimer. Ils peuvent ainsi recueillir l'avis des autres participants. Leur présence permet également de prendre conscience des dégâts que peut occasionner le produit à long terme. J'ai moi-même eu l'impression par moments que je devais faire des efforts pour marcher normalement. Ce symptôme est assez déprimant dans la mesure où il m'a fait craindre de devenir handicapé. C'est également une alerte qui montre que l'on arrive dans la zone dangereuse où les atteintes physiques vont se multiplier. Pour ma part ces difficultés ont totalement disparu dès le sevrage. Je n'étais manifestement pas allé trop loin.

Des troubles de la mémoire des faits immédiats, la personne devient définitivement incapable de mémoriser les faits récents, tout en gardant intact les faits anciens. Cela est dû à des lésions de la région de l'hippocampe du cerveau.

Des troubles démentiels plus généraux, liés à des atteintes moins localisées du cortex cérébral.

IV) Les pathologies du foie

Contrairement à une idée fausse de plus, les pathologies du foie ne sont pas celles qui entraînent le plus de décès. Le foie est l'organe du corps humain qui se régénère le mieux. Cette faculté est constatée après les hépatites par exemple, de même qu'elle permet de faire des greffes d'une partie de foie qui se reconstitue ensuite. Bien entendu, une consommation prolongée finit quand même par en venir à bout. À force de persévérance et de méthode on obtient des résultats. Une consommation chronique d'alcool peut entraîner des perturbations hépatiques telles qu'une stéatose, caractérisée par une surcharge en lipides, une hépatite alcoolique ou une cirrhose. La malnutrition, tout comme le surpoids, semble favoriser ces pathologies hépatiques. L'alcool comme le tabac agit comme un coupe-faim qui conduit le buveur à s'alimenter insuffisamment et très mal. La surcharge lipidique est due au nombre élevé de calories dans ce produit mais elle n'atteint pas tout le monde. Je n'ai jamais pris un gramme de surpoids tant que j'ai bu. J'avais une ligne exemplaire probablement due au fait que je mangeais très peu. Cette mauvaise hygiène alimentaire conduisait évidemment à des carences. On ne peut pas tout avoir, rien n'est parfait.

La plupart des cirrhoses sont diagnostiquées vers l'âge de 50 ans chez l'homme. La durée d'intoxication nécessaire pour développer une cirrhose est estimée à au moins 10 ans chez les femmes et au moins 15 ans chez les hommes. Cette règle ne s'applique pas dans 100 % des cas. Tous les amis buveurs repentis que je connais ont bu pendant beaucoup plus de 15 ans, certains pendant 35 ans et ils vont très bien. Merci pour eux. On pourra évidemment objecter que ceux qui ont eu une cirrhose après 15 ans de consommation ne sont plus là pour en parler par définition. On peut donc simplement dire que le risque de cirrhose apparaît après 10 et 15 ans. Selon que l'on est une femme ou un homme. Comme dans bien des pathologies dues à ce produit les femmes sont plus vulnérables que les hommes. Comme on l'a déjà dit on ne sait pas pourquoi mais on observe le même phénomène avec le tabac. Les doses quotidiennes nécessaires sont plus faibles chez la femme : d'après les études, le risque de développer une cirrhose devient important (risque multiplié par 3 ou 4) à partir de 30g d'alcool par jour chez la femme (3 verres de vin) et 50g d'alcool par jour chez l'homme (5 verres de vin, il n'y a pas de justice). Comme chacun le sait la cirrhose est irréversible et après son diagnostic, 40 à 80% des patients décèdent dans les 5 ans. Tout dépend de la quantité d'alcool absorbée après le diagnostic mais l'issue paraît claire quoi qu'il en soit. De plus le cancer vient quelquefois s'en mêler. La probabilité d'être atteints d'un cancer du foie dans les cinq années qui suivent un diagnostic cirrhose est estimée à 15 - 20%. Bonne chance.

V) Les autres pathologies

J'ai beaucoup moins de documentation sur les autres pathologies mais elles sont bien connues. Je ne vous épargnerai rien.

Il s'agit tout d'abord des pancréatites, mortelles à 40 % à chaque crise. Je ne connais pas le nombre de crises auxquelles on peut survivre quand on est robuste mais ce chiffre ne doit pas être très élevé.

Nous avons ensuite les anévrismes. L'alcool étant vaso-dilatateur, il vasodilate un maximum et finit par provoquer des anévrismes un peu partout.

Leur rupture dans le cerveau ou dans le cœur n'est pas ce que l'on fait de mieux et peut également être fatale.

Et citons enfin les ruptures de varices œsophagiennes. Très chic. 50 % de décès à chaque fois mais on aurait maintenant fait des progrès dans leur traitement. Probabilité d'en avoir 3 probablement inexistante. On est mort avant. Leur origine est probablement liée aux propriétés vaso-dilatatrices du produit. Le malade fait une hémorragie interne et se vide de son sang. On peut tenter une intervention chirurgicale si on fait le bon diagnostic à temps mais rien n'est garanti. Les cas dont j'ai eu connaissance sont morts en moins de 24 heures après avoir juré tous leurs grands dieux qu'ils arrêteraient de boire s'ils s'en sortaient. Trop tard. Encore une promesse d'alcoolique.

Rappelons également qu'en cas de sevrage, les buveurs peuvent faire des crises d'épilepsie et mourir en s'étouffant avec leur propre langue s'ils sont seuls. Pour obvier à ce léger inconvénient, rappelons que les médecins donnent des médicaments pendant quelques jours après le sevrage quand ils diagnostiquent les symptômes annonciateurs de risque de crise. Les symptômes des sujets à risque d'épilepsie ou de délirium tremens sont assez faciles à détecter par les pros. Pas par moi. Je ne parlerai donc pas de ce que je ne connais pas.

En conclusion de ce chapitre réjouissant et dans un souci de pédagogie, nous ferons un simple récapitulatif des pathologies mortelles provoquées par l'alcool. La mort peut survenir dans les cas suivants.

Cancers :

- des lèvres
- de la cavité buccale
- des mâchoires
- du larynx
- du pharynx
- de l'œsophage
- du colon
- du rectum
- du foie
- du sein chez les femmes

Cerveau, en cas de crise d'épilepsie ou de crises de délirium tremens pendant le sevrage si le buveur n'a pas pris les médicaments ad hoc. Il peut notamment s'étouffer en avalant sa langue (épilepsie).

- Foie avec la cirrhose.

Autres pathologies à probabilité mortelle élevée :
- rupture d'anévrisme
- rupture de varice œsophagienne
- pancréatites

Il y a donc au moins 16 bonnes raisons de mourir de l'alcool et il est probable que j'en ai oubliées. Cet inventaire à la Prévert n'a malheureusement jamais dissuadé les buveurs de boire quand on leur apprend tout ça. En revanche ces informations leur reviendront en mémoire chez ceux qui seront plus motivés pour arrêter. À ce moment-là, la peur de mourir générée par tous ces risques peut contribuer à déclencher le déclic qui conduit à l'abstinence. Encore une fois, tant que l'on est dans le déni, aucun argument rationnel ne peut nous atteindre. On est persuadés que ça ne nous arrivera pas à nous. Ça n'arrive qu'aux autres, c'est bien connu. J'en ai fait moi - même l'expérience. Au début de mes consultations en alcoologie j'ai eu droit aux services d'un infirmier spécialisé dans la pédagogie. Je ne sais pas si cette méthode est toujours en vigueur. Il m'a expliqué tout ça avec force photos de cancers à l'appui. J'ai bien entendu eu peur de tous ces maux mais j'ai rapidement refoulé le problème en me disant que j'étais loin d'en être arrivé à ce stade terminal. Avec ma santé de fer je ne craignais rien. Ben voyons. Ensuite quand certains de ces symptômes ont commencé à se manifester chez moi j'étais prêt à les prendre en considération parce que j'étais prévenu. De plus j'avais alors admis que j'étais dépendant et qu'il n'y avait plus qu'une solution pour en sortir. L'arrêt total. On ne saura jamais quel a été l'impact de ces informations sur le déclenchement de mon déclic mais je pense qu'il y a contribué 3 ans après. Nous touchons ici un des phénomènes qui m'a frappé dans le traitement de cette maladie. On nous donne une foule d'informations et de méthodes pendant des mois ou des années. En apparence le résultat est nul. Grave erreur, il ne s'agit que d'une apparence. Le cerveau emmagasine tout, le traite et le stocke on ne sait où. Et un jour tout cela ressort quand les blocages à l'arrêt ont sauté. Le problème est évidemment qu'on ne sait pas comment fonctionne ce processus psychologique. Il faut donc faire bénéficier les buveurs de toutes les méthodes connues. Mais on ne sait jamais quand ni comment elles donneront des résultats. Parfois jamais puisqu'il y a 45 000 à 49 000 morts par an. Et là encore, qu'est-ce qui fait la différence entre ceux qui arrêtent et ceux qui continuent jusqu'au boulevard des allongés ? Jusqu'à présent c'est le mystère le plus total à ma connaissance.

Chapitre VI - Les caractéristiques communes à tous les buveurs

On cherche toujours des symptômes communs à tous ceux qui sont atteints d'une même maladie. C'est une des bases de la médecine qui permet de faire un diagnostic, d'identifier la cause d'un mal (bactérie, virus, problèmes osseux, dégénérescence de certains tissus, prolifération anarchique de certaines cellules, etc.) et d'appliquer ensuite les traitements et les médicaments que l'on connaît pour soigner cette maladie. Ce qui ne veut pas dire qu'on les guérit toutes. Dans le cas de l'alcool il y a bien entendu quelques symptômes communs aux buveurs mais ils sont tout d'abord beaucoup moins nombreux que ce qu'imagine la croyance populaire et ensuite leurs manifestations sont très différentes d'un individu à l'autre. L'alcool est un produit psychotrope c'est-à-dire qu'il modifie les réactions psychiques des individus. Chaque individu ayant à l'origine une psychologie très différente de celle des autres, il paraît logique qu'en modifiant des esprits différents à l'origine on obtienne des résultats encore plus différents après absorption d'alcool. En effet on ne voit pas pourquoi l'alcool aurait pour effet d'introduire de l'uniformité à partir d'une grande diversité. Il convient donc encore une fois de rappeler qu'il n'y a pas deux buveurs qui se ressemblent comme il n'y a pas deux individus identiques sur terre. Passons en revue ces symptômes. Pour ce faire j'ai analysé quinze domaines qui pourraient être influencés par l'alcool et nous essaierons d'analyser si les buveurs ont des comportements identiques face à ces quinze problèmes. Ce n'est quasiment jamais le cas.

I) Modification de l'humeur (agressivité, passivité, etc.)

Les buveurs ont la réputation d'être agressifs notamment avec leur entourage. Il convient tout d'abord de souligner qu'il est difficile de se faire une idée exacte de cette agressivité. En effet il y a un tel tabou sur ce sujet que l'on n'obtient pas de confidences sincères sur ce sujet. Le buveur agressif ne s'en vante pas même après être devenu abstinent. De même que les victimes qui sont des proches ont plutôt tendance à dissimuler cette violence quand elle existe. Je n'ai jamais obtenu de confidences sur ce point de la part des 750 buveurs qu'il m'a été donné de connaître dans le groupe de parole. Je m'en rends compte seulement maintenant que je dois écrire quelque chose sur le sujet. Par ailleurs, l'agressivité est loin d'être une règle absolue. Dans mon cas par exemple j'étais beaucoup moins tonique quand je buvais que je ne le suis dans mon état normal quand je n'ai pas une once d'alcool dans le sang. Le produit avait tendance à m'anesthésier ou à diminuer mon tonus. De plus, l'alcoolisme me faisait perdre confiance en moi ce qui avait pour conséquence de me rendre plus dépendant des autres. N'ayant plus confiance dans mon propre jugement j'avais tendance à tenir un plus grand compte de l'avis des autres que je ne le fais quand je suis en possession de tous mes moyens. C'est à dire quand mon jugement s'exerce normalement.

L'alcool me rendait plus faible parce qu'il obscurcissait ce jugement. Encore une fois si j'étais le seul à réagir comme ça, la remarque n'aurait aucun intérêt. Si j'en parle c'est parce qu'un certain nombre de buveurs ont cette réaction. En conclusion de ce thème on peut simplement dire que la croyance populaire s'avère totalement fausse une fois de plus. L'agressivité n'est pas la règle. Mais à ma connaissance on ne dispose pas d'éléments d'information suffisants pour dire quelle est la proportion de buveurs agressifs et quelles sont les formes exactes de cette agressivité. À l'inverse on ne sait pas non plus quelle est la proportion de ceux que l'alcool rend plus civilisés par faiblesse. Rassurez-vous je me suis ressaisi depuis.

Il faut donc se contenter de dire que l'alcool modifie l'humeur des buveurs. Ce qui est d'une banalité affligeante. Et que c'est un des rares points communs des buveurs.

II) Différences hommes - femmes

La question est de savoir si l'alcool a des effets très différents sur les hommes et sur les femmes. La réponse est évidemment non. Encore une idée totalement fausse. Il y a quelques petites différences mais elles sont très faibles. Le personnel soignant a coutume de dire qu'il traite les hommes et les femmes de la même manière dans les cures de sevrage par exemple. Néanmoins on note quand même deux différences principales : le regard de la Société et la résistance à l'alcool.

Tout d'abord le regard de la Société est beaucoup plus sévère sur les femmes que sur les hommes. Les femmes sont vues comme les mères et les gardiennes du foyer. Si elles boivent pendant leur grossesse elles risquent de faire des enfants déficients mentaux à vie. C'est le Syndrome d'Alcoolisme Fœtal. Cette pathologie n'est pas systématique chez les femmes enceintes alcooliques mais c'est un risque considérable. Dans ce cas on ne sait pas non plus pourquoi certains bébés sont normaux et d'autres ont des déficits intellectuels plus ou moins graves. Cette pathologie touche 1 naissance sur 1000 et se manifeste par un retard de développement utérin du fœtus et parfois par des malformations. La femme enceinte est particulièrement sensible à l'alcool, certaines hypersensibilités existent au point que certaines mères d'enfants atteints du Syndrome d'Alcoolisme Fœtal n'étaient pas reconnues alcooliques au moment de la naissance de leur enfant. Elles ne consommaient pas régulièrement d'alcool ce qui prouve que des consommations occasionnelles peuvent suffire. Par la suite, dans leur rôle de mère il sera très difficile aux buveuses, voire impossible de s'occuper convenablement de leurs enfants. La plupart des gens n'ayant pas compris que la dépendance est une maladie ils considèrent que les mères buveuses pourraient s'arrêter de boire si elles le voulaient. Ils les considèrent donc comme totalement irresponsables, ce qui est faux. Nous sommes toujours à l'âge de pierre ne l'oublions pas. Ceci étant posé, il n'est pas question de leur laisser la garde de leurs enfants si elles sont incapables de s'en occuper. Ça va de soi et ce serait criminel. En tant que gardiennes du foyer elles seront également dans l'incapacité de s'occuper de leur foyer et de tenir les comptes. Ces deux points de vue montrent que la vision de nos contemporains n'a pas avancé d'un millimètre depuis que l'Homme est apparu sur terre il y a quelques 300 000 ans paraît-il. À quinze jours près.

Les études médicales ont montré que les femmes résistent moins bien à l'alcool que les hommes comme nous l'avons déjà souligné et on ne sait pas pourquoi. Elles développent des cancers plus rapidement comme avec le tabac. La cirrhose peut se déclarer au bout de 10 ans chez elles contre quinze chez les hommes. Leur cerveau est atteint de déficiences plus rapidement que chez l'homme. Etc. Nous avons déjà vu tout ça.

Il existe probablement quelques autres différences mais je les connais mal. En effet les femmes des groupes de parole ne nous confient jamais leurs problèmes « de femmes » s'ils existent. De plus aucune alcoolique femme ne m'a jamais fait part de ses problèmes intimes puisque je suis un homme. Les seuls à connaître réellement les différences hommes - femmes sont les personnels médicaux féminins qui doivent recueillir plus de confidences. Mais elles ne sont pas bavardes bien entendu. Secret médical oblige.

Rappelons que nous cherchons des règles communes aux buveurs pour savoir s'il y a des sortes de « lois » de cette maladie. Dans le problème traité ici (comparaison des symptômes entre les hommes et les femmes) on s'attendrait effectivement à trouver de grandes différences. Or il y en a très peu.

III) Buveurs mono produit ou multi produits

Alcool et tabac vont souvent de pair selon de nombreuses études[16] . Selon les études, on obtient des taux de corrélation différents bien entendu puisque les méthodes adoptées ne sont jamais exactement les mêmes. Néanmoins ce taux est toujours très élevé. Certaines études estiment que la proportion d'alcooliques fumeurs s'établit entre 71 et 97 %. Cette codépendance peut être problématique lors de la désintoxication d'alcooliques fumeurs.

Dans une autre étude, Batel et Rueff ont montré que dans une population de patients alcoolo-dépendants, la prévalence du tabagisme atteint 88 % et celle de la dépendance à la nicotine 81 %. Dans les populations étudiées, le niveau de sévérité de la dépendance à l'alcool évolue comme celui de la dé-

[16]http://uk.alcoweb.fr/alcoweb/front/Controller?controller=InterligoController&action=loadPage&codeRubrique=116

pendance à la nicotine. Les grands alcoolodépendants sont également de grands nicotino-dépendants. D'après une troisième étude de Gulliver, le nombre journalier de cigarettes et la dépendance tabagique sont corrélés positivement avec la dépendance alcoolique. Il semble que l'exposition à un stimulus lié à l'alcool augmente l'envie de fumer.

Les alcooliques en cure de sevrage font état de leur extrême difficulté à abandonner la cigarette, plus encore qu'ils n'en éprouvent au sevrage de l'alcool. L'abandon simultané des deux produits se révèle difficile. Si un individu essaie de se débarrasser de sa dépendance à un produit, il est souvent amené à recourir au second comme substitut. À ce stade des observations, tous les spécialistes ne s'accordent pas sur la désintoxication des alcooliques fumeurs. Certains pensent que le tabac pourrait être utilisé comme un moyen substitutif et diminuer la probabilité d'une rechute alcoolique. D'autres soutiennent, au contraire, que le maintien tabagique après une cure de désintoxication alcoolique peut déclencher une rechute alcoolique en activant les mêmes circuits neuromédiateurs. Constat qui inciterait à arrêter simultanément les deux substances. De même, la codépendance alcool-tabac pose un problème aux alcooliques voulant cesser de fumer. Une étude comparative montre que seuls 7 % des alcooliques qui essaient d'arrêter de fumer y parviennent s'ils continuent à consommer de l'alcool, alors que les non-alcooliques réussissent à 49 %.

J'ai arrêté les deux substances : alcool et tabac. Alcool il y a 11 ans, tabac il y a 9 ans et demi. J'ai donc été confronté à ce problème et je lui ai donné une réponse très claire. J'ai commencé par arrêter l'alcool et dans mon esprit il était totalement hors de question d'arrêter le tabac en même temps. La raison tout à fait consciente était que je voulais garder un excitant « artificiel » non pas comme substitut puisque je n'ai pas fumé une cigarette de plus mais pour qu'il me reste une drogue. L'absence totale de psychotrope me paraissait insurmontable, surhumain. Je voulais bien arrêter l'alcool à condition de pouvoir continuer à me shooter tranquillement à la nicotine. Ce plaisir-là m'était indispensable. Je n'ai aucun goût pour le martyr, l'héroïsme ni pour l'autoflagellation permanente. Très peu pour moi. Ne compliquons pas le problème. J'ai donc arrêté de boire sans aucun effort puisque j'étais psychologiquement prêt et j'ai toujours gardé dans un coin de la tête qu'il vaudrait mieux arrêter de fumer un jour. Les cancers divers et variés associés à cette pratique ne me tentaient pas énormément. Ce n'était pas la peine d'éviter toutes les morts potentielles dues à l'alcool (au moins 16) pour se jeter dans les bras des cancers provoqués par le tabac. Essayons d'être un peu rationnels de temps en temps. Notons au passage que je pouvais commencer à faire preuve de rationalité parce que j'avais fait la démarche nécessaire à l'abstinence. Auparavant c'était totalement impossible par la volonté. L'alcool est plus fort que toutes les volontés de la terre. L'alcool est plus fort que tout. On ne le répétera jamais assez.

J'ai donc appliqué toutes les méthodes nécessaires pour maintenir mon abstinence. Il s'agit des méthodes qui me convenaient. On ne les applique pas toutes ce serait surhumain. Chacun doit trouver les siennes dans le catalogue très riche proposé par les services d'alcoologie compétents. Pendant ce temps je continuais bien entendu à aller en consultations régulièrement, également pour conforter mon abstinence en évitant tous les pièges qui peuvent conduire à la rechute. Et dans ces consultations, les médecins m'ont rappelé à chaque fois ou presque qu'il faudrait peut-être penser un jour à arrêter également le tabac. Substance qui n'est pas vraiment ce qu'on fait de mieux pour les bronches, le souffle, les artères, les dents (le tabac est vaso-constricteur ce qui réduit les défenses des mâchoires contre les infections, les dents se déchaussent) et tout et tout. J'avais affaire à des professionnelles et la pression était exactement égale à ce que je peux supporter sans m'énerver. Là comme ailleurs il y a une loi par individu et aucune règle bestiale, aucun dogme, aucune recette qui marcherait avec tout le monde. On ne distribue pas des pilules, on travaille sur de l'humain.

Après 18 mois de ce traitement je pense que l'évolution psychologique et physiologique était achevée sans m'en rendre compte. J'entends par physiologique la diminution du besoin des substances psychotropes qui stimulent les neurotransmetteurs qui dopent l'individu, activent le centre du plaisir etc. On n'a plus besoin des substances chimiques contenues dans la drogue. Mais on peut s'en passer pour des raisons psychologiques. Bref, je n'avais plus besoin de drogues pour faire tourner la machine. Je sentais qu'elle pouvait tourner normalement toute seule comme lorsque je ne prenais rien 43 ans avant (pour le tabac). Néanmoins il a quand même fallu un petit élément pour achever le processus. Il me semble qu'il y a toujours un élément rationnel qui fait faire le dernier pas. Dernier pas décisif puisqu'il s'agit d'arrêter une drogue brutalement. Mais cet élément n'est pas la cause de l'arrêt d'une consommation de drogue. 99 % du travail a été fait souterrainement avant et on est « prêt » comme on dit. Si le dernier élément n'était pas apparu il y en aurait eu un autre par la suite et probablement dans un laps de temps très court. Dans mon cas il s'est agi de la formation d'un début de plaque d'athérome dans l'artère fémorale de ma patte de derrière droite. Je sentais une douleur après 300 mètres de marche environ. Cette douleur ne m'empêchait pas de continuer à marcher, ensuite elle s'atténuait pour devenir très supportable et je continuais mon trajet sans jamais m'arrêter. Le symptôme n'était pas franc et massif mais justifiait un examen des artères de toute la bête. Mon généraliste préféré me fit faire cet examen (un examen doppler). Il s'avéra qu'il y avait probablement un début de plaque d'athérome. Très difficile à détecter, pas bien important mais qui existait quand même. Par ailleurs toutes les autres artères étaient en parfait état de marche sans le moindre problème ce qui m'a beaucoup surpris. Après 43 ans de tabac et 15 ans d'alcool environ je m'attendais à bien pire. C'est l'excellence de mon état général mis à part le petit problème d'athérome qui m'a décidé à arrêter de fumer. Il me restait probablement de longues années devant moi avec un peu de chance contrairement à ce que je croyais. Le problème de plaque pouvait être résolu de multiples manières. Soit naturellement en pratiquant la marche, soit par des médicaments, soit par la chirurgie... J'ai donc été très motivé à entretenir ce patrimoine de santé inespéré qui avait subsisté envers et contre tout. Probablement pour des raisons génétiques. On a pas mal de gens autour de 100 ans dans la famille de ma mère. Soit un peu en dessous soit un peu au-dessus. Il est probable que ça aide. Depuis lors je fais de la marche régulièrement. Des artérioles se sont développées pour augmenter le débit sanguin à l'endroit de l'athérome et j'ai retrouvé un débit de sang tout à fait normal à cet endroit. Je fais un examen tous les ans. J'ai des artères de jeune homme avec un débit maximum si j'ai bien compris. Tout le monde n'a pas la chance qui me caractérise concernant la santé. Le problème a été résolu naturellement. L'organisme a des ressources insoupçonnées. Mon angiologue me confirme que mon état général est incomparablement meilleur maintenant qu'il y a dix ans. La vie fait apparemment partie des choses dont on a beaucoup de mal à se débarrasser à condition d'arrêter de s'empoisonner évidemment. Il ne serait pas étonnant qu'il y en ait un peu partout dans l'univers. C'est un véritable chiendent. En un mot comme en cent la vie est magnifique pour moi. Je ne sais pas si je l'ai mérité ou si je le vaux bien, je ne pense pas mais je m'en moque. Et j'ai bien l'intention d'en profiter encore très longtemps. Vous n'avez pas fini de me supporter. Je vous plains.

J'ai alors entrepris une démarche plus volontaire avec mon médecin tabacologue, par ailleurs alcoologue ou vice versa. Cette nouvelle démarche avec les exercices associés a duré peu de temps. De l'ordre d'un mois environ. Je ne me souviens plus très bien. Un jour j'ai décidé d'arrêter et j'ai téléphoné à l'hôpital pour avoir une ordonnance de médicaments de substitution que je voulais pour le jour même. Cette décision m'a pris comme un coup de fusil comme avec l'alcool. C'est apparemment dans ma nature. Il ne faut pas chercher à comprendre. Mais là comme avec l'alcool, c'est l'aboutissement de mois ou d'années de travail sur soi. Ça ne vient jamais en claquant des doigts. Mon médecin a accepté de me faire cette ordonnance séance tenante et je suis allé la chercher à 17 heures. J'ai acheté les médicaments et les patchs en sortant de l'hôpital et j'ai commencé le traitement le soir même en arrêtant totalement de fumer. Je n'ai jamais retouché une cigarette depuis ce jour il y a 9 ans et demi. Fin du tabac pour moi début juillet 2008. Ensuite j'ai pris la nicotine en pilule et j'ai mis les patchs pendant 2 semaines exactement. Et un jour j'ai oublié de changer mon patch. J'en ai donc déduit que je n'en avais plus besoin. J'ai tout arrêté. Fin de l'histoire du tabac pour moi.

Il m'est quand même arrivé d'avoir envie de fumer après des stress violents. 3 ou 4 fois. Il a suffi d'attendre que ça passe. Ce qui arrive très vite. Et on n'en a plus parlé. Ce qui mérite peut-être d'être signalé au passage c'est qu'après ces stress je n'ai jamais eu envie de boire, en revanche j'en aurais bien grillé une bonne petite. Pas question. Je n'avais pas envie de recommencer tout le travail nécessaire. J'ai déjà donné. Une fois m'a suffi. Je ne suis pas maso.

La motivation pour éviter la rechute n'a rien à voir avec le concept moralisateur de volonté, malheureusement toujours très en vogue dans les sociétés contemporaines. Cette motivation trouve en grande partie son origine dans les nouveaux plaisirs procurés par l'arrêt du tabagisme. Je me suis tout d'abord senti respirer ce qui me donne la sensation de me sentir vivre. Cette sensation se manifeste surtout quand j'ai le temps de profiter du moment présent. Les matins de printemps et d'été quand j'ouvre ma fenêtre sur le jardin et que je respire l'air frais et humide qui sent bon la verdure. Lors de mes marches dans la campagne ou quand je reprends mon souffle après un effort physique. Lorsque je me repose allongé lors d'une sieste ou assis pendant une lecture. Etc. Il y a ensuite tous les plaisirs liés à la gastronomie : on sent beaucoup plus les saveurs des plats et des boissons bien entendu. De plus je ressens également la sensation de faim qui est anesthésiée en grande partie par le tabac. Cette sensation a au moins deux avantages. Elle procure un plus grand plaisir quand on la satisfait en mangeant et elle me permet de régler beaucoup mieux la quantité de nourriture que j'ingurgite sans être obligé de compter ce que je mange pour gérer mon poids comme dans tous les régimes « quantitatifs ». Ces régimes font appel à une autoflagellation permanente : tant de grammes de pain, tant de protéines, tel poids de viande ou de poisson et surtout pas plus ou bien que des protéines tout le reste est strictement interdit... Bref une vie alimentaire totalement sous contrainte, sans aucune liberté. Étouffant. Avec la réapparition de la sensation de faim on est libéré de toutes ces contraintes puisque l'organisme, c'est-à-dire le cerveau connaît très bien les besoins en énergie du corps. Après quelques mois d'entraînement, c'est la disparition de la faim qui régule le besoin de nourriture. Bien que l'on puisse encore égrener de nombreux autres plaisirs, nous nous contenterons de mentionner une amélioration générale de la forme et de la résistance liées à une bien meilleure oxygénation des tissus. N'oublions pas que chacune de nos cellules fonctionne grâce à l'oxygène, 24 heures sur 24. Le tabac en diminue la quantité dans le sang les privant ainsi d'une partie de leur carburant. Seul carburant totalement gratuit par ailleurs et non imposable jusqu'à présent, alors pourquoi s'en priver. J'en veux pour preuve le taux d'oxygène dans mon sang. Ma généraliste préférée nous prend ce taux d'oxygène à chaque consultation avec une sorte de petite pince à linge au bout d'un doigt. J'ai toujours entre 98 et 100 %. Pour être honnête j'ai eu 100 % une seule fois. Mais je n'en suis pas loin. Bien que j'aie fumé pendant 43 ans. Ce qui semble prouver que les poumons récupèrent très bien quand on leur en donne les moyens. C'est à dire quand on cesse de les empoisonner méthodiquement et quotidiennement. Au moins chez certains individus.

Revenons à ce qui est commun à tous les buveurs concernant l'association alcool - tabac. Je viens de décrire mon parcours personnel à titre d'exemple. Je n'ai pas pu arrêter simultanément les deux produits mais le groupe de parole m'a permis de connaître des cas totalement opposés au mien où buveurs ou buveuses ont arrêté l'alcool et le tabac dans un même élan. Considérant qu'il n'était pas plus difficile de se priver de deux produits que d'un seul. De plus dans le cas d'un arrêt différé des deux drogues, le délai entre les deux sevrages est très variable d'un individu à l'autre. Là encore la règle est qu'il n'y a aucune règle simpliste. Ça se saurait. Donc pas de règle commune à tous les buveurs.

Il faudrait également étudier la combinaison de l'alcool avec tous les autres produits qu'il s'agisse de médicaments ou d'autres drogues. En effet, l'imagination des toxicomanes est sans limites. Il peut s'agir du mélange alcool - médicaments, de préférence des médicaments également psychotropes (anxiolytiques, antidépresseurs...) pour que le mélange soit le plus détonnant possible. Nous avons également en magasin les mélanges alcool - tabac - autres drogues. Très chic. Et le fin du fin, les mélanges alcool - tabac - médicaments - autres drogues, pour les plus robustes. Dans tous ces cas il est fortement recommandé d'avoir une santé de fer si l'on veut survivre quelque temps. Je ne peux malheureusement pas en parler avec pertinence dans la mesure où je n'ai pratiqué que deux drogues simultanément. Personne n'est parfait. De plus, j'ai bien l'intention de m'arrêter là. J'ai déjà donné. Néanmoins on peut quand même affirmer sans risque d'erreur que là non plus il n'y a pas de règles. Tout est possible, de même qu'il est possible de se sortir de ces polytoxicomanies. Les cas existent, je les connais, je les ai rencontrés. Bien entendu c'est un peu plus compliqué que pour la simple association alcool tabac dans la mesure où les effets de substitution possibles sont plus nombreux. C'est un simple problème mathématique de combinatoire. Facile à poser, il s'agit de lois mathématiques bien connues. Difficile à résoudre, il s'agit d'une démarche humaine complexe : psychologique, physiologique, mettant en œuvre des neuro transmetteurs et les centres du plaisir. Bonjour la complexité. Il faudrait essayer un jour de mettre tout ça en équations mathématiques pour voir si c'est possible. Ça l'est peut-être, on va bien sur la Lune et sur Mars. Pendant mes études mathématiques, un de nos professeurs mettait en équation les duels au pistolet de jadis ou l'économie d'un pays (sous forme matricielle). Les économies en croissance étant celles dont le vecteur propre est positif comme chacun le sait (les matheux comprendront). Dans mes missions de conseil dans les pays de l'Est, j'ai rencontré un spécialiste des mathématiques fractales qui travaillait dans la même banque Russe que moi à Kiev en Ukraine. Il enseignait à l'Université et pour arrondir ses fins de mois il concevait des modèles de mathématiques fractales pour prévoir les risques sur les placements en devises et en obligations. En Occident on utilise des équations et des modèles mathématiques pour calculer ces risques bien entendu et je suis bien placé pour le savoir. Mais pas les mathématiques fractales qui sont une branche particulière des mathématiques. Est-ce que l'alcoolisme est plus complexe que tout cela ? Ça n'est pas évident.

Pour conclure sur les polytoxicomanies, disons simplement qu'il n'y a pratiquement pas de comportements identiques entre les gens qui pratiquent ces polytoxicomanies. Éternel refrain.

IV) Origine socio - professionnelle des buveurs

Il s'agit des grandes catégories de professions exercées par nos buveurs, les PCS (**P**rofessions et **C**atégories **S**ocioprofessionnelles). On trouve bien entendu des buveurs dans toutes les catégories socio - professionnelles et quand il y en a un peu plus dans certaines d'entre elles, ce n'est pas du tout là où on les attendait. Là encore le bon sens populaire est totalement défaillant. Nous avons consulté les informations données par l'**I**nstitut **N**ational de **P**révention et d'**Éducation** pour la **S**anté (INPES) pour l'année 2010. Cet institut n'a pas les mêmes définitions que nous. Rappelons que nous nous intéressons dans cet ouvrage aux buveurs dépendants, les autres étant censés pouvoir s'arrêter quand ils veulent. L'INPES distingue les non - consommateurs, les consommateurs sans risque, les consommateurs à risque ponctuel et les consommateurs à risque chronique. Cette dernière catégorie étant la plus proche de la catégorie des alcoolo - dépendants qui est traitée ici. Cependant elle englobe beaucoup plus de monde que la nôtre. Les consommateurs à risque chronique représenteraient environ 8 % de la population française alors que nos alcoolo - dépendants ne représentent que 3,2 % de cette même population. La définition de l'INPES est donc beaucoup plus large.

Chez les femmes, on observe que les plus grandes buveuses se trouvent chez les agricultrices et les professions d'artisans. Viennent ensuite à égalité les cadres et les ouvrières. Les plus sobres étant les professions intermédiaires et les employées où il y a deux fois moins de buveuses que chez les agricultrices et artisans.

Chez les hommes il y a environ 3 fois plus de consommateurs à risque chronique que chez les femmes. L'alcoolisme reste donc une discipline essentiellement masculine avec 75 % des heureux gagnants contre 25 % seulement chez les femmes. On est très loin de la parité et il est clair que les femmes doivent faire de sérieux efforts pour remonter au score. Les artisans sont les plus grands buveurs chez les hommes. Suivis par les agriculteurs et les ouvriers. Viennent enfin pratiquement à égalité les cadres, les professions intermédiaires et les employés.

On peut bien entendu essayer de trouver des justifications à ces résultats mais ce ne serait pas sérieux. Pour avoir une interprétation scientifique il faudrait faire d'autres sondages beaucoup plus précis et des analyses multicritères. Ce qui n'est pas encore fait à ma connaissance. On pourra néanmoins trouver des chiffres plus précis en consultant utilement les publications et les rapports de l'INPES (Institut national de prévention et d'éducation pour la santé). Quoi qu'il en soit, ces chiffres ne donnent pas matière à dégager des comportements communs à tous les buveurs. Il n'y a pratiquement pas de professions où les risques seraient les mêmes chez les hommes et les femmes à part la profession d'artisan. Il y a donc une légère corrélation dans 1 catégorie socio - professionnelle sur 6. C'est à dire dans 17 % des cas seulement.

V) Déni

Rappelons que le déni est une réaction psychologique de défense des individus pour supporter un souvenir ou une situation qui seraient insupportables si l'on en était pleinement conscients. Il consiste à refouler l'évènement ou à refuser de voir l'évidence dans le cas d'un comportement. Exemples de comportements : je refuse d'admettre que fumer en présence des autres provoque 3000 morts par an dus au tabagisme passif, je refuse d'admettre que je peux être atteint des pathologies mortelles induites par l'alcool ou le tabac (ça n'arrive qu'aux autres, un grand classique indémodable), je refuse de voir que je bois trop, je refuse d'admettre que je ne peux plus me passer de boire et que je suis donc dépendant, etc. Quand il s'agit d'évènements douloureux (perte de proches par exemple), on « oublie » l'évènement. On n'y pense plus. C'est ce qui permet aux individus de survivre à des situations provoquant des douleurs psychologiques insupportables comme la perte d'enfants par exemple. Malheureusement, ce mécanisme de survie est parfois mal utilisé et sert à refuser l'évidence. Dans ce cas il empêche les individus de prendre conscience d'un danger qui les menace comme tous les risques liés à l'absorption des drogues par exemple. Il peut être contrariant d'attraper un cancer (quand il est foudroyant c'est encore plus contrariant), d'avoir un accident vasculaire cérébral ou cardiaque, d'avoir une rupture d'anévrisme ou un accident de la route, de mourir d'une cirrhose ou de la rupture d'une varice œsophagienne, de tuer une mère de famille nombreuse avec sa voiture, etc. Les dégâts collatéraux sont multiples, on n'a que l'embarras du choix.

Ce petit rappel étant fait (la répétition est la base de la pédagogie), rappelons également que tous les alcooliques sont malheureusement victimes de ce phénomène. Nous tenons donc enfin un des points communs à tous les buveurs et buveuses de la terre. Pendant une durée plus ou moins longue, nous refusons de voir que nous sommes sur une pente savonneuse ou que nous sommes devenus dépendants et que ce phénomène est irréversible. Évidemment, le déni retarde le travail nécessaire à l'évolution vers l'abstinence. Certains individus resteront même dans le déni jusqu'à leur mort. C'est une des raisons qui explique les 45 000 ou 49 000 décès par an. Au cours de mes cinq ans de groupe de parole je n'ai rencontré aucun buveur qui y ait échappé.

Comme je l'ai déjà dit supra, je refusais d'admettre que j'étais dépendant pour ne pas avoir à devenir totalement abstinent. Je suis resté dans le déni après avoir commencé à bénéficier des consultations du service d'alcoologie parce que je savais qu'il faudrait arrêter un jour. Ce qui ne me disait rien qui vaille. J'ai donc continué très longtemps à essayer de maîtriser ma consommation. En vain bien entendu puisque j'étais dépendant. Je n'ai pu progresser sérieusement que quand ce déni est tombé et que j'ai accepté de voir la réalité. Tout simplement. À partir de ce moment-là quelques mois ont suffi, si l'on peut dire, pour me conduire à une abstinence définitive. Mais encore une fois au risque de lasser, le lecteur ne doit pas s'imaginer que mon cas reflète le parcours que connaissent tous les buveurs. Chaque cas est unique, chaque cas est différent des autres. Il n'y a que les esprits simplistes qui ont besoin de croire qu'il y a toujours une seule explication simple à toute chose. Leur cerveau n'étant pas capable de comprendre, de mémoriser et de gérer des phénomènes complexes, ils simplifient tout à l'extrême jusqu'à ce qu'ils soient capables de comprendre quelque chose. Ce faisant ils déforment et mutilent tout et ne comprennent jamais rien. Ce qui est simple est toujours faux.

VI) Rechutes

Les rechutes sont fréquentes dans le processus d'abstinence. La plupart des buveurs ont besoin de passer par là pour s'en sortir. Tant que l'on n'a pas compris et admis tous les éléments de base du fonctionnement de la dépendance, on a peu de chance de s'arrêter. On fera toujours des erreurs liées aux éléments qui n'ont pas été assimilés. Parmi ces erreurs, il y en aura toujours au moins une qui conduira à une rechute. Ça a été mon cas quand j'ai refusé de croire que l'abstinence devait être totale. J'ai bu à nouveau 20 centilitres de whisky qui m'ont été fatals. C'est reparti comme en 14 comme je l'ai déjà expliqué supra (Cf. Chapitre II : Le déni). On pourrait trouver de nombreux autres exemples. Mais là non plus il n'y a pas de règle absolue. Le nombre de rechutes peut aller de zéro à plus de 10. J'ai quelques amis de cette brillante confrérie des anciens buveurs qui n'ont jamais rechuté. Ils sont peu nombreux et m'énervent au plus haut point puisqu'ils ont fait mieux que moi. Mais il y en a, j'ai pris les noms. Ceux-là avaient apparemment tout compris du premier coup. Bravo. Belle performance. En revanche à l'autre bout de l'échelle des cancres j'en ai vu un qui se vantait d'en être à sa 16 ° cure de sevrage. Bien que je ne fusse pas psychologue, cet individu me paraissait psycho rigide ou quelque chose dans ce genre-là. Il y a très peu de cas comme lui, c'est même le seul que j'ai vu en cinq ans de groupe de parole mais il faut quand même le signaler. Il n'était jamais sorti de la période de déni et se prenait pour un cas médical. En réalité il n'avait rien d'un cas médical. Il était tout simplement beaucoup plus borné que la moyenne. Bon à enfermer. Pendant la période de déni, le buveur ne veut pas admettre qu'il est dépendant. Il se raconte donc des fables, moi le premier. L'alcoolisme c'est bon pour les autres, comme d'habitude. Il est très aisé de se trouver des différences avec les autres puisqu'il n'y a pas deux buveurs qui se ressemblent. Rien de plus simple. Il n'est donc pas nécessaire de réfléchir à une abstinence totale puisque nous ne sommes pas dépendants sinon nous serions comme les autres buveurs. Ce qui n'est pas le cas. Mais tous les buveurs sont différents les uns des autres. Et vlan, à pieds joints dans une erreur de base. Et le tour est joué. On continue à chercher une méthode pour boire à nouveau comme tout le monde. Méthode qu'on ne trouvera jamais puisqu'elle n'existe pas.

Au niveau des rechutes il n'y a donc pas de points communs entre les buveurs non plus. Mis à part qu'elles existent dans 98 % des cas environ.

VII) Conduite en état d'ivresse

Là encore il convient de faire le lit des âneries que l'on entend régulièrement du type : il y a un bon Dieu pour les alcooliques ou les alcooliques ont un ange gardien et autres absurdités de la même veine. Il est vrai que de très nombreux buveurs conduisent avec des doses ahurissantes sans avoir le moindre accident pendant toute leur période d'alcoolisation. C'est mon cas. Période qui se termine par l'abstinence ou la mort. D'autres en revanche provoquent des accidents extrêmement graves et peuvent tuer ou mutiler leurs semblables en ayant ingurgité les mêmes doses, sans un gramme de plus. Je connais beaucoup de buveurs dont je fais partie qui n'ont jamais eu le moindre incident en voiture. Il m'est arrivé souvent de conduire de nuit en voyant deux lignes blanches au milieu de la route. Le problème est de savoir laquelle il faut suivre, bien entendu. Celui qui se trompe de ligne a perdu. Ceux qui viennent en face aussi. Pour ma part je n'ai jamais fait la moindre rayure à ma voiture qui poursuit d'ailleurs sa carrière sur un lieu de vacances avec 363 000 km au compteur et un âge canonique de 33 ans. Je pense à cet égard qu'il serait abusif d'en déduire que l'alcool conserve, ne serait-ce que les voitures. Comment je m'en suis toujours tiré sans une égratignure ? Voilà une question quelle est bonne. La réponse est extrêmement simple. J'ai fermé un œil. De cette manière on ne voit plus qu'une seule ligne et le problème est réglé. Avec le temps j'ai fini par réussir à fermer une seule paupière sans utiliser ma main. J'ai donc deux paupières totalement indépendantes et je peux en fermer une seule à volonté. Le cerveau humain a des capacités d'adaptation et de survie étonnantes. On ne le répétera jamais assez. Grâce à cette petite modification de mes logiciels personnels j'ai réussi à rester en vie et accessoirement à sauver la vie des autres. Mais je dois avouer que ma motivation principale consistait à sauver ma peau. Toujours une question de motivation et pas de volonté.

Un de mes bons amis était commercial et néanmoins grand professionnel de l'alcoolisation. Il roulait donc toute la journée dans un état d'alcoolisation avancé. Tous les matins, lorsqu'il était à peu près à jeun, il faisait le tour de sa voiture pour vérifier s'il n'avait écrasé personne. Il n'a jamais eu le moindre problème avec sa voiture alors qu'il faisait plus de 70 000 km par an. Aujourd'hui il a 34 ans d'abstinence derrière lui. C'est un retraité qui s'occupe de ses petits-enfants et il se porte comme un charme. Merci pour lui. Ça valait la peine d'arrêter. En incidente, signalons qu'il fait partie de ceux qui n'ont jamais fait de rechutes, le bougre. De surcroît il fait partie des gens qui connaissent le mieux les problèmes d'alcool. Il a oublié d'être bête et 34 ans à s'occuper des autres buveurs, ça aide à la compréhension du phénomène. Qu'il en soit remercié et il l'est.

Je pourrais continuer à citer d'autres exemples à l'infini. La question qui se pose est de savoir ce qui peut expliquer que certains s'en tirent sans une égratignure pendant des décennies avec des doses mortelles d'alcool dans le sang. Je peux risquer une explication. À mon avis certains individus ont l'envie de vivre chevillée au corps. Plus que d'autres. Étant parfaitement conscients qu'ils ne sont plus en pleine possession de leurs réflexes, ils adaptent leur conduite à leurs possibilités du moment. Vitesse raisonnable, distance de sécurité pour tenir compte de la lenteur des réflexes, trouver une astuce pour ne voir qu'une ligne médiane de préférence et pas deux, etc. En revanche d'autres ont un instinct de survie plus faible et font de graves erreurs. Tout le problème réside dans l'envie de vivre à mon humble avis. Ensuite le cerveau humain s'adapte à toutes les situations sans problème. Quel que soit le taux de poison dans le sang.

Là non plus il n'y a pas de règles communes à tous les buveurs.

VIII) Durée d'alcoolisation

Il y a plusieurs types de durées envisageables et il s'agit de savoir s'il y a des constantes dans les différents types de durée qui caractérisent le processus alcoolique. On peut distinguer la durée avant l'abstinence, la durée avant les premiers désordres physiques et la durée avant la mort. Commençons dans l'ordre inverse.

Je ne sais pas traiter de la durée d'alcoolisation avant d'en mourir dans la mesure où cette dernière expérience manque à mon palmarès jusqu'à présent. Tout le monde a des lacunes. De plus, je n'ai pas eu connaissance d'assez de décès dans mon groupe de parole pour en tirer des enseignements pertinents. En dernier lieu certains se cachent pour mourir, c'est bien connu. C'est-à-dire qu'ils quittent le groupe pour des raisons variées et pas uniquement pour mourir. On perd leur trace et on n'est pas informés de leur décès. Je n'aborderai donc pas ce thème faute de compétences en la matière. Néanmoins il y a fort à parier que les durées entre les débuts d'alcoolisation et la mort doivent varier énormément d'un individu à l'autre. Il n'y a donc probablement pas de règles communes à tous les buveurs dans ce domaine là non plus.

Concernant le délai entre le début de l'alcoolisation et les premiers symptômes de dégradation physiques, j'ai connu plus de cas mais je n'ai malheureusement pas pensé à leur poser la question. J'ai notamment connu des cas de pancréatites, d'apparition de cirrhose qui se sont soldés par la mort bien entendu (ça peut prendre 3 ans), des cas de praxies (inadaptation des mouvements au but visé notamment dans le cas de la marche, marche saccadée). Dans tous ces cas les patients disparaissent assez rapidement du groupe de parole au fur et à mesure que leur état se dégrade et ils meurent dans leur coin. On est alors ramené au cas précédent. Là aussi il reste du travail à faire. Je ne peux pas conclure sur ce point non plus.

Il nous reste à traiter la durée d'alcoolisation avant l'abstinence. En réalité il y a dans ce cas quatre durées correspondant à quatre périodes. Il s'agit tout d'abord de la période entre le début de l'alcoolisation et le la prise de conscience que quelque chose n'est pas tout à fait normal. Ensuite nous avons la période où le buveur n'a pas encore admis qu'il va falloir faire quelque chose. En troisième lieu le buveur veut arrêter mais il n'a pas encore admis qu'il est dépendant et loin s'en faut. Et enfin la période où il essaie d'arrêter en ayant admis qu'il est dépendant. Je traiterai ici des trois dernières périodes réunies parce que je ne sais pas faire mieux. Je veux donc parler de la durée entre le moment où le buveur prend conscience qu'il y a un problème chez lui et l'abstinence. Cette durée est très variable. D'après mon expérience elle va d'une dizaine d'années à 35 ans. Je pense que la durée maximale peut être très supérieure mais je n'ai pas connu de tels cas personnellement. Elle dépend de nombreux facteurs. De la dose d'alcool absorbée. Du comportement du buveur qui peut avoir des durées d'abstinences plus ou moins longues avant de rechuter. À chaque arrêt son organisme récupère ce qui le prolonge bien entendu. De la résistance de chacun qui est très différente d'un individu à l'autre. Il y a des « forces de la nature » qui résisteront plus longtemps mais qui boivent souvent plus que les autres. Justement parce qu'ils résistent mieux. Il y a également la différence bien connue entre les hommes et les femmes. Les femmes se dégradent plus vite que les hommes pour des raisons inconnues jusqu'à présent. C'est la même chose avec le tabac. Elles ont des cancers plus rapidement que les hommes. Il y a enfin une justice. Il n'y a pas de raisons qu'elles soient systématiquement plus résistantes que les hommes dans tous les domaines. Non mais sans blague. Mais là encore, nous ne trouvons aucune règle commune à tous ceux qui boivent.

IX) Désir de cacher son penchant

Tous les alcooliques éprouvent une énorme culpabilité et une énorme souffrance à être dépendants. Ils essaient toujours de cacher leur penchant pour la boisson. De même, ils croient toujours qu'ils réussissent à dissimuler leur maladie alors même que tout le monde s'en est rendu compte. Ils sont toujours les derniers à se rendre compte que dans leur entourage familial et professionnel tout le monde « sait ». Cette croyance est favorisée par le tabou phénoménal qui pèse sur cette maladie. Personne n'en parle et personne n'en parle aux buveurs ce qui les incite à croire qu'ils ne se sont pas fait remarquer.

Cette tentative de dissimulation est très clairement un autre trait commun à tous les buveurs.

Avant de conclure nous pourrions encore traiter de nombreux autres thèmes tels que :

- La manière de dissimuler les bouteilles

- La manière de s'approvisionner en cachette

- La souffrance de chacun après la dissipation des effets de l'alcool

- Les faits qui ont fini par conduire à l'abstinence (faits qui ne sont en aucun cas des causes comme nous l'avons déjà vu supra).

- L'attitude envers les proches

- Les succès et les échecs pour rétablir une vie familiale et sociale après le sevrage.

Je connais ces sujets, certains d'entre eux seront traités ultérieurement dans cet ouvrage. Sur tous ces derniers thèmes on fait toujours le même constat : il n'y a pas de règles communes à tous les buveurs.

Conclusion

Il n'existe que trois problèmes où tous les buveurs ont des comportements presque analogues : la modification de l'humeur, le déni et le désir de dissimulation. C'est tout. Dans tous les autres domaines la règle est qu'il n'y a pas de règle contrairement aux croyances populaires qui veulent simplifier à l'extrême pour se donner l'illusion d'y comprendre quelque chose. C'est raté, tous les problèmes de l'alcoolisme sont complexes. On ne devient pas alcoologue compétent en 15 jours pas plus qu'on ne devient chirurgien cardiaque en 15 jours.

Chapitre VII - La prise de conscience de l'alcoolisme par le buveur

Dans le but de simplifier le problème on ne traitera que deux prises de conscience principales dans le processus alcoolique vers l'abstinence. La première concerne la consommation excessive d'alcool. À partir de quand j'accepte d'admettre que ma consommation d'alcool dépasse une consommation raisonnable. Cette première étape n'apparaît pas chez tous les buveurs. La deuxième prise de conscience concerne évidemment la fin du déni sur la dépendance. À quel moment le buveur accepte-t-il d'admettre qu'il est dépendant de ce produit et qu'il ne peut plus s'en passer. Bien entendu le buveur peut être victime du déni concernant ces deux étapes. C'est-à-dire qu'il refusera d'admettre qu'il boit des quantités nocives pour la santé de même qu'il refusera de voir qu'il est dépendant du produit. Sur ce sujet on rencontre des comportements qui défient l'entendement. J'ai rencontré par exemple un buveur totalement dépendant qui s'était inventé comme prétexte que tant que l'alcool procure du plaisir il n'y a aucun risque à continuer à boire. Son aveuglement l'a même conduit à présenter cette idée comme la manifestation de la sagesse la plus aboutie. Jusqu'où peut aller le délire ! Il continua donc à s'alcooliser tranquillement jusqu'à mourir d'un cancer du foie. Jusqu'au bout il est resté persuadé que sa maladie n'avait aucun rapport avec sa consommation d'alcool. Il avait peut-être raison dans la mesure où il aurait peut-être eu ce cancer en l'absence d'alcool. Ce qu'on ne pourra jamais prouver. Mais il aurait dû au minimum se poser la question. Comme tout être humain censé l'aurait fait. Cet aveuglement montre bien encore une fois jusqu'où le déni peut conduire des individus censés être dotés de raison. Leur esprit a perdu toute capacité de jugement sur un thème bien précis (l'alcool en l'occurrence) alors qu'ils sont toujours capables de raisonner à peu près sainement dans d'autres domaines. Dans leur activité professionnelle par exemple. Ceux qui nient l'évidence n'ont évidemment aucune chance de s'en sortir. Rappelons les bases. Il faut vouloir s'affranchir de cet esclavage infernal pour faire les démarches psychologiques nécessaires. On ne peut pas entamer la moindre démarche si le déni nous pousse à croire que le problème n'existe pas. Dans ce cas on n'en sortira jamais. Élémentaire.

Les buveurs commencent tous par boire pour bénéficier des vertus de l'alcool. Vertus qui sont bien connues comme nous l'avons déjà dit. Rappelons que la molécule d'éthanol a des propriétés euphorisantes, déstressantes, excitantes et désinhibantes. Tout le monde est confronté au minimum une fois par jour à une situation de ce type. Le stress est très fréquent notamment dans la vie professionnelle. Il arrive par ailleurs à tout le monde d'avoir un coup de blues sans qu'il s'agisse de dépression. Cet état dépressif peut durer plus ou moins longtemps selon les cas. Nous ne nous étendrons pas sur ce sujet qui nécessiterait un ouvrage comme Guerre et Paix en deux tomes. De même qu'il arrive à certains d'éprouver une gêne dans les contacts humains.

C'est notamment le cas des timides mais les cas de rapports difficiles avec autrui sont proches de l'infini et peuvent concerner tout le monde. Il est inutile de développer longuement ce point. Néanmoins tout le monde n'a pas recours à l'alcool pour régler ce type de problème, la plupart d'entre nous s'en accommodent sans avoir recours à la moindre substance. Parmi ceux qui y ont recours occasionnellement, très peu nombreux sont ceux qui en font un remède régulier jusqu'à en devenir dépendants. Encore une fois, cette proportion est de 3 % en France, 97 % de la population échappe à ce piège alors que personne n'échappe au stress.

I) Les obstacles à la prise de conscience

Le déni est évidemment une des raisons qui explique que les buveurs refusent d'admettre qu'ils boivent plus que la moyenne. Ayant déjà abondamment abordé ce sujet nous n'y reviendrons pas. En revanche on peut néanmoins aborder quelques exemples d'excuses utilisées comme justificatifs.

I - 1) Les prétextes pour refuser de voir que l'on boit trop

Ces prétextes ne trompent évidemment que le buveur et personne d'autre. Il y a autant d'excuses que de buveurs ou à peu près mais il peut être intéressant d'en citer quelques-unes pour montrer jusqu'où peut aller l'aveuglement.

Certains prétendent avoir une résistance supérieure à la moyenne, ce qui leur permettrait de boire plus que les autres. En réalité cette prétendue résistance ne vient que de l'habitude de l'alcool qui développe les capacités apparentes de résistance au produit chez tout le monde. Le foie et l'organisme s'habituent petit à petit ce qui entraîne une augmentation régulière des doses nécessaires ce qui n'est pas vrai avec le tabac par exemple.

L'alcool étant un excitant, certains pensent que sa consommation leur donne plus d'énergie créatrice. Ce peut être le cas des artistes en panne d'inspiration que l'alcool stimule. Quelques cas de peintres ou d'écrivains sont célèbres. Malheureusement cet effet stimulant ne dure qu'un temps et il finira par laisser place à une douce médiocrité permanente sauf si le petit génie en question a la bonne idée de mourir avant d'avoir atteint ce stade.

L'effet désinhibant sera mis en avant par ceux qui sont en contact avec le public. Ils seront persuadés de ne pas abuser d'un produit qui améliore leurs performances professionnelles. Ils ne se rendent pas compte que les doses nécessaires augmentent et qu'elles finissent par avoir des effets très négatifs tels que perte du fil de la pensée, tremblements, pertes de mémoire, difficultés d'élocution, diminution de la motivation à exercer son métier, etc.

Les métiers à risque permettent également de se mettre à boire de plus en plus avec une bonne excuse. Il s'agit par exemple des métiers tels que la restauration ou les bars où il faut bien trinquer avec les clients comme chacun le sait. La boulangerie-pâtisserie peut également permettre des écarts puisqu'il peut être nécessaire de goûter les alcools utilisés en pâtisserie ou dans les pâtés. Les métiers du bâtiment peuvent être prétexte à boire plus que de raison pour lutter contre le froid et les intempéries, pour conclure des affaires ou à l'issue des réunions de chantier. C'était également le cas dans les mines autrefois où chaque mineur avait droit à sa topette de rouge pour lui donner des forces dans un métier où l'on dépensait énormément de calories. La topette, mot d'origine helvétique, est une petite bouteille de vin de 33 centilitres en général dans les mines. Soit 3 verres de vin. Mais dans tous ces métiers la plupart des gens ne deviennent pas dépendants à l'alcool. Qu'est-ce qui fait la différence entre ceux qui sombrent dans la dépendance et les autres. Est-ce que certains boivent plus à chaque occasion ou plus souvent ? Est-ce que l'euphorie de la boisson incite certains à continuer à s'alcooliser après leurs « obligations » professionnelles ? Y a-t-il un facteur génétique qui prédisposerait les futurs buveurs à devenir dépendants plus rapidement que les autres bien que ce n'ait jamais été démontré ? Nous ne le savons malheureusement pas. On a néanmoins l'impression qu'à consommation égale certains deviennent dépendants et d'autres pas. Mais il ne s'agit que d'une impression et à notre connaissance aucune étude digne de ce nom n'a jamais été réalisée sur le sujet. On en reste donc aux impressions, aux approximations et autres aprioris plus fantaisistes les uns que les autres. Chacun ayant généralement un avis assez tranché et totalement faux sur le sujet. Ce qui n'est pas démontré scientifiquement relève de l'obscurantisme le plus borné et du charlatanisme. Bref, de l'âge de pierre. On n'en sortira qu'en faisant des études sérieuses et en respectant les critères scientifiques en vigueur en statistiques et en médecine.

L'effet antistress de l'alcool peut conduire à boire un alcool en rentrant le soir à la maison pour être détendu en famille. De fil en aiguille on en boit un second, puis la consommation à table augmente. On fait alors de même à midi pour se débarrasser des tensions de la matinée et la consommation augmente insensiblement jusqu'à dépasser très largement les doses prescrites par la maréchaussée, la faculté et sa femme réunies. Sa femme étant le censeur le moins scientifique bien entendu mais le plus déterminé. Le processus est alors enclenché et si le buveur n'y prend garde il peut devenir dépendant en ayant l'impression de boire uniquement pour affronter la vie plus sereinement. Ça va de soi.

L'effet euphorisant peut être privilégié par ceux qui ont une tendance dépressive. Dans ce cas le recours au produit est de plus en plus fréquent et peut conduire petit à petit et très simplement à la dépendance. L'euphorie peut également être recherchée par ceux qui s'ennuient, tout simplement. Ce cas peut concerner les gens qui vivent seuls pour une infinité de raisons et qui supportent mal cette solitude. Ceux qui subissent une solitude qu'ils n'ont pas choisie la supporteront plus mal bien entendu. L'alcool peut permettre ainsi de passer des soirées de solitude extrêmement agréables en regardant la télévision. Avec le temps, là encore, les doses augmentent et si l'on n'y prend garde la dépendance peut s'installer sans qu'on s'en rende compte. Le prétexte consiste alors à penser qu'il n'y a pas de mal à se faire du bien tant qu'on n'est pas nuisible aux autres. Pourquoi s'en priver ? Jusque-là c'est une banalité et tout le monde est d'accord. Mais à la longue les choses se compliquent et on finit par souffrir et à faire souffrir les autres en raison des effets secondaires de la dépendance tels qu'irritabilité ou apathie, conduite automobile dangereuse ou erreurs professionnelles pouvant conduire au licenciement.

On pourrait multiplier à l'infini les types de bonnes excuses que les buveurs se trouvent. Il y en a à peu près autant que de buveurs excessifs soit environ 5 millions en France. Certes on pourrait probablement les regrouper en grandes catégories mais l'exercice ne présenterait aucun intérêt. Il suffit d'avoir compris qu'il s'agit toujours d'une idée qui ne trompe que le buveur et personne d'autre. Elle sera simpliste, vaguement logique et d'un aveuglement total. Bref, d'une bêtise repoussante. Que le lecteur se rassure, je n'y ai pas échappé. Pas plus que mes petits camarades mais tout le monde peut finir par en prendre conscience.

I - 2) L'inefficacité de l'entourage

Ce problème est également traité plus loin dans le Chapitre X où il a toute sa place. Nous n'en traiterons ici que les grandes lignes.

L'entourage du buveur pourrait l'aider à prendre conscience qu'il boit trop. Malheureusement, quatre éléments empêchent ce facteur d'être efficace.

Le premier élément réside encore une fois dans le déni qui empêche le buveur d'accepter toute idée qui pourrait lui faire prendre conscience de son problème. Le déni l'empêche de raisonner sainement et rend vains tous les efforts de l'entourage pour essayer de lui expliquer quoi que ce soit. Les raisonnements logiques échouent de même que les exemples désastreux d'autres buveurs, les risques qu'il coure ou la description du mal qu'il peut faire à son entourage ainsi qu'à lui - même. Les photos de cancers n'ont jamais effrayé les gens dépendants. Elles ne servent absolument à rien qu'à la bonne conscience de nos gouvernants. Elles n'effraient que les non-fumeurs ce qui n'est pas vraiment le but recherché. Du travail bâclé.

Le deuxième élément est le besoin irrépressible de boire que nulle volonté ne peut combattre. L'avis des autres ne pèse rien face à cette envie. Encore une fois, l'alcool est plus fort que tout quand la dépendance s'est installée. Cette question a déjà été évoquée, nous n'y reviendrons pas.

Les liens affectifs entre le buveur et son entourage constituent le troisième élément. Ces liens faussent totalement l'objectivité de la relation avec l'entourage. Ce dernier sera soit trop indulgent soit trop sévère mais jamais juste. L'expérience montre que les membres l'entourage sont les plus mal placés pour obtenir des résultats. Ils peuvent aider à effectuer la démarche de sevrage bien entendu mais jamais en être le moteur.

Le tabou de l'alcoolisme est notre quatrième élément. Ce tabou est souvent un frein à un dialogue ouvert avec le buveur. Ce n'est pas toujours le cas mais bien souvent l'alcoolique reste enfermé dans sa bulle. Nous traiterons ici du tabou pour les non-buveurs. L'Être humain étant un mammifère social, l'attitude des autres peut avoir une influence sur chacun d'entre nous. Plus la personnalité de l'individu est faible, plus les autres ont d'influence sur lui. Les faibles ne peuvent rien décider tous seuls. La honte de l'alcoolisme est telle que l'entourage familial, amical et professionnel a beaucoup de mal à aborder le sujet que ce soit avec les gens extérieurs à cet entourage ou avec le buveur. Encore une fois cette honte vient de la culture de l'âge de pierre qui caractérise les sociétés contemporaines sur ce sujet. Si l'opinion admettait que c'est une maladie comme le reconnaît l'OMS depuis 1978, l'Institut national de la Santé et de la Recherche Médicale (INSERM)[17], la médecine française et la Sécurité sociale française par exemple, il n'y aurait plus de problème. On ne reproche à personne d'avoir la grippe. Mais combien de siècles faudra-t-il encore pour que cette vision se généralise à l'alcool compte tenu du conservatisme français ? Dans ce contexte certains proches abordent le sujet avec le patient bien entendu mais bien souvent le buveur refuse alors d'admettre qu'il a un problème. Dans ces conditions le dialogue est impossible s'il conduit à un conflit à chaque tentative. Les proches hésitent également à faire des allusions sur ce sujet. Il m'est assez difficile de comprendre exactement pourquoi et j'en suis réduit à quelques hypothèses.

Dans l'inconscient collectif l'alcoolisme paraît assez monstrueux peut-être parce qu'il conduit inévitablement à la pire déchéance dans l'esprit de la plupart des gens. Déchéance qui est effectivement inévitable si le mal n'est pas

---

[17] Cf. Alcool et santé : bilan et perspectives Dossier réalisé en collaboration avec le Pr Mickaël NAASSILA, Directeur de l'équipe Inserm ERI 24 Groupe de Recherche sur l'Alcool & les Pharmacodépendances (GRAP) - Juin 2011.

traité. Cette vision est également entretenue par la classe politique de même que par les médias qui ne font rien pour qu'elle change. L'indigence des rares émissions consacrées à ce sujet fait pitié. Ces émissions ont l'art de m'énerver au plus haut point tant les journalistes commettent d'erreurs. J'ai vraiment l'impression qu'ils traitent le sujet par-dessus la jambe sans l'avoir travaillé. Ils collectionnent les banalités et les aprioris. Ça fait bien de traiter ça, on fait semblant d'avoir l'esprit ouvert mais cette ouverture d'esprit est une corvée dont il faut se débarrasser rapidement. Depuis que je connais le sujet, je n'ai jamais pu regarder une émission très longtemps sans avoir envie de tirer dans la télé à la chevrotine. Quant à la presse écrite vous remarquerez qu'elle ne traite quasiment jamais d'un sujet qui fait 49 000 morts par an alors qu'on nous rebat les oreilles de la sécurité routière. Il convient au passage de noter que ce chiffre de 49000 morts est une estimation de l'Académie de Médecine ou de l'Académie Nationale de Pharmacie[18], notamment. Il me semble que ce traitement de l'information « alcool » est dû à un marketing de bon aloi. Les sujets qui rebutent font fuir la pub et la pub fait rentrer du fric dans les médias. C'est aussi simple que ça. Personne ne veut entendre parler ni de l'alcoolisme, ni des drogues, ni des suicides ni des cancers liés au tabac qui font environ 124 000 morts chaque année. En revanche les accidents de la route qui ont fait 3 388 morts en 2014 soit 36 fois moins, retiennent toute l'attention. Mais les accidents de la route sont politiquement vendeur et bien-pensants, ils rapportent des voix aux élections. Bien entendu le personnel politique a les mêmes motivations et caresse les électeurs dans le sens du poil. Ils mettent les crédits là où ils rapportent le plus de voix et non pas en fonction de l'intérêt des citoyens. Il y a donc de l'argent pour la bagnole et Alzheimer, deux causes extrêmement bien pensantes et propres sur elles mais beaucoup moins pour les autres fléaux. Ce sera encore vraisemblablement comme ça pendant de nombreuses décennies dans notre pays. Faisons-nous une raison tout de suite, ça évite les ulcères.

Une quatrième idée peut également être avancée pour expliquer le « satanisme » de l'alcoolisme. C'est la croyance populaire selon laquelle « qui a bu boira ». C'est-à-dire que la dépendance ne peut pas être enrayée, le buveur ne pourra jamais s'arrêter de boire. Par conséquent il est inévitablement voué à la déchéance. Encore une superstition relevant de l'obscurantisme le plus épais. Là encore nous sommes restés à l'âge de pierre au fond de notre grotte.

Une cinquième cause peut être envisagée. Il s'agit de la dangerosité supposée de tous les buveurs qui sont de véritables fauves assoiffés de sang

[18] Compte rendu de la séance thématique bi académique de l'Académie Nationale de Pharmacie « L'alcoolisme : bases physiopathologiques » Sous le Haut patronage du Ministre de la Santé Mercredi 19 novembre 2014

comme chacun le sait. En comparaison, les loups-garous et autres vampires ne sont que saintes nitouches. Si tel était le cas tout le personnel soignant serait mort depuis longtemps sous les griffes acérées de ces dangereux malades. Or la dernière fois que je suis allé au service d'alcoologie j'y ai vu des survivants parmi le personnel soignant. En chair et en os. Ils respiraient encore faiblement et n'étaient même pas couverts de plaies ni de bosses. Comme je vous le dis. Certes, certains buveurs ont des périodes d'agressivité, ce point est très clair. Mais ces périodes ne sont pas à plein temps quand elles existent, d'une part et elles ne touchent pas tous les alcooliques, comme nous l'avons déjà vu, d'autre part.

Un dernier point peut encore être abordé. Tout le monde consomme de l'alcool. Dans certains cas cette consommation est due à une consommation maladive (la dépendance), dans d'autres cas à une consommation excessive dont on peut sortir aisément et dans la grande majorité des cas cette consommation ne pose aucun problème (93 % des cas). Comme nous l'avons déjà vu, pratiquement personne ne sait détecter la limite entre la dépendance et l'absence de dépendance du premier coup d'œil. Les services spécialisés ont mis au point des méthodes que l'on ne peut pas appliquer sans précautions ni sans formation préalable. Par conséquent, un certain nombre de personnes se posent la question de savoir s'ils sont « alcooliques » ou non. La plupart se la posent à tort bien entendu mais ils l'ignorent. De ce fait il n'est pas à exclure que certains d'entre nous refusent d'aborder ce problème de peur de se rendre compte qu'ils en sont atteints. Il s'agirait là d'une autre forme du déni. Une sorte de déni d'un mal totalement imaginaire. On peut émettre cette hypothèse. Refusant d'envisager le problème de l'alcoolisme ils éviteront de l'aborder avec ceux qui sont clairement dépendants et ils ne pourront pas les aider. Cette ambiguïté n'existe pas avec les autres drogues. Si l'on consomme régulièrement de l'héroïne ou toute autre drogue, il est clair que l'on est drogué. Idem quand on fume. Il n'y a aucune ambiguïté alors qu'avec l'alcool un doute peut subsister. Des interlocuteurs m'ont souvent posé la question de savoir s'ils étaient « alcooliques » ou non. Ils m'ont décrit leur consommation avec une pointe d'inquiétude. Bien que n'étant pas un professionnel je suis en mesure de les rassurer dans la plupart des cas. Lorsque leur cas n'est pas clair je les oriente évidemment vers un service spécialisé. Ils y vont ou non, c'est ensuite leur responsabilité et je n'y peux rien. Dès que les gens boivent un peu trop dans un repas de famille, ils ont peur et leur conjoint encore plus. Cette maladie inquiète tout le monde.

Quelles que soient les causes du manque de communication avec les buveurs, il est clair qu'elles existent. Nous venons d'aborder les causes sociétales dues à l'arriération des mentalités sur le sujet. Cette arriération empêche également le buveur d'aborder ce sujet avec les autres. En effet, dans la plupart des cas il pense que la société le rejette totalement et que personne ne viendra l'aider. Ce en quoi il n'a pas totalement tort. De surcroît il est convaincu qu'il en est totalement responsable, qu'il est un faible et au minimum une loque. À cela s'ajoute la culpabilité plus ou moins consciente de faire souffrir son entourage familial et éventuellement professionnel. Comme certains animaux tels que les loups, les éléphants ou certains primates, l'être humain est naturellement porté à la solidarité et à l'empathie envers ceux avec qui il vit. En conséquence il se sent coupable de ne pas obéir à cette loi de l'espèce quand il la bafoue. Comme toute culpabilité, elle le ronge et lui donne une image encore plus négative de lui - même. N'étant pas quelqu'un de « bien », il est tenté de penser qu'il ne mérite pas l'aide des autres ce qui renforce son repli sur lui-même. Il s'interdit ainsi parfois de communiquer avec son entourage sur son problème.

Le buveur trouve donc au moins quatre bonnes raisons de ne pas communiquer sur son penchant : l'hostilité supposée ou réelle des autres, la croyance d'être totalement responsable de son addiction, la culpabilité de nuire à son entourage et le sentiment de ne pas être quelqu'un de « bien ». Avec ces quatre dernières causes nous avons identifié dix raisons susceptibles d'expliquer ce qui coupe les alcooliques des autres. Je ne suis pas convaincu d'avoir épuisé le sujet mais il faut bien poser quelques bases, quitte à tout modifier par la suite. Que ceux qui ont de meilleures idées ne se gênent surtout pas pour les publier. Ces dix causes éloignent le buveur soit de la vérité que représente sa consommation excessive soit des autres qui pourraient lui permettre de prendre conscience de ce problème. Elles expliquent peut-être en partie pourquoi très peu d'entre nous se sont rendu compte à temps qu'ils étaient sur une pente dangereuse.

Par la suite certains passent de la consommation excessive à la dépendance à force de persévérance. Et là encore il est très difficile de s'en rendre compte. Les dix facteurs exposés dans les paragraphes précédents continuent de jouer pour empêcher les buveurs de voir la réalité de leur dépendance. Mais il s'y ajoute d'autres facteurs qui aggravent encore la difficulté à y voir clair.

II) La prise de conscience

Dans la plupart des cas le buveur dépendant boit régulièrement et finit par s'en rendre compte. Il tente alors d'essayer de limiter sa consommation ou de s'affranchir de ce qui n'est à ses yeux qu'une mauvaise habitude. Bien entendu, lorsqu'il est dépendant il n'y parvient pas de manière satisfaisante et il peut alors tomber sur les nouvelles difficultés que nous allons évoquer infra.

II - 1) 1 La tempérance

Chez les personnes qui ne sont pas dépendantes, la réduction de la consommation en dessous d'un certain seuil à déterminer avec l'alcoologue est suffisante. En revanche pour les buveurs dépendants cette limitation est beaucoup plus problématique. Il semblerait que ce soit possible dans certains cas que je ne sais pas traiter. Pour ces derniers cas, voir les alcoologues professionnels, ce que je ne suis pas. Nous aborderons ici les cas les plus fréquents de buveurs ayant une dépendance bien ancrée. Ils peuvent tout d'abord tenter la tempérance. Il s'agit généralement de limiter une consommation qui reste régulière telle qu'un demi - litre de vin par jour par exemple ou cinq pastis ou 20 centilitres de whisky, ou 3 verres de gin, etc. Cette méthode présente deux avantages. Elle permet tout d'abord au buveur de se refaire une santé en réduisant sa consommation lorsqu'il y parvient. Ce qui lui permet de durer plus longtemps. Restant en vie sur une durée plus longue, il a ainsi plus de temps pour prendre conscience que la tempérance ne sera jamais une bonne méthode s'il est dépendant et c'est le deuxième avantage. Il finit par vérifier qu'il rechute toujours et que la seule méthode efficace réside bel et bien dans l'abstinence. La tempérance est une sorte d'autoflagellation permanente où il faut constamment lutter pour limiter sa consommation. On alimente en permanence l'envie de boire en absorbant de l'alcool et il faut limiter cette consommation ce qui est un véritable supplice alors qu'avec l'abstinence les envies de boire finissent par disparaître totalement et on retrouve ainsi la liberté de vivre tout à fait normalement. La tempérance est donc à mon avis une sorte de pédagogie destinée à prendre conscience qu'il faudra finir par tout arrêter un point c'est tout. Elle s'applique à ceux qui n'ont pas encore accepté qu'il faudra arrêter toute absorption d'alcool. Dans certains cas beaucoup plus rares j'ai vu des buveurs arrêter totalement de boire pendant un certain laps de temps, quelques semaines, un ou deux mois..., pour reprendre ensuite. Certains de ces buveurs sont dépendants et c'est leur forme personnelle d'alcoolisme. Ils n'ont rien d'original. Mais dans d'autres cas ces interruptions temporaires me posent question parce qu'il me semble que ces buveurs sont dans la période intermédiaire entre la consommation excessive et la dépendance. Auquel cas la méthode à leur appliquer serait peut-être différente. Il nous faudrait ici l'avis plus éclairé de professionnels parce que je ne maîtrise pas cette période intermédiaire entre la consommation excessive et la dépendance. Quoi qu'il en soit ces interruptions génèrent également des souffrances à chaque interruption et ne règlent en rien le problème. En revanche, là encore elles ont l'avantage de prolonger la vie de l'individu puisque son organisme récupère un peu pendant les périodes moins alcoolisées. On retombe alors dans le même schéma que précédemment où le buveur meure plus lentement ce qui lui donne un peu plus de temps pour comprendre comment fonctionne la dépendance.

Cette partie sur la tempérance devrait être complétée par l'influence du Baclofène. Ce médicament étant censé diminuer les envies de boire, il devrait favoriser la tempérance en réduisant ou en supprimant la lutte que doit mener le buveur contre l'alcool. Là encore il faut attendre d'avoir une pratique sérieuse de ce médicament pendant plusieurs années pour pouvoir en tirer des conclusions sérieuses et fiables.

II - 2) La cure de sevrage

Une autre crainte réside dans la peur de la cure de sevrage. Là encore certains esprits arriérés ont une vision totalement moyenâgeuse de ces cures. J'ai rencontré des gens qui imaginent je ne sais quelles souffrances sataniques qui n'ont jamais existé bien entendu. Personnellement les raisons de ces peurs névrotiques profondes ne m'intéressent pas. De plus c'est du travail de professionnels qui n'est pas à la portée des amateurs. Ces derniers ont 99 chances sur 100 de dire un maximum d'âneries sur le sujet. Je préfère donc éviter le ridicule de la psychologie de prisunic. En revanche il me paraît plus intéressant de tenter de décrire dans les grandes lignes ce qui se passe réellement pendant la période d'hospitalisation. Le médecin de ce service doit tout d'abord évaluer le degré d'imprégnation du nouvel arrivant pour déterminer s'il risque de faire des crises de délirium ou d'épilepsie en arrêtant. Rappelons que l'épilepsie peut être mortelle si le patient est sans surveillance (la nuit par exemple) dans la mesure où il peut s'étouffer en avalant sa langue et en mourir. Ce qui peut faire un peu désordre. Certes il n'est quasiment jamais sans surveillance en hospitalisation mais il est inutile de prendre de tels risques. Là encore j'ai quelques idées sur les méthodes d'évaluations utilisées. Méthodes que je m'empresserai de ne pas vous donner toujours pour la même raison. Seuls les professionnels connaissent toutes les subtilités de ces diagnostics. Rien ne prouve que ceux qui n'ont pas subi la sélection de la faculté de médecine ont les capacités intellectuelles nécessaires pour porter un jugement fiable. En fonction de ce diagnostic, des médicaments peuvent être prescrits de manière très temporaire pour éviter les deux types de crises énoncées ci -dessus. Il s'agit de médicaments utilisés par ailleurs pour traiter les troubles dépressifs ou anxieux. Ils ne sont pas spécifiques aux cures de sevrage. Ce traitement ne peut durer que quelques jours et moins d'une semaine en général pour éviter de créer une nouvelle dépendance à ces médicaments. On remplacerait alors une dépendance à l'alcool par une autre aux médicaments. L'arrêt de ce traitement pourrait provoquer par la suite un retour à la boisson dans la mesure où le problème de dépendance aurait été simplement déplacé. Profitons de ce thème du déplacement des dépendances pour combattre une autre idée de l'âge de pierre. Certains ignorants dépourvus de curiosité intellectuelle pensent que le sevrage d'une dépendance en crée nécessairement une autre. Arriération mentale et obscurantisme profond là encore. Il suffit de se renseigner un peu, ne serait-ce que sur internet, pour découvrir que ça n'a rien d'une fatalité. Ce phénomène peut être observé chez les sujets qui ne sont pas traités dans des services spécialisés dignes de ce nom. Dans des services moins professionnels les soignants peuvent considérer qu'il vaut mieux avoir une dépendance aux médicaments plutôt qu'à l'alcool. Erreur. Tant que quelqu'un a une dépendance à une substance quelconque, il pourra toujours retomber dans l'alcool ou dans d'autres drogues dès lors que la dépendance à ces produits est préalablement inscrite dans son cerveau.

La tentation de remplacer une dépendance par une autre fait partie des phénomènes bien connus et c'est un des premiers points qui sera suivi par les personnels compétents. Ce phénomène n'a absolument rien d'inévitable sauf pour ceux qui ne veulent pas sortir de leurs grottes humides et primitives de l'âge de pierre. Personnellement je n'avais que deux dépendances : tabac et alcool. Comme je l'ai déjà mentionné, j'ai choisi d'arrêter tout d'abord l'alcool puis le tabac 18 mois après mais cette méthode n'a rien d'universel. Certains réussissent à arrêter les deux en même temps, d'autres conservent le tabac plusieurs années. Il n'y a aucune règle simpliste qui s'appliquerait à tout le monde. Ça se saurait. Répétons une fois de plus qu'il n'y a pas deux buveurs identiques. J'étais un drogué extrêmement classique avec mes deux petites drogues légales de modèle courant mais il y a des cas beaucoup plus complexes bien entendu. Certains absorbent tabac, alcool, héroïne plus des cocktails de ces trois drogues avec des médicaments. Toujours plus fort. Ces personnes finissent par supprimer toutes ces saletés mais il est possible que ce soit un peu plus long. Avec quelques dérapages ou quelques rechutes éventuellement. Néanmoins je connais plusieurs cas qui vont très bien maintenant après être passés par ces cheminements tortueux.

Nous traiterons à présent trois autres objectifs de ces cures. Ils nous paraissent être les plus importants. On peut évidemment en trouver d'autres mais qui nous paraissent être de moindre importance. Nous les négligerons dans cet ouvrage. Le premier consiste tout d'abord à enseigner aux patients les mécanismes connus de l'alcoolisation. Il s'agit ensuite de les occuper pour limiter leurs envies de boire d'une part et leur redonner un rythme de vie d'autre part. Il leur est enfin donné « une boîte à outils », c'est à dire un ensemble de méthodes pour limiter les envies de boire après la sortie de même que pour éviter les rechutes ou les dérapages. Il existe plusieurs dizaines de ces méthodes. Les patients étant tous différents, chacun choisira celles qui lui conviennent. Après en avoir testé quelques-unes, on en garde généralement 4 ou 5 au maximum bien qu'il n'y ait aucune règle intangible.

II - 2 - 1) Les mécanismes de l'alcoolisation sont ceux qui sont décrits dans cet ouvrage : l'alcoolisation excessive, la dépendance, le déni, le déclic, l'erreur classique sur la volonté, la motivation à arrêter.... Il est inutile de reprendre ici tous ces thèmes qui sont traités en détail par ailleurs dans ce livre.

II - 2 - 2 L'emploi du temps est organisé pour occuper les gens toute la journée en leur laissant une heure de réflexion en fin d'après - midi pour permettre à ceux qui le désirent de faire le point sur les enseignements de la journée ou sur leur cas personnel. Après le petit déjeuner on passe au sport avec des exercices physiques adaptés aux possibilités de chacun. Ces exercices sont pilotés par des kinésithérapeutes qui ont des notions claires des conséquences de l'alcoolisme sur les buveurs. Ces exercices permettent de prendre conscience qu'il est toujours possible de faire du sport alors que certains pensaient être tombés si bas qu'ils s'en croyaient totalement incapables. Par ailleurs cela réveille tout le monde et donne du tonus pour le reste de la journée. La suite de la journée s'articule autour d'exposés, de cassettes, de séances de relaxation de séances de repos et de discussions sur le thème de la dépendance. Il y a quatre repas par jour : petit déjeuner, déjeuner, goûter et dîner.

II - 2 - 3) La « boîte à outils » est donnée, là encore, sous forme de cassettes, d'exposés et de discussions. À cet égard je recommande particulièrement de relire ses notes après la cure ou de se remémorer lesdits outils et d'éviter de faire ce que j'ai fait. À savoir, ranger soigneusement toutes mes notes dans un dossier bien classé après être rentré à la maison. Je pensais que j'avais le temps de relire tout ça à tête reposée plus tard et que j'en savais assez pour m'en tirer sans problèmes. Grave erreur, j'ai rechuté avant d'avoir mis en œuvre ces précieux conseils et ma rechute a été due en partie au fait que je n'ai pas mis en application ces méthodes pour éviter les envies de boire et la rechute. Je m'en suis servi avec profit après mon deuxième sevrage et je n'ai jamais rebu depuis. Ce qui prouve leur utilité si besoin était. Je ne détaillerai pas ici les méthodes enseignées. Il faudrait un livre complet pour le faire. On ne peut pas résumer 2 à 3 semaines d'enseignements en quelques pages.

Avant de clore ce passage concernant les cures de sevrage un dernier point mérite d'être abordé. Il s'agit de la sortie de cure. Cette étape est redoutée par la plupart des patients ou au moins par ceux qui ont véritablement envie de s'en sortir. Certains patients sont là par obligation et n'ont pas vraiment la motivation suffisante. Ce sont par exemple ceux qui ont été placés là par décision d'un juge. Dans leur cas le taux d'échec avoisine les 100 % bien entendu puisqu'il leur manque l'élément essentiel du sevrage qui réside dans l'envie farouche de sortir de cet enfer. Les cas rarissimes qui s'en sortent après placement d'office sont ceux qui étaient déjà prêts à s'attaquer sérieusement au problème auparavant. Avec un placement d'office une telle motivation est rarissime. Très clair. C'est une proportion infinitésimale. En cinq ans de groupes de paroles j'ai rencontré un cas sur 750 qui a arrêté après un placement d'office. Soit 0,1 %, magnifique. La société se donne bonne conscience en faisant semblant de faire quelque chose. Pure hypocrisie bien-pensante. Il y aurait bien entendu d'autres méthodes moins coûteuses envisageables pour la bonne conscience bien-pensante. Il y a également les cas moins clairs de ceux qui attendent plus ou moins consciemment que la révélation leur vienne de l'extérieur et en particulier du personnel soignant. Ils voudraient bien s'en sortir mais n'ont pas achevé la démarche nécessaire. Ils espèrent que la cure va leur donner le supplément de motivation qui leur manque et les moins lucides ne se rendent pas compte que le problème est en eux et pas chez les autres. La formation est la même et les soignants sont les mêmes pour ceux qui réussissent et pour ceux qui échouent. La différence ne vient donc pas de l'extérieur mais des buveurs eux-mêmes. On peut encore citer les cas bien connus des buveurs plus ou moins SDF qui ont tendance à essayer de se mettre au chaud l'hiver. Je n'ai pas fait de statistiques sérieuses sur la proportion de ce genre d'individus mais ces cas sont archi connus des buveurs. Le personnel soignant ne dira jamais ce qu'il en pense. Dans les hôpitaux publics il est fonctionnaire or les fonctionnaires ne critiquent pas d'autres fonctionnaires comme les juges par exemple. Ça ne se fait pas et c'est très mal vu donc auto censure totale.

II - 2 - 4) La peur de l'arrêt définitif de l'alcool

Un autre facteur peut également ralentir la prise de conscience du problème par le buveur. Il s'agit de la peur d'être obligé d'arrêter définitivement de boire de l'alcool. Comme nous l'avons déjà dit à de multiples reprises, c'est une condition sine qua non pour sortir de cet enfer. Cet arrêt pose deux problèmes principaux. On se prive tout d'abord d'un des plaisirs oraux de la vie. Mais objectons qu'il en reste de multiples autres. Ce n'est pas ce qui manque. Le caviar et le foie gras procurent également des plaisirs gustatifs et gastronomiques intenses mais ceux qui n'en mangent pas s'en remettent très bien. Les diabétiques évitent les sucreries et s'en remettent également très bien alors qu'il est beaucoup plus difficile de se passer de sucre que d'alcool. Rappelons que les envies de boire disparaissent après quelques semaines ou quelques mois de sevrage. Pas les envies de sucre. De même que les tentations de manger des pâtisseries ne disparaissent jamais pour la plupart d'entre nous. On peut trouver de multiples autres exemples de nourritures excellentes dont il est facile de se passer sans même s'en rendre compte. Ce problème est évidemment un faux problème mais il est difficile d'en convaincre les buveurs pour qui il peut paraître insurmontable. De plus, le problème a d'autant plus d'acuité que les malades alcooliques sont de plus en plus jeunes. Il est plus difficile de se dire qu'on va devoir éviter toutes boissons alcoolisées pendant 60 ans quand on en a 20 que de faire le même raisonnement quand on a 55 ou 60 ans. Dans cette dernière hypothèse il n'y a plus qu'une vingtaine d'années à tirer. L'espérance de vie d'un homme à la naissance en France est en effet de

79 ans et demi. Mais de 85 ans pour les femmes. Aucune égalité, aucune parité, c'est un scandale.

Il convient également de balayer la propagande marketing qui vend les substances bénéfiques contenues dans le vin et que l'on ne trouverait pas ailleurs. Cette idée relève évidemment de l'ignorance et de l'obscurantisme le plus profond. Certes le vin contient des substances bénéfiques pour la santé : les polyphénols sont des antioxydants, les resvératrol sont un antibiotique naturel, les anthocyanes sont également des antioxydants, les pro anthocyanidines (PAC) également appelées pro anthocyanes, « tanins condensés » ou pycnogenols, à pouvoir antioxydant également. Mais ces substances existent dans bien d'autres végétaux à commencer par le raisin. Ces molécules ne sont pas toutes arrivées dans le vin par génération spontanée comme les arriérés ont pu le croire jusqu'au Moyen-Âge. Si elles sont dans le vin c'est qu'elles sont dans le raisin dans la grande majorité des cas. On les trouve donc dans ce fruit qu'il soit frais ou sec. Par ailleurs on en trouve également dans le chou, l'épinard, le poireau, la laitue, l'oignon, l'ail, l'avocat, les kakis, le citron, le thé, le cacao, les cassis, les cerises, la pomme, la prune, tous les jus de ces fruits, le jus de canneberge, la rhubarbe, le sorgho, la grenade, l'huile d'olive, l'huile de colza, les huîtres, etc. Nous venons d'en citer 23 et il en existe bien d'autres. Il est clair que l'argument des substances bénéfiques contenues dans le vin est exact mais qu'il a un objectif commercial très clair consistant à orienter les gens vers l'achat de vin rouge et pas vers la consommation de fruits ou de légumes. Et comme disait un grand humoriste français dans un de ses sketches, il faut résorber les surplus, c'est du patriotisme, pas de l'alcoolisme. Nuance.

D'autre part le refus de toute boisson alcoolisée peut faire craindre que les autres se rendent compte que l'on a eu un problème avec l'alcool. Ce point est plus sérieux que le précédent et concerne la peur de l'opinion d'autrui. Bien entendu ceux qui ont une personnalité assez forte finissent par se moquer de l'avis des autres mais ils ne représentent pas la majorité des cas malheureusement. Ce problème est également un des plus difficiles à résoudre par le buveur à mon avis. Il est abordé dans les services spécialisés par des cassettes, des conseils et des discussions destinés à donner des tas d'astuces pour justifier que l'on ne boit pas. Ces méthodes sont très bonnes et chacun y trouvera la ou les méthodes qui lui conviendront le mieux. On peut également cantonner ses relations dans le milieu des abstinents. Cette méthode présente l'avantage de donner un grand confort puisqu'on est entre gens qui se comprennent parfaitement mais elle a l'inconvénient de se couper de tous ceux qui n'ont aucun problème de dépendance. Soit 97 % de la population française, rappelons-le. Il faut donc trouver un savant compromis. Je ne connais pas de réponse claire et définitive à cette question. Il s'agit là d'affronter l'intolérance des ignorants qui sont restés à l'âge de pierre et ce ne sera jamais simple. De surcroît, méfiez-vous des bien-pensants qui croient avoir l'esprit ouvert. Ça n'est pratiquement jamais le cas. Il s'agit souvent de gens qui se croient meilleurs que tout le monde et qui contemplent leur nombril avec satisfaction et suffisance. En ce qui me concerne j'ai résolu de dire les choses clairement depuis que je suis en retraite puisque je n'ai plus à craindre l'exclusion professionnelle. Lorsque j'étais encore en activité j'avais choisi de n'en parler qu'à ceux qui me paraissaient un peu plus tolérants que la moyenne. À ne pas confondre avec ceux qui se prétendent tolérants. Je ne me suis jamais trompé dans mes choix mais j'aurais peut-être pu le dire à d'autres en prenant quelques risques. Ce qui m'aurait peut-être facilité la vie. On ne le saura jamais. Face à ce problème je connais une solution qui n'est pas parfaite : demander les conseils des professionnels et choisir ce qui convient le mieux ou le moins mal à chacun. Bien entendu et comme toujours, éviter les charlatans qui n'ont aucune culture alcoologique sérieuse. Ce n'est pas ce qui manque. Je peux simplement dire en conclusion de ce petit paragraphe qu'en onze ans d'abstinence je n'ai rencontré que trois cas de gros péquenots arriérés qui ait insisté pour que je boive un verre de vin. J'ai simplement fait semblant de ne pas entendre ce qu'il disait. Le mépris. Trois cas en onze ans, soit un cas tous les 4 ans pour simplifier, c'est supportable. Non ?

Conclusion

Pour sortir de la dépendance et arrêter de boire il faut surmonter tous les obstacles que nous venons d'évoquer. Pour y parvenir il n'y a aucune méthode miracle simple. On peut simplement rappeler qu'il faut réunir trois conditions. Une motivation à toute épreuve, un très gros travail pour surmonter un à un les obstacles ci - dessus et en dernier lieu l'aide de professionnels sans lesquels on n'aboutira à aucun résultat. On ne peut pas vaincre seul cette maladie ni avec l'aide de l'entourage qui est souvent plein de bonne volonté mais qui ne maîtrisera jamais plus de 100 concepts nécessaires à la compréhension de la maladie. Si les études de médecine sont longues, ce n'est peut-être pas un hasard. L'alcool est plus fort que tout. On n'a aucune chance.

Chapitre VIII - Les moteurs de l'évolution vers l'abstinence et le temps nécessaire

Le temps nécessaire pour maturer la décision d'arrêter ainsi que les étapes à franchir sont très variables selon les individus. Là encore, les étapes ne sont pas du tout les mêmes pour tout le monde. Encore une fois ce serait trop simple et si c'était aussi simple ça se saurait. Je ne connais pas la durée de maturation minimum rencontrée chez les buveurs. Je n'ai pas pensé à poser cette question régulièrement à mes petits camarades. En revanche des durées d'une dizaine d'années ne sont pas exceptionnelles. Je parle du laps de temps s'écoulant entre le moment où l'on commence à se dire que l'on boit un peu trop et l'arrêt. Dans mon cas, comme je l'ai déjà dit il a fallu 8 ans. Bien entendu, nombreux sont ceux qui sont plus rapides. Durant cette période il peut y avoir des périodes de tempérance ou d'abstinence de plusieurs années suivies de rechutes. Il peut également y avoir de courtes périodes d'abstinence sans cesse renouvelées et entrecoupées de périodes de boisson. D'autres ne cessent jamais de s'alcooliser durant toute cette période. Et enfin il y en a 45 000 à 49 000 tous les ans qui ne se sont pas arrêtés à temps et qui en meurent. Tous les cas de figure sont possibles. Encore une fois il n'y a pas deux cas identiques sur les deux millions de buveurs français dépendants.

Il est très difficile de savoir quel cheminement a été nécessaire à chacun. Néanmoins il me semble que certains évènements contribuent à l'évolution vers le déclic et vers l'abstinence. En fin de parcours, pour ceux qui s'acheminent vers le stade de l'abstinence, le buveur peut être confronté à un de ces évènements qui le décidera à s'arrêter. Mais il est très important de comprendre que ce n'est pas cet évènement précis qui est la cause du déclic. C'est l'accumulation de tous ceux qui ont précédé, des souffrances, des peurs et des échecs qui conduisent l'alcoolique à admettre qu'il ne sortira jamais de cet enfer s'il n'arrête pas totalement de consommer du produit. Ces évènements sont classés infra sous trois rubriques : les souffrances, les peurs et les échecs.

I) Les souffrances

Si l'alcool est un véritable enfer c'est à cause des souffrances que l'on endure avec ce produit. Là encore les primates de l'âge de pierre ne comprennent pas pourquoi les buveurs ne s'arrêtent pas pour éviter ces souffrances. Et encore une fois c'est parce qu'ils ne sont pas capables de comprendre ce qu'est la dépendance. On ne peut rien pour ceux qui sont bourrés d'aprioris simplistes.

Il est malheureusement impossible de décrire ces souffrances. C'est à mon avis tout simplement parce que les mots décrivant ces types de souffrance n'existent pas. La question est de savoir pourquoi et je n'ai pas la réponse.

En revanche il est possible de dire pour quels motifs et dans quelles circonstances elles se manifestent. Contentons-nous de ce qui est possible. C'est ce que j'essaie de faire infra mais avant d'aborder cette partie demandons-nous pourquoi la description des souffrances est-elle impossible. Il s'agit bien de se poser la question et pas de prétendre trouver des réponses exactes. Il me semble que l'on doit se contenter d'hypothèses dans l'état actuel de nos connaissances. On peut tenter de l'expliquer de plusieurs manières.

La mémoire efface les souvenirs désagréables. Elle ne les efface pas tous mais en supprime la plupart. Comme nous l'avons déjà dit, c'est le fondement du déni. Supprimer de nos souvenirs les évènements que nous ne pouvons pas supporter. Ça nous évite de devenir fou, de souffrir en permanence ou de nous suicider pour échapper à ces souffrances insupportables. Il est donc possible que la mémoire des buveurs efface tout ce qui a été trop douloureux. Si cette hypothèse est exacte il est clair que l'on ne peut plus décrire des souvenirs qui n'existent plus ou qui sont bien emmurés.

Une autre explication réside dans l'absence de mots pour exprimer de telles douleurs. Mon dictionnaire des synonymes m'en donne 68 parmi lesquels : atroce, insupportable, extrême, pénible, abominable, horrible, monstrueuse, intolérable, détestable, exaspérante, affreuse, démesurée, effrayante, exorbitante, insoutenable, infernale, etc. Il y en a 52 autres qui ne nous apprendraient rien de plus. Leur lecture nous montre que ces adjectifs ne permettent absolument pas de comprendre ni de ressentir de quel type de souffrance il s'agit. La douleur de perdre un proche est différente de celle de culpabiliser de faire souffrir ses proches quand on boit qui est elle-même fort différente de celle de se faire licencier, etc. Mais que ressentons-nous dans ces différentes situations ? On n'en n'a aucune idée tant qu'on ne l'a pas vécu et dans ce cas il est impossible de le faire comprendre aux autres. Ce qui est le but du langage. Les adjectifs supra décrivent l'intensité mais il n'existe aucun terme permettant de décrire la nature de chaque type de douleur.

En dernier lieu, les mots nécessaires n'existant pas il faudrait les inventer. Je ne suis pas linguiste mais il me semble que ce type d'innovation se heurte à plusieurs obstacles. Ce que l'on ressent dans ces cas-là est probablement propre aux désordres causés à l'organisme par ce type de drogue. Ce type de souffrance étant limitée à 3 % de la population actuellement, il n'a peut-être pas été jugé utile de créer des concepts et des mots spécifiques pour si peu de cas de figure. Par ailleurs, l'être humain répugne probablement à s'appesantir sur toutes les misères du genre humain. On notera à cet égard qu'il en est de même des souffrances liées aux cancers, aux blessures graves du type des blessures de guerre, à ce qu'endurent les malades d'Alzheimer, de Parkinson ou de Charcot, etc. Je n'ai jamais trouvé de description de ces souffrances chez ceux qui ont écrit sur ce sujet et je ne suis pas plus inspiré que les autres, il n'y a aucune raison. Si ça tente quelqu'un je serais curieux de voir comment il a procédé et ce qu'il a trouvé.

Quelle qu'en soit la raison je ne sais donc pas décrire les souffrances que j'ai ressenties quand je buvais. En revanche je peux parfaitement dire dans quelles situations je les éprouvais. Ces situations étant relativement claires je me conterai de les énumérer :

1) Après avoir bu je ressentais un énorme malaise qui se dissipait avec le taux d'alcool dans mon sang.

2) L'alcool diminuait mes facultés intellectuelles que je récupérais ensuite mais avant de les recouvrer quelle souffrance de m'être diminué intellectuellement.

3) Je souffrais à l'idée que les proches auxquels je tenais pouvaient se faire du souci pour moi, je leur infligeais probablement une souffrance dont j'étais responsable.

4) J'étais pétri d'angoisse à l'idée de devoir prendre ma voiture alors qu'un contrôle d'alcoolémie pouvait montrer mon imprégnation alcoolique.

5) Entre deux alcoolisations l'alcool diminue la joie de vivre, rend plus triste, je savais que j'avais provoqué moi-même cette tristesse en buvant.

6) L'alcool fait perdre l'énergie vitale, après une alcoolisation sévère je n'avais plus envie de faire quoi que ce soit, être sans envies c'est être sans vie.

7) Les retards s'accumulaient, dans le rangement de mon appartement, de mes papiers, dans mes factures, dans le jardin de ma mère... c'est très pénible de sentir qu'on laisse les choses aller à vau-l'eau.

8) La peur que les autres se rendent compte que j'avais bu et que j'étais diminué à cause de cela.

9) La peur que mon visage rougisse, que la couperose apparaisse et que mon addiction soit écrite sur mon visage.

10) Passé un certain temps sans boire mes mains tremblaient très légèrement en raison de l'effet de manque. C'était presque imperceptible et je faisais tout mon possible pour le dissimuler de peur que tout le monde le voie.

11) J'avais une peur bleue que mes yeux rougissent et fassent ainsi apparaître mon addiction.

12) J'étais terrorisé à l'idée de sentir l'alcool, là encore un signe de mon addiction que certains pouvaient détecter.

13) J'avais peur de ne plus être capable d'assurer mes tâches professionnelles dans le conseil et l'enseignement supérieur et de me faire virer de partout. J'étais en libéral dans le conseil et vacataire dans l'enseignement c'est-à-dire sur des sièges éjectables.

14) Avant d'aller acheter de la boisson il y avait une lutte intense pour y résister, cette lutte a toujours été perdue mais quelle souffrance d'essayer de sortir du cycle infernal de la boisson.

Cette liste n'est probablement pas exhaustive. Ces souffrances dont certaines sont épouvantables sont une incitation puissante à arrêter de boire mais elles ne sont pas suffisantes pour surmonter la dépendance à l'alcool. Il faudra du temps et encore d'autres cheminements pour passer des bonnes résolutions aux actes. C'est à dire à l'arrêt. Malheureusement ces cheminements sont inconscients et comme tels ils ne sont pas reproductibles à volonté. Sinon, le problème de la dépendance aux drogues serait réglé depuis longtemps.

II) Les peurs

Les peurs que peuvent avoir les buveurs sont multiples pour ne pas dire infinies mais il est impossible de dire pourquoi une ou plusieurs d'entre elles finissent par conduire certains à s'arrêter. En général ces craintes se sont déjà manifestées depuis des mois ou des années sans conduire à l'arrêt. Alors pourquoi à ce moment-là ont-elles un effet décisif ? Sauf à tomber dans les banalités du genre : c'est parce que le buveur en avait plus qu'assez. Ce qui n'explique rien puisque certains d'entre eux n'en ont jamais « plus qu'assez ». On ne sait pas et malheureusement il est impossible de provoquer ce déclic à volonté. Les voies du salut sont impénétrables. Jusqu'à présent. C'est pourquoi on peut prendre comme devise cette pensée de Saint Exupéry : « Seul l'esprit s'il souffle sur la glaise peut créer l'Homme ». Seul l'Esprit peut redonner au buveur l'énergie de redevenir un Homme en sortant de l'alcool. Je n'ai pas trouvé mieux. Mais qu'est-ce que c'est que ce fameux Esprit ? Autre mystère. On peut l'appeler l'âme, le surconscient, la spiritualité, Dieu, l'envie de vivre, la complexité infinie des 100 milliards de neurones qui font tourner notre cerveau ou que sais-je encore. C'est quelque chose dans ce goût-là. Si je pouvais être plus précis je vous le dirais. Malheureusement je n'en suis pas capable.

On sait simplement ce qu'il faut proposer aux patients pour qu'ils aient une chance de trouver cet Esprit et de s'en sortir. Il s'agit de toute la panoplie des méthodes appliquées par les médecins et les psychologues des services d'alcoologie de bon niveau. Ensuite, qu'est-ce qui fait la différence entre ceux qui s'arrêtent et ceux qui iront jusqu'à en mourir ? Là encore, mystère. Sauf à sombrer dans la psychologie de prisunic avec l'instinct de mort, les tendances suicidaires et autres balivernes de bas de gamme utilisée par des charlatans à bout d'arguments, on est incapables de trouver les causes qui expliquent ce qui fait la différence entre ceux qui s'arrêtent et les autres. Nous allons donc nous contenter de décrire les peurs les plus communes dans les paragraphes qui suivent.

II - 1) Peur d'être pris pour un alcoolique

On craint l'opinion d'autrui et ses conséquences néfastes. Parmi ces conséquences mentionnons tout d'abord la peur de perdre son emploi qui conditionne l'indépendance financière et le maintien du tissu familial. Qu'il s'agisse d'un homme ou d'une femme, il est clair qu'un conjoint au chômage qui est triste, dépressif ou agressif, incite les familles à s'en séparer. L'autre conjoint ne le supporte plus de même que les enfants ont tendance à le rejeter. Par ailleurs il s'agit quelques fois de se protéger contre un individu devenu dangereux ou simplement déprimant. Il rend la vie impossible à tout le monde. L'entourage se protège, ce qui est la moindre des choses et ce rejet intervient souvent très tard. L'ignorance qui caractérise cette maladie empêche les gens de comprendre assez rapidement qu'ils n'y peuvent rien et que le buveur est le seul à pouvoir s'en sortir. Cette ignorance les conduit à s'acharner à croire qu'ils peuvent avoir une influence positive alors qu'il n'en est rien dans la plupart des cas. Un tel aveuglement peut leur coûter très cher.

II - 2) Peur d'être esclave du produit

Une des plus grandes craintes que l'on peut avoir est celle de ne plus pouvoir se passer de l'alcool. Lorsque cette peur apparaît, il est généralement trop tard. Le buveur est déjà dépendant. En raison du déni il ne veut pas le voir comme nous l'avons déjà largement expliqué. Cette peur est évidemment très angoissante puisqu'elle signifie esclavage, aggravation progressive de la dépendance (alors que l'aggravation existe très peu ou pas du tout avec le tabac, la consommation reste stable) et déchéance. Outre le déni, cette crainte conduit aux comportements qui permettent de croire que l'on va y échapper. Il y a tout d'abord la tempérance qui donne l'illusion que l'on maîtrise le sujet. On peut croire également que l'on peut sortir de cette « mauvaise habitude » par la psychanalyse, la prise de conscience des évènements traumatiques qui nous auraient amenés là, ou bien par la volonté, la sortie d'une éventuelle mauvaise passe que l'on traverse alors et autres billevesées. Ces tentatives étant vaines, elles peuvent contribuer à la prise de conscience que l'on n'en sortira qu'en arrêtant totalement de boire.

II - 3) Peur de la déchéance sociale

Il s'agit de la peur de perdre son statut professionnel, d'être la honte de ceux auxquels on tient dans la famille et de faire honte à sa famille et à ses proches.

La crainte d'être licencié pour cause d'alcoolisation excessive apparaît assez rapidement dans le processus d'abus d'alcool. Les buveurs ont conscience des excès ou des simples erreurs qu'ils commettent en raison de l'alcool : agressivité, colères, déclarations fracassantes ou au contraire passivité, laisser-aller, retards, négligences, absences injustifiées, difficultés à terminer un travail, erreurs d'analyse ou de logique, etc. La liste est infinie et il est difficile d'en faire un inventaire exhaustif. À chacun de ces symptômes ou presque, le buveur culpabilise soit sur le coup soit après. Mais ces évènements ne sont pas suffisants pour conduire à la décision d'arrêter. J'ai été conscient de telles erreurs bien entendu et à chaque fois je me suis juré de ne pas recommencer et d'anticiper l'occurrence d'une telle erreur. Il s'agissait évidemment de « promesses d'alcooliques » et je retombais régulièrement dans le panneau puisque la seule façon de les éviter est d'arrêter toute consommation du produit. Sinon, prises en trop grandes quantités, les molécules d'alcool ont toujours les mêmes effets sur les cellules du cerveau de chacun d'entre nous et les mêmes causes produisent les mêmes effets. Il n'y a pas plus simple à comprendre. Encore une fois les effets seront différents d'un individu à l'autre mais ils sont toujours identiques sur un même sujet. Pour prendre quelques exemples concrets, je peux décrire rapidement quelques-uns de ces effets sur moi.

II-3-1) Peur de perdre mes missions de consultant.

Les lendemains d'alcoolisation mon cerveau était beaucoup plus lent à rédiger des rapports par exemple. Dans mon métier de consultant nous sommes jugés sur la qualité de ces rapports de même que sur la rapidité de leur rédaction. C'est donc important. Il m'est arrivé d'avoir du mal à tenir un délai parce que je rédigeais plus lentement que d'habitude après avoir bu la veille. Il me fallait alors trouver des trésors d'énergie pour essayer de tenir le rythme, ce qui était très pénible. Je n'ai jamais autant souffert en rédigeant quelque chose. Il me fallait dépasser en permanence mon rythme intellectuel du moment, assez faible. Ce qui est épuisant. C'est comme faire une course de fond quand on manque constamment d'oxygène. Un véritable supplice. À chaque expérience de ce genre je me jurais de ne plus boire en période de rédaction et bien entendu, le besoin de boire étant plus fort que tout, je retombais régulièrement dans le panneau.

II-3-2) Peur de perdre mes enseignements

J'avais également des fonctions d'enseignement en faculté à temps partiel. Dans ce cadre il m'est arrivé de piloter des jeux d'entreprise avec des collègues. Cet exercice consiste à simuler le comportement d'une entreprise et les étudiants doivent choisir une stratégie, investir, emprunter, créer de nouveaux produits, faire un plan marketing, payer de la publicité, embaucher, licencier, etc. Le rôle des enseignants consiste entre autres à donner des conseils pour éviter aux étudiants de faire des erreurs grossières. Erreurs qui peuvent les conduire à des pertes abyssales et à la faillite. Il m'est arrivé de boire un peu à la maison avant la reprise de quatorze heures et d'arriver une heure en retard. Il me fallait alors trouver une excuse bidon qui ne trompait probablement personne : embouteillages, manifestation, m'occuper de ma vieille mère malade et autres balivernes à 3 sous. Pendant mon absence, la solidarité enseignants jouant, les collègues avaient répondu à ma place mais ça ne fait pas très sérieux. C'est le moins qu'on puisse dire. Et quand on enterre sa quatrième grand-mère c'est moyennement crédible. En dépit de ce risque d'amateurisme, j'ai recommencé à plusieurs reprises parce que dès lors que je buvais un peu à midi j'avais un mal fou à arrêter comme tout buveur digne de ce nom. À chaque fois que je me versais un premier verre j'étais persuadé que je me contenterais de ce petit plaisir et que je saurais m'arrêter au deuxième. Grave erreur bien entendu. Dès que l'alcool est là chez un buveur dépendant, c'est lui qui commande. Et on refuse de l'admettre. À propos d’excuses bidon, je peux rapporter une anecdote qui ne manque pas de sel. J'ai connu un buveur qui avait enterré son père pour justifier une absence prolongée au travail due à une alcoolisation. Malheureusement pour lui son employeur connaissait son père. Et il fut très surpris de le voir déambuler un jour tranquillement dans la rue. Authentique. Les buveurs ont le don de ressusciter les morts. Ce qui n'est pas donné à tout le monde, il faut le souligner. Ça s'est déjà fait dans le passé paraît-il mais il y a très longtemps si ma mémoire est bonne.

II-3-3) Peur de la suppression de mon permis de conduire

Dernier exemple. J'allais passer certains Week End chez ma mère à la campagne durant ma période d'alcoolisation. Je ne buvais pas une goutte d'alcool quand j'étais chez elle pour lui éviter de se faire du souci pour cet abruti de fils alcoolique. J'avais une motivation solide et ça marchait très bien. Je n'avais alors aucune difficulté à être abstinent pendant deux jours ou plus sans avoir la moindre envie de boire. Ce qui confirme une fois de plus que tout est question de motivation et non de volonté. Néanmoins, je prenais quelque avance avant de partir. C'est-à-dire que j'avalais de bonnes doses de whisky le vendredi soir, la fin de la semaine aidant à se relâcher. Comme chacun le sait, l'alcool s'élimine dans l'organisme à raison de 0,15 gramme dans le sang par heure environ. En réalité c'est entre 0,10 et 0,15 gramme selon les individus mais j'avais déjà pu constater par des mesures sérieuses que j'éliminais très bien. Question d'entraînement, rien ne vient tout seul, tout se mérite par un travail acharné. Or j'arrêtais généralement de boire vers quatre heures du matin. La question était très simplement de savoir quelle dose j'avais dans le sang, ce que j'ignorais totalement. Supposons que ce fût 2 grammes, il fallait alors 13 heures pour revenir à zéro. Je pouvais donc prendre ma voiture sans crainte à 17 heures mais je ne le savais pas parce qu'à cette époque je n'avais pas fait ce petit calcul. Le samedi en fin d'après-midi, heure du départ, j'étais donc mort de peur qu'il me reste un taux supérieur à la dose prescrite par la maréchaussée. Il m'arrivait même de téléphoner à un de mes coach, ancien buveur, pour lui demander à quelle heure je pourrais prendre ma voiture d'après ses calculs savants. Calculs que je n'étais plus en mesure de faire moi - même en raison du brouillard épais qui avait pris place dans mon cerveau. Là où certains ne voient que faiblesse et lâcheté, cette situation est une source de profonde souffrance : angoisse, culpabilité, peur de devoir annuler ma visite, re-culpabilité, humiliation d'être obligé de solliciter les copains. Bref, l'enfer. Eh bien, en dépit de toutes ces souffrances je recommençais à chaque occasion en jurant tous mes grands dieux qu'on ne m'y reprendrait plus. Promesse d'alcoolique, encore une fois, et souffrance d'être incapable de tenir une bonne résolution que j'avais déjà prise des dizaines de fois. En vain.

Les deux premiers exemples du II - 3) supra concernent les risques de perdre son emploi. Le troisième illustre la peur de perdre son permis, source de dé-sociabilisassion d'une part de même que c'est le signe visible par tout le monde que l'on a conduit en état d'ébriété. Ce dernier élément concerne l'opinion d'autrui et la honte que ressentirait la famille à cause de ce jugement de la Société. Je pourrais multiplier les exemples personnels pour illustrer les autres formes de déchéances sociales possibles. Nous en resterons là.

II - 4) Peur de refuser de l'alcool en société après l'abstinence

Ce refus peut être interprété comme l'aveu de l'alcoolisme. Cette peur est assez aigüe chez les buveurs qui culpabilisent d'être buveurs. Les autres y sont probablement moins sensibles que nous le pensons.

Une des grandes craintes des alcooliques réside dans la peur qu'on leur demande pourquoi ils ne boivent pas dans l'hypothèse où ils décideraient d'arrêter. Là encore, cette peur est bien entendu liée à leur culpabilité. En effet, il est rare que les gens vous demandent pourquoi vous ne prenez pas de vin à table par exemple ou qu'ils fassent une remarque à ce sujet. Ces remarques sont d'autant moins fréquentes que le niveau de formation des convives est élevé (inférieur ou supérieur à bac + 3 ou quelque chose comme ça). De même que le niveau social est également un gage d'ouverture d'esprit. En général. On peut certainement trouver d'autres critères qui permettent de trier les gens tolérants et les autres, mais peu importe. L'apprenti abstinent est assez paranoïaque sur ce thème et ressent cette question comme une accusation d'alcoolisme. Sa paranoïa est strictement proportionnelle à sa culpabilité et il en sortira progressivement avec le temps, après son abstinence.

Il ne m'est pratiquement jamais arrivé qu'on me demande en société pourquoi je ne buvais pas. Dans le cas contraire, une fois encore la meilleure solution me paraît être de dire qu'on est dépendant de l'alcool et que le seul moyen d'en sortir réside dans l'abstinence. Si l'on ne se sent pas capable de dire droit dans ses bottes, qu'on a été alcoolique, on se reportera alors aux arguments recommandés par les services d'alcoologie compétents en la matière comme je l'ai déjà indiqué. Ces services connaissent parfaitement le problème bien entendu puisqu'il s'agit d'un problème basique et proposent de nombreuses solutions.

II - 5) Peur d'aller en cure

Il s'agit là d'une peur supplémentaire à surmonter. Cette difficulté me paraît liée au minimum à quatre autres difficultés. Dans l'esprit de certains buveurs dont je faisais partie, aller en cure de sevrage revient à avouer publiquement que l'on a un énorme problème d'alcool à tous ceux qui savent où l'on va pendant deux ou trois semaines. Il faut également s'avouer que l'on est dépendant. Ce qui suppose soit que l'on a dépassé le déni, soit qu'on invente encore je ne sais quelles arguties pour se mentir à soi-même. De surcroît on doit également admettre que l'on n'arrivera pas à s'en sortir tout seul. Ces obstacles étant surmontés et c'est loin d'être simple, on peut enfin s'inquiéter des méthodes qui sont pratiquées durant ces cures. Méthodes dont on exagère toujours la difficulté, ça va de soi. La complexité psychologique de ces difficultés ne saute peut-être pas aux yeux du profane mais elle est énorme. Croyez-moi.

Ma plus grande crainte consciente était la peur que quelqu'un sache que j'allais en cure. C'était l'aveu public de mon alcoolisme. Bien que je n'aie aucune expérience dans ce domaine c'est peut-être l'équivalent d'un « coming out » pour les homosexuels. J'ai repoussé ma demande de cure aussi longtemps que j'ai pu sous divers prétextes et notamment parce que j'avais des engagements professionnels qui m'empêchaient de me libérer puisque j'étais absolument indispensable au bon fonctionnement de l'humanité souffrante. Ça va de soi. J'étais persuadé que toutes les bonnes âmes qui me conseillaient cette cure ne se rendaient pas compte de mes contraintes professionnelles. En réalité j'étais terrorisé à l'idée que mon absence puisse être interprétée comme la nécessité impérieuse de sortir de l'alcool et je ne me rendais pas compte que c'était un prétexte et pas une cause rationnelle. Il n'y avait aucune raison particulière que les gens pensent que j'étais en cure. Je pouvais avoir mille autres petits problèmes de santé. Mais là encore la culpabilité nous rend paranoïaques et on est persuadés que tout le monde va voir notre problème. Ce qui est faux bien entendu. Certains le voient mais pas tous. En réalité ce problème nous obsède et nous masque la réalité.

Il convient ensuite d'admettre que l'on est dépendant. Or je n'avais pas admis cette idée quand je suis allé en cure de sevrage. C'est probablement une des raisons qui expliquent la rechute que j'ai faite ensuite. J'y suis allé parce que je ne parvenais pas à modérer ma consommation mais je ne m'étais pas avoué clairement que ça n'était plus possible parce que je serais dépendant jusqu'à ma mort.

Il faut également admettre que l'on n'est pas capable de se sortir seul de cette dépendance. L'entrée en cure est entre autres le constat qu'on n'a pas réussi à maîtriser sa consommation d'alcool. Ce phénomène est une des lois de la maladie mais on ne l'a pas toujours compris ou pas toujours admis. On fait donc l'erreur basique de croire comme tous les gens de l'âge de pierre qu'il est possible de s'arrêter si on le désire alors que ce n'est plus possible quand on est devenu dépendant. Là encore, il y a une grande difficulté à admettre psychologiquement cette évidence qui n'est pourtant qu'une simple loi de l'espèce parmi tant d'autres.

Nous aborderons enfin une dernière crainte liée aux cures. Elle concerne les traitements psychologiques ou médicamenteux liés à l'arrêt de l'alcool que l'on va subir. Bien entendu il n'y en a pas à l'exception des médicaments très temporaires pour éviter les deux types de crise dont on a déjà parlé longuement. Mais certains d'entre nous craignent qu'il y en ait. Je n'ai pas ressenti ce genre de prévention mais je l'ai rencontrée en groupe de parole chez d'autres buveurs. Ne l'ayant pas éprouvée je ne peux pas disserter longuement sur ce sujet mais il me semble qu'il s'agit de la peur d'être soumis à des médicaments ou des analyses psychologiques susceptibles de modifier notre jugement. Encore une peur relevant de la paranoïa la plus pure mais elle existe.

II - 6) Peur de la clochardisation

Cette peur est liée aux symptômes de dé-sociabilisassion lorsqu'ils commencent à se manifester ou quand on commence à en être conscient. Cette crainte concerne surtout ceux qui travaillent dans le secteur privé, ça va de soi, soit plus de 80 % des actifs. Les fonctionnaires peuvent craindre au maximum une mise au placard avec maintien du salaire. Ce qui n'est somme toute pas bien dramatique comparé aux enjeux du privé qui sont énormes. Le risque est de se faire licencier, d'épuiser ses droits au chômage, ensuite d'épuiser l'épargne éventuelle que l'on a constitué auparavant, de vendre ses biens et ensuite c'est la rue si l'on ne trouve pas une bonne âme pour vous héberger et vous nourrir. Ce qui est rarissime. De nos jours il n'y a que des parents pour faire ça. Il est clair que le passage à la rue est le plus difficile à remonter par la suite. J'ai évité cette épreuve mais tous les témoignages concordent pour dire que lorsque l'on a tout perdu, la probabilité de s'en sortir est faible. J'ai vu des SDF en cure de sevrage de même que dans le groupe de parole ce qui me donne une petite connaissance du sujet. J'ai rencontré quelques cas qui ont réussi à se rétablir en sortant de la rue mais ils ne sont pas légion. Nous avons quand même une amie qui fut un pilier des groupes de paroles et qui affichait une trentaine d'années d'abstinence après avoir été clodo, dormant sous les porches dans des cartons, faisant la manche et buvant des coups avec les collègues. Elle s'est ensuite arrêtée de boire, s'est mariée et a eu une fille qui est elle-même maman de deux enfants aux dernières nouvelles. La grand-mère, la mère et les enfants vont bien, merci. Mais soyons clairs, ce genre de cas ne court pas les groupes de parole.

Dans cette peur il y a la crainte de tout perdre mais il y a également l'angoisse que la famille, les collègues et les amis apprennent que l'on est tombé aussi bas. Et dans cette angoisse il y a encore au moins deux autres notions : l'opinion des autres mais surtout la profonde tristesse de causer autant de peine et de souffrance à ceux que l'on aime. Je ne sais pas comment on peut gérer ça psychologiquement puisque je n'ai jamais fait la manche mais ce doit être épouvantable. De plus, comment croire que l'on va se tirer d'affaire lorsqu'on en est là. La motivation à arrêter de boire, qui est le préalable à toute résurrection, doit être extrêmement difficile à trouver.

J'ai eu peur d'en arriver là bien que j'en fus toujours très loin. Mais quand je vois quelqu'un faire la manche je me dis toujours que je pourrais être à sa place. J'ai évité cette situation parce que j'ai probablement eu beaucoup plus de chance que lui. J'ai en effet une très bonne formation supérieure à la base, ça aide. Je parle plusieurs langues et j'avais également une épargne qui me permettait de tenir assez longtemps. Psychologiquement ça aide aussi, c'est clair. Je me suis toujours considéré comme un alcoolo de luxe. Mais si je n'avais pas eu tout cela que serais-je devenu ? Nous ne le saurons jamais mais cette simple question rend modeste. Croyez-moi. Je me suis donc juré depuis de donner quelque chose à ces « presque » collègues qui font la manche. J'ai néanmoins fixé une limite hebdomadaire à ma générosité sinon on n'en sortirait plus de nos jours en France. Je connais de nombreux autres buveurs repentis qui réagissent exactement de la même manière. Je ne suis pas du tout un cas isolé et je n'ai aucun mérite. Que ce soit clair.

II - 7) Peur d'avoir un accident de voiture

La peur de l'accident de voiture est également une constante chez les buveurs qui craignent pour eux-mêmes bien entendu mais surtout pour les dégâts qu'ils peuvent causer et les ennuis qui ne manqueraient pas d'en résulter. À tort ou à raison je n'ai jamais été préoccupé par ce problème parce que je n'ai jamais fait la moindre égratignure à ma voiture comme je l'ai déjà dit. Même quand je conduisais avec des doses d'alcool à tuer un cheval. Je rappelle qu'il m'est arrivé de voir deux lignes médianes blanches ou jaunes et pour n'en suivre qu'une, de préférence la bonne, je m'étais habitué à fermer un oeil sur commande (un seul, c'est mieux) sans me servir de mes mains. On survit comme on peut. Les témoignages que l'on recueille en ayant de bonnes fréquentations, c'est-à-dire d'anciens buveurs, sont très éloquentes sur ce point. Pratiquement tout le monde craint l'accident de voiture comme la peste. Un de mes ami avait arrêté de conduire préventivement pour éviter ce genre de problème. Un autre faisait compulsivement le tour de sa voiture tous les matins pour vérifier qu'il n'y avait pas de bosses et qu'il n'avait tué personne la veille. Il était trop éméché le soir pour procéder à cet examen de routine. Rappelons que chez les buveurs "permanents", ceux qui sont constamment obligés d'entretenir un certain taux d'alcool dans leur sang, le taux d'alcoolémie ne descend pratiquement jamais à zéro. Le seul moment où ils ne boivent pas, c'est pendant leur sommeil. Or, huit heures de sommeil font baisser ce taux de 1,2 gramme environ. Ces individus étant souvent au - dessus de 1,2 gramme en s'endormant, ils n'atteignent jamais un taux égal à zéro. Élémentaire.

Cette peur de l'accident est un élément supplémentaire qui peut aider à faire apparaître la motivation à arrêter le massacre c'est-à-dire à devenir abstinent.

Les peurs que nous venons de voir font donc partie des éléments qui peuvent conduire à la motivation, au déclic, permettant d'arrêtera de boire. Nous allons maintenant aborder une autre catégorie d'évènements qui peuvent contribuer à ce même résultat.

III) Les échecs des tentatives d'arrêt

Il s'agit des échecs que l'on a connus en essayant d'arrêter de picoler. Tous les buveurs qui ont un minimum d'ancienneté dans le métier, finissent par se rendre compte tôt ou tard qu'ils vont clairement dans le mur. Ils essayent donc d'en sortir en pensant naïvement au début que c'est simple. Beati pauperes spiritu (heureux les simples d'esprit, dont j'ai fait partie bien entendu). Ces méthodes sont classiques et très simples. Nous les avons déjà abordées presque toutes c'est pourquoi nous ne les développerons pas à nouveau. Nous nous contenterons d'en faire un bref rappel.

1) Les méthodes psychologiques faisant appel à l'anamnèse, freudiennes, lacaniennes, jungiennes ou autres. Ces méthodes consistent à rechercher la cause de la boisson : traumatisme psychologique, problèmes liés à l'enfance, etc. Rappelons que sur les 750 buveurs qu'il m'a été donné de connaître, je n'en ai jamais rencontré un seul buveur dépendant qui s'en soit sorti comme ça et ce n'est pas faute d'avoir essayé pour nombre d'entre eux. Ces méthodes font partie du dogme psychologique dominant, obligatoire et bien-pensant. Comme tout dogme ayant réussi à s'imposer il est extrêmement répandu. C'est tout ce que je peux dire sur le sujet. Ces méthodes sont peut-être utiles dans d'autres cas mais pas dans celui-là à mon avis. Le taux d'échec étant égal à 100 %, le buveur est incité à rechercher le salut dans une autre voie. Ce ne sont pas les autres écoles psychologiques qui manquent. Pour ceux qui s'obstinent, tant pis pour eux.

2) La tempérance ne saurait conduire à aucun sevrage progressif à long terme pour les alcoolos dépendants puisque cette méthode rallume les feux de la dépendance à chaque absorption d'alcool. En revanche elle peut permettre d'admettre que la seule solution viable réside dans l'abstinence qui ne peut être que brutale. À un instant donné on arrête tout et on ne raconte pas sa vie. Pour ceux qui ne sont pas dépendants cette méthode est peut-être adaptée à une réduction progressive de la consommation. N'étant pas compétent sur ce dernier point je me garderai bien de me prononcer.

3) Les ultimatums des proches consistent généralement à menacer le buveur de le quitter, de ne plus s'occuper de lui ou de lui retirer ses enfants. L'expérience prouve que ces menaces et leur mise à exécution ne sont pas suffisantes pour contrecarrer les effets d'une drogue comme l'alcool. La perte de ses enfants ou la conscience que l'alcoolisme des parents peut leur nuire n'a jamais empêché les buveurs de boire. Ces menaces se traduisent par de belles promesses d'alcooliques. Sans plus. C'est le propre de toutes les drogues.

4) Les périodes d'abstinence suivies de rechutes peuvent être considérées comme des échecs mais les rechutes n'en sont pas toujours. Lorsque les patients ne sont pas prêts à l'abstinence ils rechutent bien évidemment. Mais ces rechutes peuvent conduire au fameux déclic qui leur permettra alors d'arrêter sans être torturés par le manque d'alcool.

5) Les problèmes professionnels tels que les remontrances, les avertissements, la placardisation ou le licenciement ne sont pas plus efficaces que les ultimatums des proches. Ils se traduisent également par de belles promesses d'alcooliques. Les mêmes causes produisent les mêmes effets. On ne peut pas faire plus simple.

6) Les problèmes financiers voire la banqueroute et la ruine ne sont pas plus efficaces que le reste. Le buveur cherchera simplement le moyen de se procurer sa drogue préférée lorsqu'il sera sans le sou. La manche ou la prostitution étant les moyens ultimes mais toujours accessibles par tout le monde. Tout du moins en ce qui concerne la manche. Pour la prostitution il faut avoir un minimum de « talents » naturels...

7) Les bonnes résolutions sont le type même de la promesse d'alcoolique. Tous les buveurs sans exception ont juré des milliers de fois de modérer leur consommation d'alcool, de maîtriser leur consommation la semaine prochaine ou même dès demain, d'arrêter totalement, d'aller consulter dans un service d'alcoologie, de suivre une cure pour s'en sortir. Que sais-je encore. Toutes ces bonnes résolutions ne sont que calembredaines, billevesées, fariboles et balivernes. L'alcool sera toujours beaucoup plus fort. Il faut d'abord trouver la bonne motivation. Ensuite seulement on peut appliquer de bonnes résolutions. Il faut avoir un minimum de méthode pour réussir quoi que ce soit.

Conclusion

Une évolution psychologique assez longue est nécessaire pour que ces souffrances, ces peurs et ces échecs arrivent à un point tel que certains décident que cet enfer a assez duré et qu'ils arrêtent le massacre. Comment ces éléments se conjuguent-ils dans la psychologie de chacun, nous ne le savons pas. Nous venons d'en décrire 30. Nous en avons probablement oublié quelques-uns mais peu importe. L'essentiel est de comprendre la démarche qui peut expliquer que certains arrêtent de se détruire en cessant de boire. Ensuite il doit s'agir d'une combinatoire. Certains de ces éléments ont plus d'influence que les autres et ils se combinent par 2 par 3, 4, 5 et plus ce qui génère un processus de décision avec des milliers de solutions possibles. En mathématiques c'est une combinatoire qui peut se calculer. Chaque individu a une solution qui lui est propre et qui ne marche pas avec les autres buveurs. Comment voulez-vous trouver a priori la démarche qui sera la bonne pour chacun ? C'est totalement impossible. C'est pourquoi il faut travailler tous ces sujets avec les patients pour finir par tomber sur la bonne combinaison de ces différents facteurs. Et il arrive malheureusement qu'on ne la trouve jamais. Ceux-là feront partie des 49 000 morts par an.

Il faut ajouter que cette lente évolution psychologique est inconsciente chez les buveurs. Le cerveau établit des connexions entre les différentes zones où il stocke des informations et nous ne savons pas comment il procède. Tout au plus les scanners ou les IRM permettent-ils de voire quelles sont les zones du cerveau concernées ce qui ne nous avance pas à grand-chose. Ils ne nous disent rien sur le processus de stockage de la connaissance et encore moins sur la manière dont ces connaissances sont utilisées pour influer sur les décisions de chaque individu. On ne sait toujours pas comment fonctionne l'âme humaine. Ça vous surprend ?

Chapitre IX - La difficulté d'admettre qu'il faut arrêter totalement et définitivement

Nous avons déjà évoqué ce problème de l'arrêt définitif et de la difficulté qu'il présente. Il a paru utile de s'y arrêter plus longuement pour faire le point sur ce sujet. Nous avons déjà vu un certain nombre de notions que nous rappellerons brièvement.

Après un sevrage il n'est pas possible de boire à nouveau sans finir par retomber dans la consommation excessive qui sera au minimum égale à celle du buveur avant l'arrêt, plus importante dans la plupart des cas. Le délai nécessaire pour atteindre le nouveau régime de croisière varie selon les buveurs. La consommation maximum peut être immédiate chez certains ou demander environ un mois chez d'autres. Nous allons traiter ci - dessous les nuances à apporter à cette loi. Il y a tout d'abord une exception à cette loi connue à ce jour. De surcroît, une expérience en cours pourrait en constituer une seconde si elle s'avérait concluante. Enfin, la tempérance peut être considérée à la rigueur comme une troisième exception.

I) Les exceptions à la nécessité d'arrêter totalement

I - 1) Les dérapages

L'exception bien connue consiste dans les dérapages. Un dérapage est une re-consommation qui se limite à une seule alcoolisation ou a un faible nombre d'alcoolisations. Pour réussir cet exploit il faut avoir une solide formation en alcoologie, une motivation intacte à s'arrêter et être en relation presque immédiate avec des professionnels. La solide formation en alcoologie peut être acquise auprès de professionnels compétents au cours d'un traitement de fond ou en groupe de parole. Cette formation permet d'acquérir la certitude que l'arrêt immédiat après une re-consommation est possible. La meilleure école réside comme toujours dans le groupe de parole dans la mesure où on assimile beaucoup mieux ce qui est dit par ses semblables surtout lorsqu'ils ont vécu cette situation. Comme nous l'avons déjà fait observer, ce n'est pas un hasard si les cours d'enseignement sont donnés par des professeurs en chair et en os. Les cours enregistrés et diffusés sur écran d'ordinateur permettent également d'apprendre mais ils sont moins efficaces. Quant aux cours par correspondance du passé avec des supports écrits uniquement, leur taux d'échec était impressionnant. Fort de cette certitude que c'est possible, le buveur doit toujours avoir une motivation sans faille sans quoi il n'essaiera même pas de stopper sa consommation immédiatement. Il rentrera alors dans le cycle habituel de la boisson. En dernier lieu il est à peu près impossible de mettre un terme rapide et immédiat à une rechute de consommation en restant seul même si l'on satisfait aux deux conditions précédentes. Il faut donc impérativement prendre contact le plus rapidement possible, c'est à dire dans la journée de préférence ou dans les quelques jours qui suivent, avec des professionnels que l'on connaît. Ce contact donnera lieu à un rendez-vous qui peut suffire à stopper net le processus. Je ne peux malheureusement pas parler d'expérience puisque je n'ai jamais vécu cette situation. Comme je l'ai dit, j'ai reconsommé le produit après mon sevrage mais je me suis bien gardé de vouloir arrêter ce processus. J'étais persuadé que contrairement à ce que l'on m'avait dit des centaines de fois je pourrais boire à nouveau comme avant la dépendance c'est-à-dire raisonnablement comme tout le monde. Bien entendu c'était une erreur grossière commise parce que je n'avais pas encore admis psychologiquement que c'était impossible. J'ai donc caché que j'avais remis le couvert à tout le monde un certain temps, je ne sais plus combien de temps exactement. De l'ordre d'un mois peut-être. J'espérais toujours que j'allais diminuer ma consommation ou que je pourrais à nouveau arrêter totalement de boire de l'alcool. Mais il a fallu me rendre à l'évidence, j'étais retombé dans l'enfer de l'alcool. Comme toujours, cet enfer est assez joyeux au début pour générer rapidement toutes les souffrances évoquées au Chapitre VIII. Les esprits simples et premiers degrés pensent que l'alcool est toujours joyeux. Comme nous l'avons vu dans les « Souffrances » du Chapitre précédent c'est une croyance relevant de l'obscurantisme et des aprioris. En réalité la durée de l'alcool joyeux ou festif comme on l'appelle souvent, est de plus en plus courte après un sevrage en cas de rechute. L'absence d'alcool a permis à l'organisme de se régénérer et il encaisse les effets néfastes au début. Malheureusement, la résistance s'effrite rapidement, l'organisme recommence à se délabrer pour laisser place à toutes les souffrances de l'après-boire. Souffrances que l'on essaie de dissoudre à nouveau dans l'alcool etc.

I - 2) Le baclofène

Une expérience est actuellement en cours avec ce médicament qui est détourné de son objectif initial, le baclofène. Rappelons que c'est le générique d'un médicament utilisé dans la sclérose en plaques. Nous en avons déjà parlé au Chapitre III. Pour en tirer les enseignements il faudra attendre une éventuelle utilisation pendant quelques années après cette expérience. Nous verrons bien à quels résultats nous aboutirons. Son expérimentation sur de nouveaux patients est parfaitement compréhensible. En revanche il me paraîtrait très dangereux d'utiliser ce traitement pour permettre de reboire à des patients sevrés. On me dit que cette éventualité est envisagée. À titre personnel je peux simplement dire qu'il serait hors de question que je participe à une quelconque expérimentation pour deux raisons très simples. Je n'ai aucun problème pour éviter de boire de l'alcool. Je ne vois donc pas l'intérêt d'aller prendre des risques de rechute totalement inutiles au cas où ce médicament serait beaucoup moins efficace que certains le prétendent. En deuxième lieu j'observe que les médicaments détournés de leur objectif initial ont déjà eu des conséquences néfastes comme quelques décès par-ci par-là. Rien ne dit que ce sera le cas bien entendu, c'est clair. Mais la brillante perspective d'une mort prématurée pour les progrès de la science ne faisant pas partie de mes objectifs prioritaires du moment, je laisse ce soin à d'autres.

I - 3) La tempérance

La dernière exception consiste à essayer de maintenir une consommation considérée comme raisonnable. Ce que l'on appelle la tempérance que nous avons déjà traitée. Cet exercice suppose une lutte permanente contre l'envie de boire pour les alcoolos dépendants. Cet axiome n'est peut-être pas applicable aux autres. Ce genre de combat étant très douloureux, il ressemble à s'y méprendre à une autoflagellation permanente. On peut à la rigueur considérer que les périodes de tempérance réussies sont des exceptions à la règle selon laquelle on ne réussit pas à boire sans retrouver un rythme de croisière d'alcoolique. On notera que certains peuvent appliquer cette méthode très longtemps. J'ai un ami qui est resté dans la tempérance pendant 10 ans. Cette durée paraît ahurissante tant elle est longue et elle montre le temps qui est parfois nécessaire pour arrêter le massacre. Il a fini par arrêter de se flageller et ne boit plus du tout maintenant.

II) Pourquoi est-il si difficile d'arrêter

Les principales raisons qui peuvent expliquer que cette décision est si difficile à prendre sont au nombre de trois. Le refus d'abandonner l'alcoolisation, la peur de l'opinion d'autrui et la peur de ne pas y arriver. Là encore on peut probablement en trouver d'autres mais ces trois-là me paraissent les plus importantes.

II - 1) L'envie de boire

Le refus d'abandonner la consommation d'alcool est lié à cette envie de boire qui constitue l'élément central de la dépendance. Cette envie n'est plus maîtrisable comme avec toutes les drogues. Le cerveau produit un besoin irrépressible d'absorber ce produit par des mécanismes que l'on n'a toujours pas réussi à bien comprendre. On n'en connaît que des bribes comme la stimulation des centres du plaisir. Elle est beaucoup plus puissante que toutes les pulsions vitales : la soif, la faim et la pulsion sexuelle qui est beaucoup plus sympa soit dit en passant. Cette envie est si forte que l'on a l'impression que l'on ne réussira jamais à la vaincre. Bien entendu c'est faux mais il est difficile d'y croire. Pour admettre que c'est possible je ne connais rien de mieux que les groupes de paroles avec tous les témoignages de ceux qui y sont arrivés.

II - 2) L'opinion d'autrui

La peur de l'opinion d'autrui est liée à une norme de comportement social ainsi qu'à la culture. Ce sont également des freins puissants à l'abandon de ce produit. Nous entendons par culture les pratiques admises par une population sans porter de jugement de valeur sur ces pratiques. La consommation d'alcool est répandue dans toutes les civilisations occidentales et la plupart des gens s'y conforment sans y réfléchir le moins du monde. À juste titre d'ailleurs puisque la consommation de ce produit ne « tourne mal » que dans 3% des cas en France. Par conséquent tout comportement hors norme attire l'attention et peut attirer des questions. Ce sont ces questions que redoute le buveur par-dessus tout car il peut être amené à expliquer qu'il est dépendant. La plupart des gens étant totalement incapables de faire la différence entre dépendant et poivrot, le buveur pense qu'il passera la plupart du temps pour un alcoolique avec tous les aprioris négatifs liés à cette pratique. Comme nous l'avons déjà dit il y a deux manières de s'en sortir. La première réside dans toutes les techniques diffusées par les centres d'alcoologie dignes de ce nom. Il s'agit là de trouver des excuses pour expliquer que l'on ne boit pas. La seconde s'appelle la force de caractère qui permet d'affronter la bêtise humaine sans peur.

II - 3) La peur d'échouer à arrêter

Le dernier élément réside dans la peur de ne pas être capable de surmonter l'envie de boire. Envie qui est effectivement plus forte que nous en l'absence de la formation indispensable dispensée par les centres d'alcoologie. On réussit très bien à faire disparaître ces envies grâce à un suivi adapté et avec l'aide éventuelle de cures de sevrage. Bien entendu, encore une fois, le succès dépendra de la motivation du buveur et de cette alchimie du cerveau que nous ne comprenons toujours pas.

En guise de conclusion je me contenterai de dire que ce chapitre est assez court parce qu'il fait la synthèse de notions que nous avons déjà abordées. Il dit pourquoi il est si difficile d'arrêter. Il ne peut être compris sans avoir assimilé ce qui précède. Pour résumer son contenu disons que la difficulté principale consiste à admettre que la puissance de la pulsion à boire peut disparaître. Tout simplement. Comment ? En faisant un énorme travail sur soi grâce aux méthodes des centres d'alcoologie. Il n'y a pas de réponse simple tenant en quelques phrases.

Chapitre X - Les relations avec les autres (famille, sociabilisation, travail) avant l'arrêt

Les relations avec les autres se compliquent avec l'alcool bien entendu. Ces complications viennent tout d'abord de l'entourage au sens large. C'est à dire de tous les gens que l'on est amenés à côtoyer : amis, voisins, collègues, supérieurs hiérarchiques, conjoints, enfants, parents, collatéraux plus ou moins éloignés. Soit ils se font du souci pour nous lorsqu'ils sont bienveillants et que l'on n'est pas trop nuisibles. Soit ils sont hostiles à cause de leurs aprioris ou en raison des nuisances réelles que l'on peut générer : erreurs, manque de tonus, apathie, incapacité à s'occuper des autres, optimisme et gaîté sans cause, agressivité, perte d'emploi, perte de revenus, problèmes judiciaires et financiers, retrait de permis, maladie, dépression ou simple sinistrose. Ce ne sont pas les symptômes négatifs qui manquent quand les dépendances sont installées (physique et psychologique, généralement elles vont de pair). On n'a que l'embarras du choix.

Les barrières avec les autres existent également dans la tête du buveur et elles ne sont pas toujours réelles. Elles peuvent venir du déni qui met le buveur en dehors du champ du réel. Il n'accepte pas d'être buveur ou dépendant. Il s'estime donc persécuté par les autres qui le soupçonnent à juste titre de picoler nettement plus que de raison. L'alcool estompant le jugement on n'est plus toujours assez lucide pour juger les comportements que l'on a réellement. À titre d'exemple on ne sait plus très bien si l'on est agressif ou si l'on défend seulement son point de vue. À l'inverse on peut estimer légitime une colère totalement injustifiée. On peut également surestimer certaines erreurs professionnelles ou familiales ou au contraire en être totalement inconscient. De plus, tous les buveurs tentent de dissimuler leur consommation et leur état par des ruses plus ou moins subtiles. Plutôt moins que plus en général. Et tout cela se traduit par des problèmes relationnels qui isolent petit à petit les gens qui boivent. Parmi les barrières réelles avec les autres n'oublions pas de rappeler que les 97 % de la population qui ne sont même pas dépendants n'entendent pratiquement rien à cette maladie à quelques exceptions près ce qui rend évidemment tout dialogue très difficile voire impossible. Ils tiennent généralement des raisonnements de simple bon sens alors que les symptômes de cette maladie sont d'une toute autre nature. Et ils sont bien plus complexes. On ne peut pas parler de la même chose. La communication est donc pratiquement impossible. Comment peut-on faire confiance à des gens qui ne picolent même pas ? Soyons raisonnables. Ce phénomène explique l'intérêt des groupes de paroles qui réunissent des gens atteints de la même maladie. Tout le monde a les mêmes problèmes et parle à peu près la même langue. On retrouve ces groupes de parole dans d'autres situations qui ne peuvent être comprises que si on les a vécues. Il semble que ce soit le cas dans les situations de guerre par exemple où les soldats ressentent des émotions et des stress que l'on ne ressent que dans ces cas-là. Situations que tout le monde ne vit pas bien entendu. C'est également le cas dans l'accompagnement des personnes très âgées ou des deuils. Mais là il n'y a pas beaucoup de groupes de parole à ma connaissance. On peut probablement trouver d'autres exemples en cherchant un peu mais ce n'est pas l'objet de notre propos dans cet ouvrage. Précisons enfin qu'il n'y a pas que dans ces groupes que la communication est possible. Elle passe également très bien dans la relation avec un professionnel compétent ou avec un autre buveur.

I) Dissimulation des boissons

Avant d'aborder les relations avec les membres de notre environnement, nous allons aborder les symptômes communs à la plupart des buveurs dans leurs relations avec leurs semblables. Il s'agit tout d'abord de la dissimulation des boissons. Tous les buveurs ont cette manie de dissimuler un des signes extérieurs de leur problème que sont les bouteilles. Les raisons en sont toujours les mêmes : éviter le rejet de l'entourage, éviter la honte de se faire prendre en flagrant délit, éviter les sempiternelles scènes du conjoint et de l'entourage, éviter le rejet du milieu professionnel, la rétrogradation, la placardisation, le licenciement, la perte de ressources, le divorce, l'isolement, la mendicité. Là encore les raisons ne manquent pas, on n'a également que l'embarras du choix. À cela s'ajoute bien entendu la culpabilité d'être le seul responsable de tous les malheurs possibles qui précèdent. Le buveur n'a pas la culpabilité du bien ou du mal dont il se moque totalement contrairement à ce que pensent certains esprits simples. On citera à titre d'exemple de dissimulation quelques méthodes utilisées par mes éminents confrères. Exemples qui sont loin d'être exhaustifs mais qui ont le mérite de distraire un peu. Inutile de préciser que tous ces exemples sont tirés de témoignages qui fleurissent dans les groupes de parole ou les cures de sevrage. Toute une culture. En citant ces méthodes je ne favorise nullement la dissimulation du penchant pour la boisson dans la mesure où les buveurs trouvent toujours un moyen pour tenter de cacher leurs bouteilles. Personne n'a jamais empêché un buveur de boire. Une des pires absurdités étant justement d'essayer de contrôler sa consommation. C'est ce que l'entourage peut faire de pire. C'est peine perdue, ça nous énerve prodigieusement et cette réaction montre que l'entourage ne comprend rien à rien. Il n'y a rien à en tirer. Ce qui nous conduit éventuellement à boire un peu plus. Pour nous calmer. Encore un petit exemple d'incompréhension.

Il y a bien évidemment la dissimulation dans tous les locaux que l'on fréquente rarement. Dans le monde rural tout va bien. Il y a les granges, les hangars, les remises, les écuries, les garages, les poulaillers, les clapiers, les salles de traite en fonctionnement ou à l'abandon et j'en passe. Facile. Essayez de trouver sous quelle botte de paille on a mis le précieux breuvage ?

Pour ceux qui ont une maison individuelle tout baigne également dans l'huile. Comme précédemment vous avez des garages, des remises, des locaux à outils, des débarras, etc. Il y en a moins que dans une ferme mais ça suffit largement. J'ai connu des collègues qui avaient amélioré les techniques. On ne dira jamais assez la créativité du buveur. L'un d'eux enterrait ses bouteilles dans la terre du jardin. Dans ce cas il faut laisser dépasser légèrement le goulot pour retrouver facilement la boisson. Une motte de terre permettra de dissimuler l'objet du délit au regard des profanes ou une petite pierre. Un autre mettait les bouteilles dans les arbres au printemps et en été, des feuillus de préférence bien que les résineux puissent faire l'affaire. Sa femme ne pensait pas à lever les yeux pour procéder à ses inspections habituelles. Cette méthode n'a qu'un temps mais c'est toujours ça de pris.

Dans les maisons ou les appartements vous avez les chasses d'eau. Personne n'y va et le pastis est au frais. Certains privilégieront les machines à laver mais c'est risqué. Le buveur se souvient rarement de ce qu'il fait quand il est alcoolisé et la machine peut être mise en marche inopinément un jour ou l'autre. Le raffut est alors épouvantable comme en témoignait une buveuse de mes connaissances. Ce n'est pas une très bonne idée.

Un de mes amis avait caché ses canettes sous l'évier. Il y avait une cloison de bois au fond pour dissimuler les tuyaux et cette cloison n'allait pas jusqu'en haut pour je ne sais quelle raison. L'intervalle permettait évidemment d'y glisser les canettes. Malheureusement, en raison du manque de lucidité qui le caractérisait quand il avait besoin de sa cachette, il ne s'est pas rendu compte qu'il avait totalement rempli l'espace derrière les planches et que les canettes commençaient à dépasser en haut. Erreur fatale. Comme on pouvait s'y attendre, sa femme les a vues en faisant un peu de nettoyage sous l'évier. Est-ce qu'on fait du nettoyage sous les éviers, nous ? Jamais. Il n'y a que les femmes pour avoir des idées pareilles. Lorsqu'il est rentré un soir du travail toutes les canettes étaient soigneusement alignées sur la table de la cuisine et son épouse était de fort méchante humeur. On se demande bien pourquoi.

On peut également utiliser les cartons destinés à ranger des papiers. Il s'agit généralement de vieux papiers dont personne n'a besoin. On peut rajouter quelques cartons vides supplémentaires en les étiquetant si nécessaire. Très pratique. Je recommande.

On peut également boire des alcools blancs (mirabelle, quetsche, poire, vodka...) et compléter avec de l'eau pour maintenir un niveau constant dans la bouteille. Vieille ruse classique. On n'y voit que du feu. Il faut goûter pour s'en rendre compte. Le spécialiste des canettes sous l'évier a également eu une mésaventure avec cette technique. Il avait à peu près vidé une bouteille d'eau de vie de mirabelle (40 degrés minimum) et avait complété avec de l'eau. Se promettant d'acheter de la mirabelle à la première occasion pour remplacer l'eau par le breuvage d'origine. Mais il avait oublié, ce qui arrive souvent aux buveurs qui se font souvent pincer à cause des trous de mémoire dus à l'alcool. Pour son malheur, son frère leur a rendu visite un soir et en signe de bienvenue il lui a proposé un apéritif. Comme tout le monde l'a deviné, le frère a demandé une mirabelle. Mon ami a alors essayé de l'en dissuader par je ne sais quels prétextes plus vaseux les uns que les autres sans que sa femme s'en rende compte mais rien n'y a fait et l'autre a insisté lourdement pour avoir sa gnôle. Le buveur s'est donc exécuté, mort de peur en attendant la catastrophe qui n'allait pas manquer d'arriver. En goûtant l'apéritif, le frère a objecté que c'était de la flotte comme il fallait s'y attendre. Sans que sa femme le voie, mon collègue a alors réussi à lui expliquer par signes qu'il fallait qu'il se taise. Il a réussi à se faire comprendre et l'affaire en est restée là. Il s'en est sorti pour cette fois mais avec des sueurs froides. La vie du buveur de fond n'est pas un long fleuve tranquille.

II) Exemples personnels de dissimulations

J'ai eu un comportement de dissimulation comme tout le monde. À titre d'illustration de cette période de la vie d'un buveur je vais vous conter quelques anecdotes qui me sont arrivées en Serbie et au Kosovo.

II - 1) En Serbie

En Serbie je participais à la privatisation de la seule entreprise de camions et de bus de l'ex - Yougoslavie FAP : Fabrika Automobila Priboj, usine automobile de Priboj (Прибој), prononcer Priboï. Cette usine est située dans la ville de Priboj, à 215 km au sud-ouest de Belgrade et à la frontière de la Bosnie - Herzégovine. La ville avait compté 30 000 habitants au temps de la splendeur de la Yougoslavie et n'en comptait plus que 15 000 environ quand nous y sommes arrivés en 2002. Tito avait disparu de même que l'effondrement des pays socialistes était passé par là. De plus les Yougoslaves avaient eu l'idée de génie de se faire une petite guerre civile de derrière les fagots. Orthodoxes, musulmans et catholiques s'étaient joyeusement artillés les uns les autres. Chacun prétendant que c'est l'autre qui a commencé, comme d'habitude. Cette guerre se déroulant aux frontières de l'Europe, les dirigeants européens ont donc décidé dans leur infinie sagesse qu'il valait mieux mettre un peu d'ordre dans ce foutoir pour prévenir toute forme de contagion. On n'est jamais trop prudent. Dans un accès de pacifisme aigu, ils ont donc décidé avec quelques alliés de faire intervenir les armées de l'OTAN en bombardant copieusement la Yougoslavie jusqu'à ce que ces braves gens arrêtent de s'entretuer avec application et méthode. On allait voir qui bombarde le mieux. Non mais sans blague. Toute cette agitation a quand même fait entre 200 000 et 300 000 morts service compris avec les morts provoqués par les bombardements de l'OTAN (très peu en comparaison du reste). Les massacres n'ont pas manqué et il est difficile de connaître le nombre exact de victimes. Tout le monde ment évidemment un maximum pour essayer de minimiser ses responsabilités comme toujours. Rien de neuf sous le soleil. La tuerie de 1939 - 1945 n'a servi à rien et tout le monde recommence à faire une bonne petite guéguerre fraîche et joyeuse à la première occasion. Seule différence : on a maintenant des bombes intelligentes qui flinguent avec une précision redoutable. J'ai vu les résultats. C'est impressionnant de précision. Ces bombes rentrent par la fenêtre qui était visée. Terrifiant. On n'arrête pas le progrès. Celui qui a les bonnes bombes gagne la guerre. Celui qui les prend dans la poire perd la guerre. Ça va, tout le monde suit ? Là non plus rien n'a changé depuis que le monde est monde sauf les bombes. C'est là que réside tout le génie qui fait la grandeur de l'Homme. Quand les belligérants en eu assez de se faire exploser comme à l'exercice ils ont eu un accès brutal de sagesse qui les a conduits à négocier une paix juste et équitable comme toutes les paix dignes de ce nom. Ce qui fut fait à Paris le 14 décembre 1995 sous le nom d'Accord de Dayton. Dayton étant la charmante cité américaine où s'étaient déroulées les négociations de paix auparavant.

Comme d'habitude quand on a tout bousillé, on envoie ensuite des équipes pacifiques, solidaires, de haut niveau et néanmoins de progrès pour essayer de réparer toutes les conneries qu'on a faites comme des abrutis et c'est là que j'interviens. Il suffit d'être du bon côté. Du côté des avions qui lancent les bombes intelligentes et de suivre les bombardiers. Élémentaire. D'autant plus que ces engins font un raffut du diable, on ne peut pas les louper. Ce qui est moins élémentaire c'est d'être sélectionné pour mener à bien un tel boulot mais c'est une autre affaire. Quand les ruines des bombardements ont fini de fumer on reconstruit. J'étais donc consultant sur une mission financée par l'Union européenne pour essayer de sauver ce qui pouvait être sauvé de cette usine qui n'avait pas été bombardée. Les ventes avaient fortement baissé, la technologie avait 20 ans ce qui est beaucoup trop vieux de nos jours. Les ventes ayant baissé, l'entreprise n'avait plus assez de capital pour investir et elle était soutenue par les quelques commandes de l'État après avoir déjà dû se séparer de la moitié de ses effectifs soit 1600 personnes environ. Auparavant l'État socialiste fournissait le capital quand les bénéfices étaient insuffisants mais après son effondrement, plus de capital, plus de bénéfices non plus, donc plus d'investissements nouveaux. Tous les investissements c'est-à-dire les machines vieillissaient régulièrement vers une mort annoncée. Les contrats d'audit et d'analyse financière auxquels je participais sont réalisés par des boîtes de conseil privées des pays européens (c'est l'Europe qui paie, les bénéficiaires ne paient quasiment rien). Boites qui elles-mêmes recrutent des consultants indépendants dans mon genre.

Elles y affectent également des consultants parmi leurs salariés bien entendu. Et toujours comme d'habitude, nous voilà partis refaire le monde qui en avait bien besoin puisqu'on le met régulièrement en pièces pour tuer le temps. Et pour vendre quelques armes qui lavent plus blanc que les autres au passage.

Priboj est dans la région montagneuse de Стари Влах : Stari Vlah : ancienne Valachie qui fait partie des Alpes dinariques. On se croirait dans les Vosges et ça me rappelait aussi un épisode de Tintin dans le sceptre d'Ottokar. Les paysages de cette bande dessinée ressemblent à certaines régions serbes. L'altitude moyenne est de 900 m, idéal pour la santé et il y a également une petite station balnéaire qui était déjà bien connue du temps des Romains. Elle accueille toujours des curistes de nos jours. Nous logions dans l'hôtel de la ville, l'hôtel Lim (du nom de la rivière locale). Hôtel qui appartenait également à l'usine comme c'était souvent le cas dans les pays socialistes. J'adorais cette ambiance qui n'avait rien à voir avec la sinistrose française. Les gens y sont actifs, créatifs. Ils essaient de s'en sortir et en rentrant de ces pays depuis 1996 j'ai toujours eu l'impression de rentrer dans une morgue en arrivant en France. Autre élément qui nous transporte dans un autre monde, la chasse aux loups. Il y a des loups dans ces forêts et une fois par an une chasse est organisée pour maintenir le nombre de ces braves bêtes à un niveau raisonnable. Bien entendu cette chasse attire des chasseurs d'autres régions. Elle ne dure qu'une Week End mais le bilan est généralement très faible. Quelques têtes tout au plus. Ces animaux sont particulièrement rusés et il est très difficile de les surprendre dans la montagne. Ils n'ont pas beaucoup de soucis à se faire. Néanmoins il y a des affiches partout en ville pour signaler la date de l'évènement et le fond de l'affiche est une photo d'un loup magnifique. Je suis arrivé peu de temps avant cette chasse et ça surprend toujours de voir cette photo partout : dans les restaurants, à l'hôtel, dans les bistrots, à l'usine, à la poste, à la gare... L'évènement a au moins le mérite d'attirer quelques clients supplémentaires à l'hôtel qui en a bien besoin. On est vraiment dans un autre monde. Nous allions à l'usine à pied tous les matins pour faire un peu d'exercice, elle était à 20 minutes. 40 minutes de marche par jour c'est un minimum. Chemin faisant nous passions devant un de ces kiosques typiques des pays de l'Est vendant du tabac et des journaux ce qui me permettait de faire provision de cigarettes pour la journée. Un peu plus loin il y avait les pompes funèbres qui punaisent les avis de décès sur les arbres devant le magasin. Les musulmans sont imprimés en vert et les orthodoxes en noir. Bien que ce fut après la guerre des Balkans, il n'y avait aucun problème apparent entre les différentes communautés. Les différentes religions peuvent s'entendre sans problème tant qu'il n'y a pas d'hommes politiques pour semer la haine entre les peuples. En ce temps-là je n'avais toujours pas admis que j'étais dépendant bien que ce fût très clair. Déni quand tu nous tiens. Je commençais simplement à remarquer que j'avais envie de reprendre deux ou trois whiskys supplémentaires après le premier.

Par ailleurs je ne buvais jamais d'alcool pendant le repas, quel que soit le type de repas. Qu'il s'agisse de repas quotidiens avec les collègues ou bien de repas plus officiels avec le patron anglais de la mission ou bien avec l'équipe dirigeante de l'entreprise qui nous invitait et que nous invitions de temps en temps pour créer une ambiance conviviale. Je n'ai jamais eu droit à la moindre remarque sauf lors du premier repas avec notre chef préféré qui s'est écrié « un français qui boit de l'eau », en anglais dans le texte. Et ce fut tout, je n'ai jamais plus entendu parler d'alcool ni d'eau dans les repas. En revanche il m'arrivait de prendre un ou deux doubles whiskys en guise d'apéritif avec les Serbes de notre équipe qui n'étaient pas les derniers à trinquer le soir après le travail et même pendant le travail quand il y avait un motif plus ou moins valable de le faire. Voilà ce que je m'autorisais en public. Pourquoi tant de dissimulation, je ne le sais pas vraiment. Probablement pour éviter de dépasser des doses raisonnables par incapacité à maîtriser ma consommation. Peut-être aussi pour me faire croire que je réussissais à tromper l'ennemi en affectant une sobriété exemplaire. Ou peut-être pour éviter d'être rejeté professionnellement en raison de l'alcoolisme ou pour une autre raison. Je n'en sais rien, ce doit être du domaine de l'inconscient et ça n'a aucun intérêt dans le sevrage à mon avis. Je fais confiance au lecteur pour choisir l'apriori qui lui plaira le plus.

Si j'étais d'une sobriété exemplaire en public, il n'en était pas de même quand j'étais enfin seul et libre. Avant le dîner, il m'arrivait ainsi d'aller prendre un double whisky dans mon bar préféré, confortablement installé dans de profonds fauteuils en terrasse. J'allais m'attabler assez longtemps avant l'heure du rendez-vous avec les collègues pour avoir le temps de siroter mon élixir préféré. Nous nous retrouvions en effet tous les soirs pour dîner ensemble. Ce sont les contraintes de la vie d'expatrié. La plupart des gens aiment à se retrouver entre gens de même culture. Ce n'est pas mon cas mais je ne pouvais pas faire bande à part, ce n'aurait pas été bien compris. Les consommations étant à un prix dérisoire pour des Occidentaux, je n'hésitais pas à en reprendre autant qu'il me plaisait. J'en prenais ainsi trois ou quatre. La dépendance était très claire mais je ne la voyais pas. Je mettais ça sur le compte du plaisir de boire une boisson agréable. Ben voyons. J'allais ensuite retrouver mes amis dans notre petit restaurant habituel où j'affichais une sobriété exemplaire. Jus d'orange uniquement. Vieille technique de poivrot.

Il m'arrivait également d'aller compléter ma dose après le repas. Nous rentrions tous ensemble et chacun allait passer la soirée dans sa chambre en lisant ou en travaillant puisque nous n'avions pas de télévision. De toute manière nous n'aurions pas compris grand-chose aux émissions en Serbe. Je rentrais donc dans mes appartements comme tout le monde, j'attendais un peu et je ressortais pour aller dans un autre bar à l'écart des trajets possibles de mes petits camarades. Ce bar était très bucolique, le long de la rivière Lim. L'endroit n'était pas très passant et il y avait très peu de clients dans l'établissement, les tarifs étant un peu élevés pour les Serbes. Là, je reprenais quelques doubles whiskys en prenant le frais et en écoutant passer l'eau de la rivière. L'alcool aidant je rêvassais à je ne sais quoi et le temps s'écoulait agréablement dans l'optimisme que procure l'alcool. Le rêve. Évidemment j'avais quelques fois un peu de mal au réveil quand j'enchaînais les deux alcoolisations mais on pouvait mettre ça sur le compte de la fatigue professionnelle. Ça passait encore très bien et après le café, les 20 minutes de marche pour aller à l'usine et quelques cigarettes plus loin j'étais parfaitement opérationnel. Après avoir ingurgité une première drogue (l'alcool) on en prend une seconde (le tabac) qui est également un excitant pour combattre les effets de la première. Tant que l'organisme est assez résistant pour encaisser tout ça, tout va bien. Mais ça ne dure pas éternellement et au bout de quelques années de ce régime l'organisme fini par se fatiguer à un rythme qui dépend de la résistance de chacun. Là non plus il n'y a pas de règle. La fatigue fait ensuite place à l'épuisement. Les problèmes physiques de tous ordres apparaissent alors et c'est le début de la chute. Ou plus exactement la fin de la chute. Très simple.

Priboj était une ville parfaite pour travailler pendant la semaine mais l'ambiance manquait un peu d'animation le Week End. Pour remédier à cet inconvénient, nous avions obtenu de notre team leader préféré à Belgrade qu'il nous paie le retour par le train dans la capitale. Je ne sais plus combien de temps il nous fallait pour faire les 215 km mais c'était très supportable et nous revenions dans notre montagne aux loups le dimanche soir. Le Week End nous permettait de voir les collègues à Belgrade. Il y avait en effet deux autres équipes comme la nôtre qui faisaient la même chose dans deux usines de la capitale. L'une dans une usine de tracteurs et l'autre dans une usine de matériel agricole (moissonneuses-batteuses, jantes de tracteurs). Nous pouvions également participer aux séances de travail du samedi matin avec le team leader. Et nous avions quartier libre le reste du temps pour visiter Belgrade et nous détendre un peu. Nous étions hébergés dans des hôtels de haut de gamme ce qui impliquait que nous avions à notre disposition un frigo garni de boissons dans la chambre. Bar qui ne contenait pas que des jus de fruit, ça va de soi. He bien, chaque vendredi soir soit en arrivant soit après avoir diné avec les autres, je m'empressais évidemment de vider le frigo de tout ce qu'il contenait d'alcool ou à peu près. Je commençais par les alcools forts pour finir par le vin. Je me souviens qu'à chaque flacon je me jurais que c'était le dernier. Puis j'en reprenais un autre dernier jusqu'à ce qu'il ne reste plus que les jus de fruit. Aucun intérêt. Le lendemain matin je n'étais pas très en forme c'est le moins que l'on puisse dire. Pas de tonus, aucune envie de faire quoi que ce soit, aucune vie en moi. Bref un lendemain de cuite classique. Je m'arrangeais pour prendre mon petit déjeuner à une table de deux personnes pour limiter la possibilité que des amis viennent me rejoindre. Ensuite la vie revenait petit à petit en moi et j'avais des activités normales : travail avec les autres s'il y avait une réunion, travail dans ma chambre ou visites de la ville. Voilà encore une manière de boire en cachette.

Vers la fin de la mission il fallait avancer le plus possible comme toujours. Dans ces missions on s'engage sur certaines expertises à accomplir dans un délai donné. Bien entendu on est toujours à la bourre à la fin et il faut mettre les bouchées doubles pour remplir le contrat. Notre chef dans cette usine avait donc décidé dans son infinie sagesse que nous passerions une partie du samedi à bosser sur place pour faire avancer les choses. Pas de problème. De toutes manières quand le travail n'est pas terminé à la fin du délai imparti, ce qui est toujours le cas, il faut le terminer en France à la maison sans rémunération puisque le crédit de jours de travail est épuisé. Il vaut donc mieux en faire le plus possible sur place. Étant libres le samedi dans la soirée jusqu'au dimanche soir, nous avions décidé d'aller visiter Zlatibor (Златибор) avec un collègue au lieu de rester à Priboj. Zlatibor est à 70 km de Priboj. C'est une ville touristique à 1000 mètres d'altitude réputée pour son climat. Il y a de nombreux hôtels ainsi que des maisons de repos. La ville est également située dans les Alpes dinariques. Le lieu attirant les touristes, il y a de nombreuses activités artisanales et de belles promenades. Nous étions donc partis le Samedi en fin d'après-midi. Arrivés là-bas je me suis empressé de semer mon collègue pour prendre une chambre dans un hôtel tranquille où je pourrais faire ce que je veux. Je suis ensuite allé faire du lèche-vitrines et je suis tombé sur un magasin d'alcools. À Zlatibor comme partout la vodka est en vente libre. Traquenard fatal. Je n'ai pas pu résister et j'en ai acheté une bouteille que je suis allé boire en grande partie dans ma chambre. Le temps est passé très vite et l'heure du dîner a sonné. Mon collègue n'était malheureusement pas psychologiquement autonome et il ne supportait donc pas de rester seul. Il a fini par trouver ma chambre où il est venu frapper pour l'accompagner au dîner. Étant en train de m'imbiber copieusement je n'ai pas répondu. J'ai attendu un bon moment et je suis sorti pour aller m'attabler dans un restaurant. Malheureusement le collègue n'était décidément pas autonome du tout et après avoir lui - même dîné il s'est mis à ma recherche et a fini par me trouver à force d'obstination. J'ai bien entendu expliqué que je n'étais pas dans ma chambre en fin d'après-midi, je ne sais pas s'il m'a cru. Je ne pense pas mais le plus difficile était de faire semblant d'être dans un état normal.

J'étais plongé dans mes paradis artificiels d'alcoolique où j'étais parfaitement heureux et je n'avais évidemment aucune envie de parler de la pluie et du beau temps avec ce bipède comme on le fait dans un tel cas. Il a cependant bien fallu que je me force et ça a été un véritable calvaire. Quand on est comme ça, rien ne nous intéresse en dehors de notre petit monde intérieur et seuls les buveurs peuvent comprendre quelle souffrance ça représente de sortir de ce petit nuage. De plus il faut faire des efforts surhumains pour rassembler deux ou trois idées qui tiennent presque debout alors que le cerveau n'est plus capable de fonctionner, ne serait-ce qu'au ralenti. C'est une horreur. On préférerait être trempés dans une cuve d'huile bouillante. Nous sommes ensuite retournés dans nos appartements respectifs et le lendemain s'est passé en visites touristiques mais après une nuit de sommeil j'allais déjà un peu mieux. Nous voyons ici un exemple supplémentaire des mésaventures que l'on peut vivre en essayant de boire en douce et quelles souffrances on peut endurer bien qu'il soit impossible de les décrire clairement.

Pendant les derniers jours de la mission j'étais censé rester seul à Priboj. Nous avions annoncé publiquement les grandes lignes de nos travaux devant le personnel et ses représentants syndicaux. L'entreprise faisait des pertes gigantesques et il s'agissait de détecter les activités qui pouvaient être rentables, l'État serbe n'ayant plus les moyens de subventionner ces pertes. Les subventions étant autant d'argent de l'État qui ne profite pas aux autres citoyens. Le budget n'étant pas extensible, c'est autant de moins pour la santé, l'éducation, l'indemnisation des chômeurs, leur reconversion, les infrastructures, etc. Nous avons donc présenté le bilan des activités rentables et de celles qui étaient déficitaires. Ce bilan était accompagné d'un classement des activités en trois catégories : celles qui peuvent être bénéficiaires, celles que l'on peut essayer de céder à n'importe quel prix et celles qui ne trouveront jamais preneur parce que beaucoup trop déficitaires. Il faut donc les abandonner définitivement. En termes d'emploi les conséquences étaient assez sévères mais j'ai vu bien pire dans d'autres pays. Il fallait licencier environ 800 personnes c'est-à-dire la moitié. Bien entendu le PDG et l'encadrement avaient été prévenus à l'avance mais néanmoins ils étaient blêmes. Ils avaient déjà procédé au licenciement de la moitié des effectifs quelques années auparavant, soit 1600 personnes et il fallait recommencer. Concernant les syndicats, inutile de dire qu'ils étaient particulièrement remontés. Et nous avons eu droit à des discours d'anthologie contre le capitalisme. Après cette brillante intervention qui avait eu lieu le matin, mes petits camarades avaient jugé plus prudent de retourner à Belgrade l'après-midi après le repas de clôture offert par le PDG. Je suis alors resté seul consultant dans l'usine pour rassembler les documents dont nous avions besoin pour faire nos rapports. Ce travail m'a pris deux jours et demi je crois. Inutile de préciser que je me suis alors empressé de commander un taxi pour Belgrade. J'avais en effet besoin d'un véhicule pour transporter les caisses de dossiers papier. Je me suis alors fait un plaisir de sauter dedans après avoir fait mes adieux à l'encadrement. N'ayant même plus d'interprète, mes échanges avec eux étaient réduits au strict minimum.

Et ensuite direction Belgrade et les hôtels confortables. Ouf. Avec leur manie de jouer de la kalachnikov j'étais moyennement rassuré bien que n'ai jamais eu la moindre raison de m'inquiéter.

Ensuite à Belgrade, j'étais le seul étranger de cette mission à rester en Serbie quelques jours parce que mon contrat avait été prolongé d'une semaine de plus que les autres. Notre mission étant un peu plus complexe que celle des deux autres équipes. Notre entreprise avait 6 ou 7 filiales, les deux autres en ayant deux je crois. Il fallait également faire l'audit des filiales ce qui nous avait pris plus de temps bien entendu. Je travaillais alors dans nos bureaux de Belgrade avec mes deux fidèles collaborateurs serbes. J'allais déjeuner seul dans un petit restaurant où je m'autorisais un ou deux whiskys en apéritif. Plutôt deux d'ailleurs, ce qui était évidemment très dangereux compte tenu des risques de dérapage. Comme je ne voulais pas voir que j'étais dépendant, je ne me rendais pas compte que je jouais avec le feu. Le risque s'est manifesté un jour où j'ai succombé à la tentation d'en reprendre deux ou trois supplémentaires après le repas. En raison de mon état je n'ai pas osé retourner au bureau et j'ai décidé de rentrer à l'hôtel plutôt que de retourner travailler avec les autres. Le lendemain j'ai dit que j'avais eu à travailler avec des documents qui étaient à l'hôtel. Ils ont fait semblant de me croire parce que j'étais le patron mais je pense qu'il n'en était rien. Voilà encore une situation où l'on prend le risque d'être démasqué. Ce genre de situation génère ensuite du stress de crainte de se faire prendre et d'avoir une réputation d'alcoolique avec toutes les conséquences que cela peut avoir comme nous l'avons déjà dit (marginalisation, placardisation, licenciement...). Ce stress peut être confondu avec de la culpabilité mais je pense qu'il n'en est rien. Il s'agit tout simplement d'une peur réelle, celle de se faire virer ou de passer au minimum pour un tire au flan. Très simple.

II - 2) Au Kosovo

Je pourrais multiplier les exemples de telles situations. Je vais me contenter d'un dernier exemple qui m'est arrivé au Kosovo, État indépendant depuis le 17 février 2008. En 2004 j'avais signé un contrat pour faire de la formation dans ce pays. Le Kosovo faisait alors officiellement partie de la Serbie mais il était sous administration de l'Otan avec l'Euro comme monnaie. C'est le seul pays non européen à avoir adopté l'euro pour je ne sais quelles raisons stratégico - politico quelque chose... La mission était financée par l'Agence européenne pour la Reconstruction et mise en œuvre par une boîte de conseil anglaise. Il s'agissait d'assurer une formation aux techniques d'analyse financière pour des responsables des engagements kosovars qui accordaient des prêts à de petites entreprises agricoles : fermiers, apiculteurs, éleveurs, maraîchers, etc. pour leur permettre de développer leur entreprise. Les prêts étaient tirés sur une ligne de crédit accordé par la Commission européenne.

Le but était de permettre aux Kosovars de faire une analyse de la situation des entreprises afin de s'assurer qu'elles seraient en mesure de rembourser les prêts accordés. Mission classique de n'importe quelle banque. La formation était dispensée en anglais dans les locaux de la maison louée par la mission qui comprenait d'autres experts anglais affectés à d'autres tâches. La maison était située dans les faubourgs de Pristina. Elle était assez vaste pour héberger plusieurs bureaux, des salles de conférences ainsi que quelques appartements. Elle était entourée d'un grillage surmonté de fils de fer barbelés pour la sécurité. Il y avait également une caméra à l'entrée et un système de sécurité permettant de visualiser les visiteurs avant de leur ouvrir la porte. La guerre des Balkans était terminée depuis 1995 comme nous venons de le voir supra mais il y avait toujours des problèmes avec les enclaves serbes au Kosovo. Enclaves qui vivaient toujours sous la protection militaire de la KFOR (Kosovo FORce : la force de maintien de la paix de l'OTAN au Kosovo, composée de 30 nations). Il n'y avait aucun problème apparent de sécurité pour les étrangers mais il valait mieux être prudent. Il m'est quand même arrivé de me faire copieusement insulter par une jeune kosovare en demandant mon chemin en ville. J'étais européen et n'oublions pas que la France a participé aux bombardements qui ont fait des morts parmi les Yougoslaves. Quand un membre de votre famille s'est fait tuer par les bombes de l'Otan, vous ne portez pas dans votre cœur ceux qui les ont lancées. Rien de surprenant. Pendant la semaine j'assurais mes séances de formation. J'habitais un petit appartement très confortable et refait à neuf dans la maison. Je mangeais à midi dans les petits restaurants alentour avec les stagiaires kosovars. Le problème de l'alcool ne se posait pas puisqu'ils étaient musulmans. À ce titre ils buvaient tous du thé à table ce qui me convenait très bien. Presque tous les clients faisaient de même. C'était du thé rouge appelé origan en français. Je ne suis même pas certain qu'il s'agisse véritablement de thé mais peu importe. Il arrivait que les militaires de la KFOR s'arrêtent dans ces restaurants pour acheter des plats préparés. Ils arrêtaient leur véhicule blindé devant le restaurant pour venir faire leurs courses. Là encore on n'avait pas tout à fait la même ambiance qu'à la cantine en France. Le soir je mangeais soit dans ces restaurants soit chez moi en fonction de l'humeur du jour. Mon appartement avait une cuisine équipée avec tout le nécessaire pour cuisiner. C'était bien chauffé en hiver. Le grand confort. Dans ce contexte je ne buvais presque pas mais le vendredi soir, veille d'un jour férié, j'allais acheter ma bouteille de whisky que je descendais consciencieusement en regardant des programmes télé auxquels je ne comprenais rien en raison de la langue. Il m'arrivait également de sortir dans de très bons restaurants le Samedi soir, c'était une des rares distractions et là aussi je prenais trois ou quatre doubles whiskys avant de compléter la dose avec mon propre whisky en rentrant à l'appartement. Inutile de dire qu'il valait mieux que le lendemain fût également férié... Je buvais donc assez peu à cette époque mais le processus de dépendance était enclenché et il était irréversible. Je ne restais jamais plus de deux semaines là - bas et je me rattrapais largement en rentrant en France. Les carottes étaient cuites, archi cuites.

III) Problèmes relationnels avec l'entourage

Nous pouvons également essayer de traiter les rapports du buveur avec ses proches. Il s'agit ici des membres de son entourage quotidien mais également de ceux qui ont un lien affectif fort avec lui comme ses parents ses enfants ou ses frères et sœurs par exemple. Ces derniers ne vivent pas nécessairement avec lui mais ils sont très liés avec le buveur qu'ils l'aiment ou qu'ils le détestent. Il convient avant tout de rappeler qu'ils sont les plus mal placés pour aider le buveur contrairement à ce que pensent tous ceux qui ne connaissent pas le sujet. Ils ont en effet beaucoup trop de liens affectifs donc subjectifs avec lui pour analyser lucidement la situation. Là encore les relations psychologiques interviennent bien entendu. Quelques idées simples permettent de préciser un peu cette idée. Une mère sera toujours très indulgente avec ses rejetons alcooliques alors que les frères et sœurs auront des réactions plus contrastées. S'ils l'aiment bien ils seront indulgents, s'il il y a une compétition entre eux ils en profiteront pour régler de vieux comptes et éventuellement pour l'enfoncer sans états d'âme. Les enfants auront toujours tendance à protéger le parent qui picole sauf s'il est violent avec eux ou s'ils ont trop souffert des effets secondaires de l'alcool (passivité, agressivité, manque de ressources...). Mais dans aucun cas, tous ces proches ne seront capables d'analyser clairement la situation et d'avoir les réactions les plus appropriées. On trouvera toujours des exceptions à cette observation comme toujours mais elle est valable dans la plupart des cas. Comme tous ceux qui ne sont pas dépendants mis à part les professionnels, les proches ne comprennent pas grand-chose à la maladie alcoolique.

Rappelons que les professionnels de l'alcoologie c'est-à-dire les personnels médicaux qui sont en contact permanent avec des buveurs sont en mesure de comprendre les alcooliques bien qu'ils ne soient pas buveurs eux - mêmes. Ça va sans dire mais ça va mieux en le disant. Les buveurs dépendants sont dominés par le besoin de boire et tous les raisonnements logiques et rationnels n'y font rien. Rappelons que si le raisonnement avait un pouvoir sur les alcooliques en particulier et sur tous les drogués en général, ils ne seraient pas alcooliques ni drogués. Il n'y aurait aucun alcoolique ni aucun drogué. Il suffit d'être capable de faire ce raisonnement simple et logique pour le comprendre mais l'expérience montre que les gens capables de raisonner logiquement sont très peu nombreux. La démonstration n'est pas plus compliquée que cela.

Lorsqu'ils sont sur le point d'être rejetés par leur conjoint, leurs enfants, leurs employeurs ou leurs collègues de travail. Lorsqu'ils sont ruinés, qu'ils perdent leur logement et se retrouvent à la rue, ils réagiraient s'ils le pouvaient. Mais ils ne le peuvent pas tant qu'ils n'ont pas fait le travail nécessaire pour trouver la motivation qui les conduira à l'abstinence. Par ailleurs leur incapacité à avoir un comportement rationnel n'est pas due à une quelconque déficience intellectuelle au départ. En effet, l'alcoolisme touche indifféremment les gens quel que soit leur niveau intellectuel. Il agit au hasard en suivant une simple Loi de Gauss. Il y en a pour tout le monde. Il n'y a pas plus démocratique que cette maladie. Nombre de buveurs font donc partie des élites intellectuelles et sont parmi les bipèdes les plus intelligents qui soient. Il suffit de fréquenter des groupes de paroles pour constater que ces élites viennent de tous les horizons et sont en même proportion que dans la population globale : chefs d'orchestres, cadres supérieurs de l'industrie, professeurs d'Université, architectes..., sans parler des classes moyennes. Nombreux sont ceux qui ont un niveau bac + 5 ou grandes écoles au minimum. Ces gens-là ont une mémoire d'éléphant, raisonnent beaucoup mieux et beaucoup plus vite que 90 % de la population mais ça n'y change absolument rien. Il y a également parmi les buveurs des gens intelligents qui n'ont pas eu la chance ou la possibilité de faire des études. Ceux-là non plus ne sont pas épargnés, ça va de soi. Quand on est dépendant, le besoin de se procurer notre drogue préférée est supérieur à tout le reste jusqu'à la mort. Rappelons que c'est une question de temps et que ça ne fait pas dans le détail : 134 morts par jour soit 5 morts par heure en France, soit un mort toutes les 11 minutes. Seul le tabac réussit à faire mieux avec 170 à 200 morts par jour selon les estimations, soit 7 morts par heure au minimum, soit un mort toutes les 9 minutes. Toujours plus fort. En comparaison, les accidents de la route font un mort toutes les 3 heures en France. 15 fois moins que l'alcool...

Cette toute puissance de la dépendance a plusieurs conséquences logiques. Il est par exemple totalement inutile de s'époumoner à lui faire valoir tous les bénéfices qu'il aurait à arrêter. Ça ne sert absolument à rien et c'est la même chose avec les fumeurs. Ce doit être également la même chose avec les autres drogues mais je ne les ai pas pratiquées personnellement. Soit le buveur est dans le déni et il ne voit absolument pas de quoi on lui parle. Et encore une fois ça n'a rien à voir avec l'intelligence. C'est un problème 100 % psychologique. Soit il a admis ce qui lui arrive et il connaît la puissance du besoin de boire. Il sait donc qu'il est impossible d'y résister et ce discours moralisant et bien-pensant va l'énerver au plus haut point et c'est compréhensible. En effet, le discours moralisant et bien-pensant prouve que l'interlocuteur n'a rien compris et qu'il n'y a rien à en tirer. De plus, le buveur se sentira totalement incompris et encore plus seul en dépit de la présence de son entourage. Si tout se passe normalement il devrait boire un peu plus après ce type de discours pour supporter la tension supplémentaire générée par ce genre d'âneries.

Autre conséquence logique, il est inutile d'essayer de lui cacher les bouteilles ou de surveiller sa consommation. C'est en effet ce que l'entourage peut faire de pire. Personne n'a jamais empêché un buveur de boire. On peut à la rigueur différer sa consommation mais il se rattrapera tôt ou tard. Comme on l'a expliqué précédemment dans ce chapitre, tout buveur a mis au point un système de cachettes à l'épreuve des services de renseignement les plus affutés. Le cerveau a besoin d'une certaine dose. C'est lui qui commande, qui décide et qui agit, pas le buveur. Ne parlons même pas des proches. Cette technique de surveillance est non seulement vouée à l'échec le plus cuisant mais là encore elle horripile celui qui en est victime. Et comme précédemment, si tout se passe normalement, il boira un peu plus pour calmer son stress. On a vu ce qu'a donné la prohibition aux États-Unis. Personne n'a arrêté de boire. En revanche la mafia a fait fortune en produisant des alcools illégaux qui étaient parfois de très mauvaise qualité. Merci pour eux, ils s'en sont mis plein les poches. Une idée de génie. L'expérience suédoise actuelle n'est pas plus concluante. Les Suédois se précipitent dans les pays voisins pour s'approvisionner. Je ne sais pas pourquoi « bis repetita placent »[19] : les choses répétées plaisent. Surtout quand elles sont débiles. L'être humain adore refaire éternellement les mêmes conneries. À savoir dans notre cas : moraliser, appeler à être raisonnable, surveiller la consommation ou l'interdire. Ça donne à l'entourage la bonne conscience d'avoir essayé de faire quelque chose à défaut d'y comprendre quoi que ce soit. En pure perte.

VI) Relations avec les autres pendant le sevrage

Un autre aspect des relations avec autrui doit également être traité. Il est important et bien souvent mal compris. Le buveur ne doit pas adopter des comportements destinés à plaire aux autres : conjoint, enfants, parents, amis, collègues... Il s'agit ici des comportements qui ne concernent pas la consommation d'alcool. Encore une fois celle-ci est réglée par le cerveau indépendamment de toute intervention du buveur chez les alcoolos dépendants. On n'y peut rien. Mais lorsque le buveur a commencé sa démarche pour essayer de s'en sortir il doit suivre le chemin qui lui paraît être le meilleur ou tout du moins le moins mauvais. Ce chemin sera défini en concertation avec des professionnels. Il évitera en priorité les amis ou les membres de la famille qui se croient psychologues. Il n'y a rien de pire comme charlatans. De plus ils sont généralement totalement incompétents en alcoologie. Rappelons que personne ne peut s'en sortir seul. Il faut donc bien s'entourer. Nous ne

[19] Citation tirée de l'Art poétique d'Horace. Poète romain né à Vénose dans le sud de l'actuelle Italie en 65 avant notre ère et mort en 8 avant notre ère à 57 ans.

décrirons pas les grandes lignes d'un tel chemin parce qu'il y en a autant que d'individus. Il y a deux millions d'alcoolo dépendants en France. En supposant que l'on connaisse le chemin de chacun, ce serait un peu fastidieux de les énumérer. S'il s'écarte de son chemin pour faire plaisir à tel ou tel membre de son entourage, il retarde d'autant l'aboutissement de sa démarche et peut même la compromettre totalement. Il faut attendre l'abstinence pour retrouver ses forces, sa sensibilité, son énergie, son élan. C'est seulement quand il sera arrivé à ce stade qu'il pourra s'occuper des autres. Et à ce moment-là seulement il redeviendra possible d'avoir des échanges avec les autres, de leur apporter et de leur demander quelque chose. Il faut bien comprendre que le buveur ne peut pas apporter grand-chose aux autres tant qu'il boit. Son énergie a disparu. Il est inutile qu'il essaie, il n'y arrivera pas. Contrairement au tabac, l'alcool détruit psychologiquement les individus et il faut du temps pour qu'ils se reconstruisent. S'ils n'apportent pas grand-chose à leur entourage avant d'avoir arrêté de picoler, ce n'est pas par égoïsme mais parce que ça leur est totalement impossible. Ils sont usés. Ce n'est pas plus compliqué de cela.

Après avoir expliqué ce qu'il ne faut pas faire, vous allez me demander ce que l'entourage devrait faire ? Bonne question. Malheureusement je n'en sais trop rien. Je pense que la meilleure solution consiste à traiter le buveur comme un être humain et pas comme un enfant ou comme un débile profond. Tout simplement. Je ne peux donner qu'un conseil : demandez-lui ce qu'il attend de vous et essayez de le faire. En évitant de conforter sa consommation bien entendu. C'est évident. Il est le seul à savoir ce qui peut l'aider. Le considérer comme tout le monde me paraît être la meilleure solution dans la mesure où toute intervention ne peut donner que des résultats inverses à ceux qui sont recherchés. Il est le seul à pouvoir prendre la décision de traiter sérieusement son problème. L'entourage n'y peut rien. Je suis conscient que ce conseil est très succinct mais c'est le seul qui me vienne à l'esprit. Pour les buveurs, il est difficile voire impossible de se mettre à la place de leurs proches. On n'arrive déjà pas à se mettre à la nôtre. La seule expérience que j'ai me vient de l'entourage de mes petits camarades quand cet entourage vient aux groupes de paroles des alcooliques. Dans les structures hospitalières ces groupes sont ouverts à tout le monde. Contrairement aux sectes, ils n'ont rien à cacher donc rien de secret ni de confidentiel. Les échanges avec les proches des autres ne m'ont pas appris grand-chose. Pas de rituel ridicule en début de séance par exemple. Il me semble qu'ils sont presque toujours à sens unique. L'entourage pose des questions pour essayer de comprendre mais je n'en ai pas tiré de grands enseignements sur les problèmes qui leur sont propres. Je pense qu'il vaut mieux contacter les associations regroupant ces proches pour avoir une idée plus claire de leurs problématiques.

À titre personnel, je n'ai pas eu trop de problèmes avec mon entourage. Je n'en ai eu aucun avec ma famille en raison de la technique que j'avais mise au point et dont j'ai déjà parlé supra. Je ne buvais pas quand j'allais les voir ce qui limitait les risques de me faire prendre. Dans le milieu professionnel je n'ai pas eu conscience d'avoir le moindre problème mais peut-être ne suis-je pas très conscient de la réalité. Je ne sais pas. En tout état de cause personne ne m'a jamais fait la moindre remarque ce qui ne veut pas dire que les collègues étaient dupes. De plus je me suis arrêté de boire quand j'ai commencé à avoir des défaillances professionnelles : retards, problèmes de synthèse dans mes rapports, lenteur intellectuelle. Je n'ai donc probablement pas eu le temps de me « griller » totalement. Je ne peux donc pas apporter d'autres éléments sur ce thème.

Conclusion

Les rapports du buveur avec l'entourage se caractérisent par une suite de mensonges destinés à cacher le plus possible la consommation d'alcool. Ces mensonges ne trompent généralement personne mais ils reflètent l'incapacité des buveurs à s'arrêter. L'entourage ne le comprenant pas il faut bien essayer de leur faire croire que l'on fait des efforts alors que c'est totalement impossible. L'alcool commande, pas le buveur.

Les proches sont les plus mal placés pour venir en aide aux buveurs. Ce qu'ils peuvent faire de mieux consiste à les orienter et à leur faire accepter de fréquenter les centres spécialisés.

Les conseils logiques et rationnels ne peuvent pas être entendus par les alcooliques de même qu'il est totalement vain d'essayer de les surveiller ou de limiter leur consommation. Toujours parce que c'est l'alcool qui mène le jeu et plus les individus.

Il est très difficile de conseiller l'entourage dans la mesure où il n'y a pas grand-chose à faire tant que les buveurs n'ont pas eu le déclic qui les met sur la voie de l'abstinence. On peut simplement leur faire éviter les plus grosses erreurs.

Chapitre XI - Les relations avec les autres après l'arrêt : famille, sociabilisation, travail

I) Les relations avec les autres et la crainte de dire qu'on a été buveur

Après l'abstinence, les rapports avec les autres sont infiniment plus simples qu'avant. La seule difficulté que j'ai ressentie personnellement est toujours la même : la crainte d'être amené à dire que j'ai été alcoolique auparavant et que j'ai tout arrêté pour me débarrasser de ce fléau. En réalité cette crainte est ancrée dans la tête et elle est très surestimée. Dans la vie professionnelle il m'est arrivé une seule fois qu'un collègue fasse une remarque à propos de ma sobriété. C'était à Sarajevo où nous étions chargés de mettre en place une autoroute payante pour traverser la Bosnie - Herzégovine. Notre chef de mission nous avait invité dans un bon restaurant comme on le fait de temps à autre pour resserrer les liens entre les membres d'une équipe. C'était un restaurant de poisson et notre boss préféré, un occidental, était très étonné qu'un français ne boive pas d'alcool. Vieille rengaine. Les clichés simplistes ont la vie dure. L'alcool étant selon lui un signe de force. On tombe là dans les clichés des beaufs de bas de gamme. Ce boss était pourtant un consultant international parlant plusieurs langues. Expert, comme nous tous, en organisation de toutes les formes d'entreprises possibles et imaginables. Il était habitué à travailler avec de multiples nationalités : occidentaux, Pays de l'Est, ex Yougoslavie, Afrique... Un homme civilisé en apparence. Comme quoi on ne peut se fier à personne. En guise de réponse à sa remarque fine, je me suis contenté de sourire sans un mot et on en est restés là. En 11 ans d'abstinence je n'ai eu que trois questions de ce genre. C'est supportable et mon attitude a été la même : je ne réponds pas et je traite ces primates par le mépris. Je suis très content de cette technique qui évite de s'énerver. Du moins en apparence. Les arriérés qui font ce genre de remarque sont incurables. Inutile de perdre son temps et son énergie à discuter avec eux. C'est peine perdue. Ils sont totalement incapables de dépasser leurs aprioris et leurs idées reçues.

En revanche, à l'occasion d'une invitation, il m'est arrivé quelques fois de dire que j'avais picolé dans une vie antérieure. J'avais donc bu plus vite que les autres et j'avais ainsi épuisé mon quota d'alcool avant les autres. C'est ma formule préférée. Je la sens bien mais comme je l'ai déjà dit. Il y a une infinité d'autres techniques et d'autres formules pour éviter de boire en société. Elles sont enseignées dans tous les bons centres d'alcoologie dignes de ce nom. Une telle annonce a pour but de prévenir les convives pour qu'ils ne soient pas surpris que je ne boive pas. Elle est préventive et destinée à éviter les questions particulièrement subtiles que craint le buveur abstinent.

Cette crainte est probablement amplifiée par le tabou qui existe sur les alcooliques. J'ai eu peur d'être perçu avec le cliché le plus répandu : celui d'un homme qui est tombé au fond de la déchéance. À la maison je ne bois jamais à table parce que je bois toute la journée du café au lait chaque fois que j'ai soif. Je n'ai donc aucune raison d'avoir envie de boire pendant les repas. Néanmoins quand on invite ou qu'on est invités, le repas est évidemment plus long et dans ce cas j'ai soif avant la fin. Je bois alors de l'eau qui est la boisson qui dénature le moins les autres aliments mis à part le vin. Tout simplement. Avec les canicules c'est le seul cas où je bois de l'eau dont je n'abuse toujours pas. Rappelons que les abstinents n'aiment pas plus l'eau après avoir arrêté l'alcool qu'avant. Il y a des centaines de boissons sans alcool, alors où est le problème. À l'apéritif j'aime bien un jus de fruit, ce sera un jus de pomme pour moi si c'est possible. Je peux quand même supporter le jus d'orange à titre exceptionnel. On a toujours une boisson préférée, qu'elle soit alcoolisée ou non. Après le whisky c'est le jus de pomme. Il n'y a que le degré d'alcool qui change. Question d'habitude.

Cette crainte lancinante de devoir dire qu'on a été alcoolique s'estompe donc petit à petit. Au fil du temps je prends de moins en moins la précaution de dire que je ne bois pas d'alcool. Je sors mes arguments uniquement si on me pose la question ce qui n'est presque jamais le cas. Inutile de se stresser et de s'angoisser inutilement à l'avance. Ça s'appelle l'expérience.

II) Difficultés qui apparaissent avec la sobriété

On n'est jamais totalement tiré d'affaire avec ou sans alcool. Avec l'abstinence trois autres phénomènes apparaissent :

- Le rejet de la part de certains. Rejet qui s'explique très bien comme on va le voir.

- La réaffirmation de soi après avoir été plongé dans la déchéance de l'alcool. Déchéance qui peut être plus ou moins prononcée selon le stade où l'on était arrivé.

- Le soupçon de rechute.

II - 1) Rejet possible par les proches

Lorsque l'on buvait les autres étaient habitués à s'occuper de nous. Tout du moins pour ceux qui ne nous avaient pas rejeté. Ils se comptent généralement parmi les très proches tels que parents, frères et sœurs et certains collègues et amis bien que chacune de ces catégories peut nous avoir rejeté également. Ça va de soi. Mais ceux qui avaient continué à nous supporter étaient dans une position dominante par rapport à nous. Ils essayaient de nous protéger, de nous aider et de nous conseiller quand on n'y voyait plus très clair. C'est à dire pratiquement en permanence. Les conjoints sont notamment dans cette situation quand ils n'ont pas viré le buveur avec pertes et fracas. On pourrait penser naïvement qu'ils le font par amour puisque l'amour est aveugle. En effet, dans le cas de l'amour, nous sommes en présence d'une maladie orpheline que l'on connaît encore moins bien que l'alcoolo - dépendance. Pour le conjoint abstinent, il s'y mêle parfois le plaisir de dominer la situation et de diriger le couple à leur guise. Dans une telle situation les caractères autonomes et indépendants trouvent une liberté d'action rêvée. Ils peuvent faire tout ce qu'ils veulent ou presque. Tant que le buveur ramène quelques revenus à la maison et qu'il n'est pas trop agressif, tout va bien. La vie est à peu près supportable ce qui n'est pas si mal. Lorsque le buveur s'arrête de boire il retrouve toute sa personnalité. N'oublions pas que c'est une renaissance. On sait ce que l'on veut, on retrouve toute notre énergie, tout notre jugement, toute notre capacité de décision et toutes nos facultés intellectuelles. Qui plus est, cette récupération est quasiment immédiate chez la plupart des buveurs, c'est-à-dire que le buveur devient un autre individu, homme ou femme, en quelques jours. Disons au maximum 7 jours pour la plupart. Ce qui a de quoi surprendre l'entourage s'il n'est pas averti. On peut pressentir cette transformation en observant la transformation physique des buveurs en cure de sevrage. On ne les reconnaît plus au bout d'une semaine tant ils ont meilleure mine pour la plupart d'entre eux. Ils sont totalement transformés en quelques jours sans ce poison. Et il en est souvent de même de leur caractère. Il convient néanmoins de préciser que ce n'est pas le cas pour tout le monde. Certains témoignent dans les groupes de parole qu'il leur a fallu un certain temps avant de percevoir les bienfaits de l'arrêt de l'alcool. Cette durée peut même dépasser un an dans certains cas. Là encore on ne sait pas exactement pourquoi. Mais très souvent elle est immédiate ce qui prend tout le monde à contrepied. Le buveur ou la buveuse se met alors à contrôler les comptes, à demander des explications, à trouver que la gestion a laissé à désirer pendant son « absence » psychologique qui a duré des années, ne l'oublions pas. Certains de mes « confrères » ont bu pendant 35 ans avant d'arrêter. Il est clair que le conjoint a pris certaines habitudes pendant une si longue « absence »[20]. Il devait tout prendre en charge dans la famille pour éviter le naufrage. Si l'ex buveur a un caractère passif tout va bien puisqu'il continue à laisser les rênes à celui qui est resté sain pendant tout ce temps mais dans le cas contraire l'ancien buveur peut se

[20] Une aussi longue absence, 1960 : merveilleux film franco - italien de Henri Colpi avec Alida Valli, Georges Wilson, Charles Blavette. Je l'ai vu à sa sortie et sa densité affective m'a profondément marqué. Un amour intact après 15 ans d'absence. Il n'y a qu'au cinéma qu'on voit ça. Ça permet de rêver et ça ne coûte presque rien.

mettre à décider de tout si c'est dans son caractère. Et tout à coup l'autre conjoint peut être brutalement relégué au second plan. Quasiment licencié sans préavis de ses fonctions de dirigeant. Il ne faut pas s'étonner que certains ne le supportent pas. Il peut alors y avoir rupture et divorce pour cause de sobriété aigüe.

Pendant les années de galère l'entourage se fait une certaine idée de ce que serait le buveur s'il ne buvait plus. Mais cette image est purement imaginaire et ne correspond en rien à la réalité. L'entourage rêve tout éveillé de ce qu'il aimerait de la part du buveur. Lorsque le proche concerné arrête de boire, il redevient ce qu'il est vraiment et bien entendu ça ne correspond pas du tout aux rêves des autres. D'où une énorme déception dans certains cas.

Indépendamment des problèmes de leadership, les problèmes relationnels peuvent apparaître pour des raisons psychologiques. Certains individus se réalisent en aidant les autres. Ils y trouvent une sorte de raison de vivre. Ce trait de caractère est notamment utilisé dans les associations dont les membres sont prêts à bosser pour rien. Il est clair qu'ils y trouvent une valorisation psychologique qu'ils n'ont pas trouvée ailleurs. Pour certains c'est un remède à leurs frustrations. On retrouve tout naturellement ce trait psychologique chez les conjoints et dans l'entourage des buveurs qu'il faut prendre en charge. Lorsque cette prise en charge s'arrête certains se demandent alors à quoi ils servent s'ils n'ont pas la capacité à s'investir ailleurs. D'autres trouveront totalement injuste d'être ainsi marginalisés voire même critiqués après tout ce qu'ils ont fait.

Je me contenterai de citer deux exemples vécus concernant ce problème. Le premier concerne justement cet ancien buveur ayant 35 ans d'ancienneté minimum dans le métier alcoolique. Un grand pro devant l'éternel. Lorsqu'il s'est arrêté ses enfants étaient ravis d'avoir enfin un papa normal dont on pouvait être fier. En revanche, après quelque temps, sa femme lui a dit qu'elle ne l'aimait plus et qu'elle allait le quitter. Ce qu'elle fit sans autre forme de procès. Nous ne connaissons pas les détails mais au bout de quelque temps elle est finalement revenue. Pour rester cette fois. Je ne sais pas expliquer pourquoi elle est revenue. Les voies de l'amour, de l'affection ou de l'habitude sont impénétrables. Mais il est clair qu'elle est partie parce qu'elle n'était plus maîtresse du jeu ou parce qu'à ses yeux elle n'avait plus d'utilité à rester là. Elle ne savait probablement plus très bien à quoi elle servait. Son ancienne raison d'être avait disparu.

Dans le cas d'un autre ami, sa femme avait rêvé qu'après son abstinence il deviendrait dynamique et aurait envie de sortir et de faire tout ce dont elle rêvait. Elle n'avait pas compris qu'elle rêvait tout debout et que la réalité serait bien différente. En effet, elle le fut. Mon petit camarade ne pensait quant à lui qu'à profiter tranquillement de la vie en faisant son jardin et en regardant la télé le Week End parallèlement à son métier qu'il avait réussi à conserver. C'était sa conception du bonheur et il avait attendu une bonne vingtaine d'années pour pouvoir enfin le vivre paisiblement. Le hiatus était gigantesque et ladite épouse s'en plaignait amèrement en groupe de parole quand son époux avait le dos tourné. Elle faisait partie des conjoints très motivés qui viennent dans les groupes de buveurs afin d'essayer d'y comprendre quelque chose. Elle n'en manquait pratiquement pas un bien qu'elle eut un métier par ailleurs. Certes elle était patronne d'un petit commerce ce qui lui permettait de déléguer à sa guise. Elle y est venue avant et après l'abstinence de son mari. Je ne sais pas exactement ce qu'est devenue leur relation mais je crains qu'elle fût très chaotique. L'abstinence n'est pas un long fleuve tranquille non plus.

II - 2 La réaffirmation de soi

Autre problème dû à l'abstinence : la réaffirmation de soi. Cette difficulté est due à la soudaineté du changement chez la plupart des buveurs. L'entourage est habitué à leur comportement avant le sevrage. Cette loi est également vraie pour les proches qui ne savaient pas que nous avions un penchant prononcé pour la boisson. Le buveur était donc agressif ou passif, sans dynamisme, sans lucidité, avait énormément de mal à décider... Quand tout à coup il devient radicalement différent. Bien entendu la nature profonde de l'individu ne change pas. S'il avait du mal de décider avant de boire, il aura toujours du mal de décider après puisque c'est dans sa nature. S'il était assez indolent, il le sera toujours. Etc. La personnalité profonde des individus ne change pas d'un iota avec l'abstinence même s'ils ont bu pendant 35 ans ou plus. Mais toutes les atteintes à la personnalité dues à l'alcool et elles sont nombreuses, disparaissent quasiment du jour au lendemain sauf pour ceux qui ont besoin de plus de temps pour récupérer. C'est un peu comme après une anesthésie générale. Personne ne change au réveil. À part qu'avec l'alcool l'anesthésie peut durer quelques dizaines d'années. Pour la grande majorité de ceux qui récupèrent vite après l'arrêt, il y a un monde entre la vision que les autres leur renvoient d'eux-mêmes et ce qu'ils sont réellement redevenus. Dans la plupart des cas l'entourage professionnel, amical ou social ne connaît pas la personnalité réelle du buveur parce qu'ils ne l'ont pas connu avant son alcoolisation. Et pour ceux qui l'ont connu avant, ils ont oublié ce qu'il était. Dans leur esprit il a changé, voilà tout. Il y a donc peu de gens qui comprennent rapidement que le buveur est redevenu enfin lui - même. Il y en a d'autant moins que les gens dotés de finesse psychologique ne sont pas légion. Pour résoudre cette difficulté il n'y qu'une méthode pour les buveurs : la patience. L'attitude des autres est très énervante puisqu'ils ne comprennent rien à rien aux mécanismes de l'alcoolisme. Comme on ne peut pas les changer non plus, il faut tout simplement attendre que notre nouvelle personnalité et nos nouveaux comportements leur deviennent familiers. Patience et longueur de temps font plus que force ni que rage. Plus facile à dire qu'à faire. Surtout pour les gens comme moi dont la patience n'est pas la qualité principale. Mais il n'y a pas d'autre solution. Faites ce que je vous dis, pas ce que je fais.

II - 3 Le soupçon de rechute

Le soupçon de rechute fait également partie du paysage. Il est aussi horripilant que les autres difficultés évoquées supra. Encore une fois, le buveur est le seul qui soit capable de maintenir son abstinence ou non. Encore une fois, les seuls qui peuvent l'aider sont les professionnels et pas l'entourage. Il est pourtant simple de comprendre que pour savoir comment aider un buveur abstinent il suffit de lui demander comment s'y prendre. Il faut donc arrêter de se prendre pour Dieu et arrêter de croire qu'on sait mieux que lui ce qui lui faut. En cas de doute, demandez un rendez-vous avec des soignants compétents, ils vous expliqueront. L'entourage n'est pas à notre place et ne sait pas ce que l'on ressent. Il n'a donc aucun moyen de savoir quelle est la force de notre motivation à arrêter. Dans le doute il y a les caractères soupçonneux et négatifs qui pensent « qui a bu boira » et les caractères optimistes et positifs qui choisissent de faire confiance. Les premiers sont évidemment particulièrement pénibles. Ils ont une vision de la vie particulièrement sinistre et ils nous cassent les pieds en permanence avec leurs soupçons sans fondements. Un bon moyen pour détecter les négatifs : ils n'arrêtent pas de conseiller aux autres d'être positifs. Ce sont les seuls à faire ça parce qu'ils passent leur vie à souffrir de leur pessimisme. En conséquence ils se répètent inlassablement d'être positifs, consciemment ou inconsciemment et ils ne peuvent s'empêcher de donner cet excellent conseil aux autres. Conseil qu'ils ne pourront jamais s'appliquer à eux-mêmes. Le soupçon de rechute se manifeste à propos de tout et de rien. Que vous ayez l'air fatigué, que vous ayez l'air un peu rouge, que vous soyez gai, que vous soyez triste. Tout est bon pour éveiller la peur du pessimiste qui ferait mieux de se faire soigner plutôt que de donner des conseils de malade. Bref, là encore il faudrait être patient et attendre que l'entourage soit convaincu de notre détermination à arrêter durablement. Là encore, plus facile à dire qu'à faire mais il n'y a pas d'autre issue.

Conclusion

L'abstinence n'est pas non plus un long fleuve tranquille et ne comporte pas que des aspects positifs loin s'en faut. Les épreuves ne sont pas terminées et il ne faut pas baisser sa garde tant les risques de rechutes sont grands. Ces risques sont aggravés par l'attitude de l'entourage qui commet un certain nombre d'erreurs sans le vouloir, évidemment. Leur bonne volonté n'a d'égal que leur incompétence. Pour diminuer les risques de rechute, le buveur devra notamment se préparer à affronter :

- la peur de dire qu'il a été alcoolique pour justifier son abstinence

- le rejet de certains membres de son entourage parce qu'il prend soudainement trop de place

- les problèmes de réaffirmation de soi vis-à-vis des autres qui le voient toujours comme « avant » c'est à dire comme un assisté

- les soupçons de rechute

Cette préparation psychologique n'est pas une garantie contre les rechutes mais elle permet de faire face à certaines difficultés imprévues et en diminue un peu le risque.

Chapitre XII - Les méthodes favorisant l'arrêt : méthodes psychologiques, groupe de parole, groupes de travail

Il y a de nombreuses méthodes pour favoriser le cheminement vers l'abstinence. Nous exposerons ici les neufs que j'ai pratiquées et deux autres qui étaient également à ma disposition et que j'ai négligées. Soit 11 méthodes en tout. Il y en a encore d'autres dans d'autres centres d'alcoologie. Il n'est pas indispensable de mettre en œuvre toutes ces techniques pour avoir le déclic et pour devenir abstinent. À l'inverse, certains patients pleins de bonne volonté en bénéficient sans pour autant réussir à retrouver la liberté de l'abstinence. Encore une fois, nous ne sommes pas dans le cadre d'un traitement médicamenteux où le patient est totalement passif. Il se contente d'avaler des pilules et si ça ne marche pas assez vite on change de pilules. On fait ici un travail sur l'esprit humain ou sur la psychologie ou sur l'âme humaine, appelons cela comme on veut. Dans ce cas aucun résultat n'est jamais garanti. Il s'agit de déclencher ou de renforcer des motivations chez les patients. Travail essentiellement psychologique. De multiples méthodes sont utilisées dans les centres d'alcoologie. Elles ne donnent pas toutes des résultats sur tout le monde mais chacun a des chances d'y trouver celles qui lui conviennent parmi toutes celles qui sont proposées. En reprenant la citation de Saint Exupéry : « Seul l'esprit s'il souffle sur la glaise peut créer l'Homme »[21], si l'esprit ne souffle pas, le buveur ne redevient pas un Homme. C'est-à-dire qu'il n'arrête pas de picoler. Il continue dans ses délires et s'achemine doucement vers la déchéance. Et comme personne ne sait comment fonctionne ce mystérieux esprit, on ne maîtrise pas la sortie de l'alcoolisme. On en est loin. Comme on l'a déjà vu antérieurement les psychologies freudienne, jungienne et lacanienne ne nous ont rien apporté dans ce domaine. Waterloo morne plaine, c'est le désert. Il arrive que l'esprit en question ne souffle pas force 10, c'est le moins que l'on puisse dire. Dans ce cas c'est mal parti. Néanmoins ces méthodes mises au point et améliorées depuis une trentaine d'années ont montré qu'elles favorisent l'émergence du déclic mais encore une fois on ne sait pas le reproduire à volonté et on ne sait pas ce qui fait la différence entre ceux qui y arrivent et ceux qui n'y arrivent pas bien qu'ils bénéficient des mêmes méthodes. Une seule chose est claire. L'intelligence n'y est pour rien. Parmi ceux qui arrêtent, on trouve toute la gamme des capacités intellectuelles. Des plus brillants aux moins doués. Des plus cultivés aux néandertaliens de base. L'essentiel est donc ailleurs. Celui qui trouvera méritera au minimum un prix Nobel. Avis aux amateurs. Tous les abstinents

[21] Antoine de Saint Exupéry in *Terre des Hommes*. Recueil d'essais autobiographiques paru en Février 1939 en France où il reçoit le grand prix du roman de l'Académie française, puis aux Etats Unis, en juin, sous le titre de *Wind, Sand and Stars* où il reçoit le National Book Award de 1939.

ont essayé de trouver de quoi était fait ce « plus » qui fait la différence. Sur les 750 que j'ai côtoyés je n'en ai rencontré aucun qui ait réussi à le formuler clairement. Ce qui n'empêche pas du tout de s'arrêter bien heureusement.

I) Les deux principales méthodes qui m'ont été très utiles

I - 1) Le groupe de parole

Les groupes de parole constitués par les services d'alcoologie en leur sein sont un élément essentiel sur le chemin de l'abstinence. Il suffit de prendre rendez-vous dans le service et on vous proposera d'y aller. Il n'y a aucune sélection. Ce sont des groupes de buveurs ouverts à tous et sans aprioris idéologiques contrairement aux sectes, aux groupes à idéologie plus ou moins avouée et autres associations. Il n'y a rien à cacher. Je ne connais qu'eux pour offrir une garantie d'objectivité et de compétence. Ce qui ne veut pas dire que les autres n'apportent rien. Ils se tiennent en milieu hospitalier en présence de personnels soignants professionnels qui peuvent intervenir pour éviter les affirmations fantaisistes en l'alcoologie. Ces personnels servent également de modérateurs pour éviter d'éventuelles dérives toujours possibles : agressivité, intervenants qui monopolisent la parole, comportements néfastes de participants alcoolisés, etc. Ils font également respecter les opinions des autres. Comme toujours, j'ai privilégié les milieux compétents c'est-à-dire les milieux bénéficiant de la présence de personnels dotés d'une formation médicale ou psychologique universitaire sérieuse sanctionnée par un diplôme, de même que d'une solide expérience en alcoologie dans des services spécialisés. Toujours éviter les charlatans, les fumistes et tous ceux qui s'autoproclament compétents en médecine, psychologie, etc., et qui essayent bien souvent d'échapper à leurs propres problèmes psychologiques en exerçant un pouvoir sur les autres.

Le schéma des séances que j'ai connues est à peu près le suivant. On regarde tout d'abord une cassette de 7 à 10 minutes qui traite un thème de l'alcoologie. Ce thème permettra de lancer le débat au début de la séance si c'est nécessaire. Les participants se présentent ensuite les uns après les autres par leur prénom bien entendu pour respecter l'anonymat. Ils peuvent donner rapidement quelques précisions sur le stade où ils en sont s'ils le souhaitent : ancienneté dans l'abstinence, poursuite de l'alcoolisation, problèmes psychologiques, financiers ou professionnels du moment. Il convient d'être assez concis parce qu'il y a quelques fois 40 participants et si chacun racontait sa vie en long, en large et en travers on y passerait beaucoup trop de temps. On raconte sa vie après, pendant la séance qui dure environ deux heures. Le débat est ensuite lancé soit sur le thème du jour soit sur un autre sujet s'il n'inspire personne. C'est rare mais ça peut arriver. Un des grands intérêts de ces groupes est de permettre les échanges entre les anciens et les nouveaux dans le métier si je puis dire. C'est à dire entre ceux qui sont abstinents et ceux qui voudraient bien le devenir. Ces échanges permettent de dédramatiser certaines situations, de montrer qu'il est possible d'arrêter, de donner quelques conseils pour progresser vers l'abstinence ou pour éviter des erreurs qui mènent inévitablement dans des impasses ou des échecs. Les anciens le savent, ils ont fait toutes les erreurs ou presque. L'essentiel est de persister le moins longtemps possible dans une voie en impasse. On perd du temps. En matière de dédramatisation on peut citer quelques exemples simples. Les buveurs qui restent seuls dans leur coin se préoccupent beaucoup des comportements malsains qu'ils ont. C'est tout à fait normal puisque les autres se chargent en permanence de leur reprocher en croyant bêtement qu'ils vont leur ouvrir les yeux. Il s'agit des cachettes des bouteilles, des consommations en douce, des mensonges éhontés pour nier l'évidence d'une alcoolisation, des dépenses stériles dans les boissons, des erreurs professionnelles, des promesses d'alcooliques non tenues, etc. Il y en a des centaines. Au minimum. On peut alors leur expliquer que ces symptômes font partie intégrante de la maladie, leur donner des exemples personnels pour leur montrer qu'on a fait pire et essayer de leur remonter le moral en montrant qu'on s'en est sortis quand même et qu'on va très bien, merci. Bien souvent ils exagèrent le mal qu'ils font à leurs proches et ils se font des reproches exagérés dans certains domaines. En revanche ils font des erreurs énormes qu'ils ne voient même pas. Il faut alors essayer de leur faire comprendre que ça ne pourra pas durer éternellement en prenant garde de ne pas les démoraliser. Le rôle pédagogique et modérateur des soignants est alors d'une aide précieuse. Ils savent quels sont les termes et les mots qui passent et ceux qui passent moins bien. Comme en toute matière, c'est un métier qui ne s'apprend pas en quelques semaines. Sinon ça se saurait. Comme ça se saurait si l'on pouvait devenir chirurgien cardiaque en une semaine. Et c'est précisément ce que l'entourage a beaucoup de mal à faire. On pourrait ainsi multiplier les exemples à l'infini et écrire un traité en deux tomes sur le sujet mais ce n'est pas notre propos. On retiendra simplement que les échanges entre les participants permettent de remettre les problèmes à leur place et permettent surtout aux buveurs d'être dans un milieu où tout le monde se comprend. Il n'y a en effet que là où tout le monde parle la même langue. Les buveurs ne rencontrent ça nulle part ailleurs et surtout pas avec leurs proches. Les autres ne comprendront probablement jamais. Nous avons déjà dit pourquoi dans un chapitre précédent.

Un autre avantage de ces groupes consiste dans le fait de raconter ses misères. Ce phénomène est connu depuis les Égyptiens sous forme de confession négative (je n'ai pas usé de violence contre ma parenté par exemple) puis chez les catholiques et ensuite dans la psychanalyse de même que dans les groupes de parole qui utilisent tous cet aspect salvateur du verbe depuis des millénaires. Les puristes considèrent que les groupes de parole sont très différents de la psychanalyse. Ce qui est exact mais nous ne rentrerons pas dans ces subtilités qui n'apportent rien à notre propos. On va mieux quand on l'a dit, ça au moins c'est incontestable. Cela dit, c'est une aide, pas un remède. L'aveu ne guérit pas, il soulage. Rappelons qu'à la fin de sa vie, dans l'article « Analyse terminable, analyse interminable » (1937), Freud souligne qu'en raison des résistances du patient, il est bien souvent impossible de terminer une analyse. Ainsi, à l'encontre de ses affirmations précédentes sur l'efficacité de la psychanalyse, « Freud admet que celle-ci n'a qu'un très faible succès en matière de guérison ». [22] Et [23] nous sommes tout à fait d'accord avec lui et il faut bien autre chose pour devenir abstinent. Mais en attendant, ça calme les angoisses et c'est toujours ça de pris. Dans la plupart des cas on se sent beaucoup mieux en sortant d'un groupe de parole.

I - 2) Les consultations de psychologie

Il s'agit là de rendez-vous individuels classiques avec un ou une psychologue ou psychiatre. Les méthodes utilisées me paraissent assez diverses en fonction du psy choisi. N'étant pas spécialiste je ne me prononcerai pas sur les différentes écoles : Freud, Jung, Adler, Rank, Ferenczi, Reich, Diel (psychologie de la motivation, soutenu par Einstein avec lequel il a correspondu), Lacan, Ernest Jones, les comportementalistes… Je sais simplement que la méthode qui m'a été appliquée est comportementaliste et que j'en ai été plus que satisfait. Contrairement à la méthode freudienne que j'avais essayé auparavant chez un privé en dehors des services spécialisés en alcoologie. Cette méthode n'avait absolument rien donné en matière de consommation d'alcool. Je rappelle également que sur les 750 buveurs que j'ai connus, je n'ai jamais vu un seul nous dire qu'il avait arrêté de boire en travaillant psychologiquement sur les traumatismes de son passé. Je suis très clair sur cette observation.

On y traite évidemment des petits problèmes rencontrés dans la vie courante et de la manière de les résoudre comme nous allons le voir infra. On pose tout d'abord les problèmes de manière rationnelle pour éviter d'y mettre trop d'affect (angoisse, peur de ne pas y arriver, etc.) et ensuite on pose la méthode que l'on va adopter pour les résoudre. Je dois préparer une formation à faire dans 2 semaines par exemple. Je fais la liste des documents dont j'ai besoin et je définis des plages horaires chaque jour pendant 2 semaines pour travailler à la préparation de cette formation. La méthode comportementale ne se contente pas d'évoquer le problème pour se défouler ou pour

[22] Meyer, C. (2005), *Le livre noir de la Psychanalyse*, p. 87, Éditions Les Arènes
[23] Citations 2 tirées de Wikipédia, internet, La Psychanalyse.

s'apitoyer sur son sort mais elle planifie un moyen de le résoudre dans le détail. Avec les durées de travail et les plages de repos qui tiennent compte de notre résistance intellectuelle et physique pendant la période considérée. Bien entendu l'estimation de la résistance n'est pas une science exacte et on peut faire des erreurs. Elles se traduiront par de la fatigue excessive ou par le sentiment que l'on pourrait en faire plus. On rectifie alors immédiatement en allongeant ou en raccourcissant les périodes de travail. Cette organisation permet de venir à bout du problème concerné et la clé de cette méthode réside à mon avis dans la satisfaction de trouver une solution qui a un effet psychologique extrêmement positif. Le bonheur d'y être arrivé est énorme et incite à recommencer pour retrouver cette grande source de plaisir. La motivation est évidemment dans le plaisir que l'on y trouve à la fin et n'a rien à voir avec un travail forcé et encore moins avec la volonté comme le pensent certains esprits moralisateurs bornés.

I -2 1) Traitement des formalités administratives

Par ailleurs on identifie les problèmes importants et récurrents que chacun rencontre. Dans mon cas il s'agissait du traitement des papiers administratifs. J'avais alors une activité de consultant en libéral et j'avais pris l'habitude de ne pas traiter à temps les problèmes administratifs et les factures. Certains appellent ça de la procrastination. Pourquoi faire simple et clair quand on peut faire barbare et compliqué. Il s'agit en réalité d'un simple refus d'affronter la vie. Refus lié dans mon cas à l'alcool qui diminuait ma force vitale. Très simple. Cette attitude finit par s'ancrer chez certains dont je faisais partie et elle devient un réflexe et un mode de vie qui génèrent de nombreux problèmes avec les fournisseurs, le fisc, les caisses de retraites et de sécurité sociale... Il est source de nombreuses pénalités qui génèrent à leur tour des problèmes financiers. Cercle vicieux très classique et même basique chez les buveurs. Chez moi les retards ne venaient absolument pas de difficultés financières mais de ce problème psychologique qui était devenu récurrent. Là encore il ne s'agit pas de se demander d'où vient le traumatisme infantile qui provoque ce comportement. Ce traumatisme n'existe pas puisque je n'avais pas ce comportement avant de boire. Je traitais les corvées au dernier moment comme nombre d'entre nous. Sans plus et j'y arrivais toujours. Mais là, il fallait réagir le plus rapidement possible pour réduire l'hémorragie. Pour ce faire, nous avons appliqué la méthode évoquée supra. C'est-à-dire un planning de deux heures de travail par jour. Pas plus. À suivre quatre ou cinq jours par semaine selon la forme du moment. Et on s'y tient quoiqu'il arrive. Chaque semaine je rendais compte du travail effectué ce qui me motivait pour bosser et les choses avançaient régulièrement. La motivation vient alors lorsque l'on voit la montagne de papiers diminuer régulièrement. Il devient clair que tout sera réglé dans quatre ou 6 semaines ou dans un autre délai que l'on peut prévoir à peu de chose près. Je savais par exemple que je pourrais envoyer ma déclaration d'impôts dans les temps à mon association de gestion agréée. Et lorsque j'y arrivais dans les délais impartis, j'en ressentais une satisfaction sans bornes. C'est ce plaisir qui incite à traiter par la suite les choses en temps et en heure. Je pouvais le faire sans problème parce que j'étais suivi par la psychologue alors que seul j'aurais eu un retard considérable. J'aurais peut-être baissé totalement les bras en pensant que je n'y arriverais jamais. En cas de retard j'aurais dû payer des pénalités et pourquoi pas subir un contrôle fiscal à force de me faire repérer par mes retards injustifiés. Je travaillais de 7 à 9 heures du matin pour mener une vie normale ensuite. C'est moi qui choisissais mes plages de travail comme je l'entendais et comme je le sentais. Des plages de liberté sont nécessaires quand on est obligé de travailler un peu plus que d'habitude pour s'en sortir. Il ne faut pas oublier que la résistance humaine a des limites qu'il ne faut pas dépasser. Et là encore le contrôle d'une tierce personne est nécessaire parce que l'on ne se rend pas toujours compte soi - même de nos propres limites. J'avais tendance à les dépasser. Un matin je me suis mis à pleurer sans aucune raison. Ce qui ne m'était jamais arrivé et ce qui ne m'est jamais arrivé depuis. J'en ai été assez inquiet dans la mesure où je n'y comprenais absolument rien. Je me demandais si c'était le signe avant-coureur d'une dépression. Comme si j'avais besoin de ça en prime. En réalité ce n'était rien. J'avais simplement dépassé la limite de ma résistance sans m'en rendre compte. Je n'avais ressenti aucun signe avant-coureur comme de la fatigue, de la nervosité ou que sais-je. Dans ce cas il est indispensable de pouvoir demander l'avis d'un pro qui calme immédiatement le jeu. On a ensuite réduit un peu les doses de travail après un petit repos obligatoire de cinq jours. Il était hors de question de bosser sur ce sujet pendant 5 jours. J'aime beaucoup cette méthode avec vacances obligatoires, je la recommande. Ça suffisait largement. J'en aurais bien remis une deuxième couche mais malheureusement j'ai n'ai jamais craqué une seconde fois. Pas de chance. Avant d'en terminer avec ces maudits papiers il faut faire un petit retour à l'entourage. Je ne pense pas que les proches puissent faire ce travail piloté par une psychologue dans mon cas. Les buveurs n'accepteraient pas d'être soumis au contrôle de quelqu'un qui les connaît. C'est trop humiliant de reconnaître que l'on n'est plus capable de s'astreindre à un minimum d'organisation. Il me semble que l'on préférerait se laisser couler plutôt que d'accepter une telle tutelle de la part de la famille par exemple. À travers mes contacts avec des centaines d'autres buveurs, je n'ai jamais eu connaissance d'un seul cas où l'entourage a réussi à faire ce travail. Là encore les proches sont les plus mal placés pour intervenir. Leur intervention ne peut être que du dressage ou du lavage de cerveau ce qui ne peut pas durer éternellement si le buveur est resté un être humain ce qui est souvent le cas.

I - 2 - 2) L'hygiène de vie

Nous avons également travaillé l'hygiène de vie. La plupart des buveurs ont une très nette tendance à se laisser aller d'une manière ou d'une autre. Je n'ai jamais négligé ma toilette ni ma tenue vestimentaire qui est toujours restée aussi soignée qu'avant de boire. Dans ce domaine rien n'a changé. En revanche mon appartement était dans une pagaille de compétition comme je l'ai déjà dit. Nous avons donc également travaillé la question en fixant par exemple un nombre de bouteilles que je devais mettre à la poubelle pour la semaine suivante. Il y en avait des centaines planquées un peu partout. Comme je l'ai également déjà dit, je ne recevais plus personne en raison de ce désordre où j'étais clodo chez moi mais je dissimulais néanmoins les bouteilles sous les lits, dans les placards, sous l'évier. Un peu partout. Probablement pour deux raisons. Tout d'abord pour me cacher la réalité de ma déchéance à moi - même et ensuite en prévision d'une éventuelle visite. Je ne sais pas très bien. Je devais également acheter une poubelle en plastique de 40 à 50 litres pour éviter de laisser traîner des sacs-poubelle un peu partout. Je l'ai d'ailleurs gardée jusqu'à présent et j'en suis très satisfait. De plus nous avions fixé un rythme de rangement du désordre dans l'appartement. Qu'il s'agisse des papiers ou du cadre de vie, ce travail de remise à niveau s'est poursuivi après mon abstinence. Il y avait du travail notamment en matière de papiers en retard. Ce programme fait également partie de la prévention de la rechute. Pus on vit dans un environnement agréable et moins on est tenté de replonger dans la décadence et donc dans la boisson. Ça va de soi. Là non plus, les proches n'y peuvent pas grand-chose. Ils peuvent faire des interventions ponctuelles comme du rangement par exemple mais ils ne savent pas mener une action à long terme. Le buveur finira par les envoyer promener dans la plupart des cas. Encore une fois il ne suffit pas d'être plein de bonne volonté et d'avoir envie d'aider les autres. Cet esprit bien-pensant est très insuffisant. C'est un métier qui demande formation, compétence et savoir-faire psychologique. L'amateurisme n'aboutit à rien.

I - 2 - 3) La photo

Peu avant ma seconde tentative d'abstinence de fin décembre 2006, la psychologue a essayé une autre technique avec moi. Technique qui a également contribué à mon arrêt. Fin décembre 2006, je buvais donc copieusement et consciencieusement plus d'un litre de whisky à chaque alcoolisation ce qui commençait à m'affaiblir. Le contraire nous eut étonné. Dans ce contexte, je commençais à avoir une tête de déterré et je ne m'en rendais pas compte. Préoccupée par ma dégradation, ma psy m'a demandé d'aller me faire tirer le portrait. Ce que je fis et j'ai été atterré par ce que j'ai vu sur ces photos. J'en ai tiré deux au format 13,5 cm sur 9 dans une cabine automatique et j'ai vu dans quel état j'étais. On s'en rend compte sur les photos alors qu'on ne voit rien dans une glace pour je ne sais quelle raison psychologique de filtre. On refuse de voir l'évidence dans un miroir alors qu'on ne peut pas se masquer la réalité avec un cliché. De plus ces clichés de qualité médiocre amplifient un peu l'ampleur du désastre ce qui contribue au but recherché. Cette technique serait également utilisée dans d'autres cas où la psychologie intervient comme l'obésité ou l'anorexie par exemple. J'ai arrêté de boire peu de temps après et ma conseillère préférée m'a alors demandé de reprendre une autre photo 2 semaines après le début de l'abstinence. Il ne faut pas deux semaines pour retrouver visage humain une semaine suffit largement. Le contraste était alors saisissant. Tellement saisissant que j'ai toujours gardé ces photos dans mon portefeuille. Je les ai toujours onze ans après. J'étais un mort vivant et j'avais retrouvé bonne mine en moins de deux semaines sans aucun traitement et sans aucun médicament. Cette résurrection n'a rien de miraculeuse. On la constate chez tous les buveurs qui arrêtent de s'alcooliser. Une semaine suffit largement quand il n'y a pas encore d'atteintes physiques prononcées. L'organisme retrouve un fonctionnement normal presque instantanément dès lors que l'on cesse de l'empoisonner avec méthode. C'est comme si l'on se tapait sur la tête avec une brique. Ça fait du bien quand ça s'arrête et c'est immédiat.

Cette photo contribue à arrêter l'alcoolisation mais elle aide également à éviter les rechutes c'est pourquoi il faut toujours la garder sur soi. En cas d'envie de boire il y a de nombreuses méthodes pour ne pas y succomber et la photo en fait partie. On peut échapper à une envie en regardant les photos « avant, après » pour se convaincre de ne jamais retourner au stade « avant l'arrêt ». Il convient de préciser que la photo n'est qu'un moyen parmi d'autres. Dans mon cas elle a été utilisée habilement à la fin de mon processus de prise de conscience. Bien entendu elle n'est pas la seule cause de mon abstinence. S'il suffisait de prendre une photo et de la regarder pour arrêter de boire, ça se saurait. C'est un élément parmi de nombreux autres et on ne sait pas quels sont ceux qui n'interviennent ni quand ni comment ils interviennent. Ils sont différents d'un individu à l'autre. C'est pourquoi on utilise toutes les méthodes connues. Dans le lot il y a des chances pour qu'il y ait les bonnes. Nous avons le même processus avec certains médicaments. Lorsqu'il existe plusieurs médicaments possibles pour traiter une maladie, les médecins essayent celui qui paraît le plus adapté. S'il ne donne pas le résultat escompté, ils en prescrivent un autre et ainsi de suite. En alcoologie comme dans la médecine traditionnelle, c'est le corps médical qui choisit les différents remèdes à appliquer. Ce choix est dicté par trois éléments : la connaissance des méthodes (des médicaments en médecine traditionnelle), les compétences (diplômes et connaissance de la maladie et de ses symptômes) et l'expérience. Trois composantes qui nécessitent une solide formation, une connaissance des nombreuses méthodes possibles en alcoologie, une maîtrise de cette maladie et le suivi de quelques centaines de buveurs au minimum. Seuls certains membres du corps médical remplissent ces conditions et ils ne sont pas très nombreux. Pour avoir une chance de s'en sortir il faut les connaître. Bonne chance.

I - 2 - 4) Travail préventif sur le décès de ma mère

Lorsque j'ai arrêté de boire ma mère était encore une jeunesse d'à peine 97 ans. Tout allait bien pour elle ou presque mais avec le temps elle a commencé à ressentir les effets de l'âge. Elle a connu certaines alertes qui ont fait apparaître qu'elle ne serait pas éternelle contrairement à ce que je pouvais penser. Elle a commencé par faire une chute à l'âge de cent ans. Cette chute a nécessité la pose d'un col du fémur artificiel. L'opération s'est bien passée mais quelques jours après cette opération elle a commencé à être victime du syndrome de glissement qui conduit les personnes âgées à ne plus s'alimenter. J'ai donc cru pour la première fois qu'elle allait nous quitter et j'ai pris conscience que je n'y étais pas préparé. Elle ne s'est pratiquement plus alimentée pendant deux mois et demi environ puis elle a soudain ressuscité pratiquement du jour au lendemain et s'est remise à s'alimenter de nouveau. Elle s'est donc rétablie et a encore vécu 2 ans après cette opération en marchant tant bien que mal pour s'éteindre paisiblement à 102 ans seulement. Concernant le choc prévisible de son décès, la question était donc de s'y préparer pour éviter de faire une rechute le moment venu. Pour ce faire, nous avons travaillé le sujet avec ma psychologue. Nous avons tout d'abord passé en revue tout ce qui pouvait être une source de culpabilité de ma part dans mes rapports passés avec elle. Je n'en parlerai pas dans la mesure où c'est personnel et où ça n'apporterait absolument rien à la connaissance de l'alcoolisme. À vrai dire il n'y avait pas grand-chose mais comme on n'est jamais trop prudents on s'y est attaqué. Nous avons donc travaillé ces points pour les remettre à leur place et se rendre compte qu'il n'y avait vraiment pas de quoi fouetter un chat.

En deuxième lieu j'ai eu à décider de la sortir périodiquement de sa maison de retraite ou de l'y laisser en permanence après sa chute. La question était extrêmement simple mais la réponse l'était moins. Avant la chute je la sortais tous les samedis pour la ramener chez elle pour lui changer les idées. Je la ramenais ensuite en fin d'après-midi. Ce faisant, je prenais le risque qu'elle fasse à nouveau une chute qui cette fois pouvait lui être fatale. Ce risque n'était pas vain avec elle dans la mesure où elle pouvait se lever sans crier gare pour se dégourdir les jambes et en l'absence de surveillance elle avait environ une chance sur deux de faire une nouvelle chute. Il fallait en effet lui donner le bras quand elle marchait parce qu'elle était très maladroite après son opération du col du fémur. L'expérience nous avait appris qu'il lui fallait une fraction de seconde pour se lever et son geste était totalement imprévisible. Je ne pouvais donc pas la quitter des yeux une seule seconde. Une telle chute aurait été pour moi une source de culpabilité énorme susceptible de me conduire à la rechute. Par ailleurs, sa doctoresse en maison de retraite pensait que les sorties lui donnaient une envie de vivre supplémentaire en lui changeant les idées et en lui permettant de garder un contact avec sa maison. Elle y était bien entendu très favorable comme tout le personnel soignant de cet établissement. En conséquence, si tout se passait bien j'aurais la satisfaction d'avoir tout fait pour la rendre heureuse jusqu'au bout. Cette satisfaction personnelle était évidemment un merveilleux antidote contre la culpabilité et donc contre le risque de rechute. J'ai donc décidé après en avoir parlé avec ma psychologue de la sortir le samedi. La psychologue m'avait alors laissé décider comme toujours. Elle remettait les choses à leur place pour me permettre de prendre une décision en toute lucidité. C'était évidemment la bonne décision. Certains esprits chagrins, étriqués et sécuritaires m'avaient évidemment conseillé de jouer la sécurité pour éviter le risque d'un éventuel accident. Ils pensaient qu'il valait mieux la laisser en maison de retraite en permanence. Je n'en ai tenu aucun compte. J'ai traité leurs avis par le plus profond mépris et j'ai eu parfaitement raison. Ces gens-là sont tellement bornés qu'ils ne se rendent même pas compte qu'ils sont incompétents.

En plus de ce travail avec ma psychologue j'avais également bénéficié de l'appui non négligeable et des conseils des équipes soignantes de sa maison de retraite qui ont été en tous points remarquables dans ma préparation à ce deuil. Je n'ai rien négligé. Lorsque ma mère est morte j'ai accepté sa disparition tout à fait normalement. Avec une tristesse infinie mais sans aucun symptôme dépressif. C'était la vie. Aujourd'hui encore son absence laisse un vide immense qui ne sera jamais comblé mais je n'en ressens aucune atteinte psychologique. Seulement de la tristesse, ce qui n'a rien à voir.

J'ai décrit ce travail sur le décès de ma mère pour montrer que la prévention de la rechute passe beaucoup par un travail consistant à déminer psychologiquement le terrain tant que faire se peut. Dans ce cas précis j'ai eu deux ans pour m'y préparer. Ce travail n'aurait pas été possible si elle était morte brutalement deux ans avant.

Concernant le travail en consultation psychologique individuelle, je n'ai abordé que quelques thèmes parmi les plus importants. Nous en avons abordé une multitude d'autres que je n'aborderai pas pour deux raisons. Tout d'abord je dois avouer que je ne m'en souviens plus après quelques années sans y penser. Ensuite, en cherchant bien je finirais probablement par en retrouver quelques-uns mais il serait alors fastidieux de les traiter tous. Et à mon avis sans aucun intérêt pour les autres ni pour moi. Quelques exemples suffisent largement.

Nous venons d'aborder les deux principales méthodes mises en œuvre par le service d'alcoologie que j'ai fréquenté. Si ma mémoire est bonne il y en a encore neuf autres que je vais maintenant énumérer rapidement bien qu'elles mériteraient un examen plus approfondi. J'ai bénéficié de sept de ces huit méthodes. J'ai donc abordé le problème de mon alcoolisme sous neuf angles différents. Le lecteur doit commencer à comprendre un peu mieux pourquoi il est impossible de savoir quels sont les techniques ou les éléments de chaque technique qui m'ont permis de sortir de cet enfer. Il y en a des milliers.

II) Autres méthodes pour se sortir de la boisson

II - 1) Information alcool

Cette information m'était donnée dans le cadre d'entretiens individuels. Un infirmier me donnait toutes les informations sur les méfaits divers et variés de ce produit béni des dieux : de quelle manière on en mourrait, quelles étaient les différentes pathologies associées, quels étaient les symptômes les plus courants conduisant à devenir un légume. Bref, un grand humoriste. Bien entendu il agrémentait ces descriptions réjouissantes de digressions psychologiques sur mon comportement personnel pour alléger quelque peu l'atmosphère. Avec bonheur, je dois dire. Tous les soignants qu'il m'a été donné de rencontrer dans ce service font tous un peu de psychologie pour nous aider d'une part et pour savoir où on en est d'autre part.

II - 2) Assistante sociale

En règle générale les assistantes sociales cherchent des solutions aux problèmes financiers des patients. Elles ont de quoi faire avec les buveurs qui ont tendance à se laisser aller ou à se mettre dans des situations financières catastrophiques. Je me laissais aller à la maison mais je n'étais nullement dans une situation financière préoccupante puisque je continuais à travailler. Nous avons donc essayé de traiter ce qui était lié aux formalités administratives. Travail qui a ensuite été repris par la psychologue.

II - 3) Les cassettes « Phare »

Lors de la cure de sevrage en hospitalisation je n'avais pas pu visionner ces cassettes qui traitent d'un certain nombre de problèmes de l'alcoolisme par des mises en situation jouées par des comédiens. J'avais en effet suivi cette cure pendant les vacances de Noël et j'avais bénéficié des deux ponts. Certaines séances avaient été annulées pour cette raison. J'étais surtout intéressé par les cassettes traitant des mille et une manières d'éviter de boire de l'alcool dans la vie courante et notamment en société. J'ai donc eu droit à des séances de rattrapage en cours particuliers. J'ai pu visionner ces fameuses cassettes avec une soignante en rendez-vous individuel.

II - 4) Le groupe motivationnel du lundi matin

Ce groupe était animé par ma psy et nous traitions en groupe des différents aspects de la motivation à arrêter de boire. J'ai suivi ce groupe avec assiduité pendant 9 mois.

II – 5) Le groupe d'aide au maintien de l'abstinence

Ce groupe ne dure que quelques jours. Il est également animé par ma psy. Par des méthodes psychologiques on y traite des différentes méthodes pour éviter la rechute. Il s'agit d'éviter les pensées dangereuses, de s'octroyer des loisirs, ce que j'avais perdu l'habitude de faire et d'avoir une diététique adaptée. Le volet diététique était traité par la diététicienne du service. On y apprenait notamment à faire des tas de jus de fruits plus savoureux les uns que les autres et à se nourrir pour limiter les envies de boire. Il y a en effet des habitudes diététiques qui limitent les envies d'alcool.

II - 6) Le groupe d'affirmation de soi

Ce groupe m'avait bien plu. Lorsque l'on arrête de boire on a souvent perdu confiance en soi. Ce n'était pas mon cas et j'ai le problème inverse. J'ai une tendance assez nette à être autoritaire. Ce groupe avait pour but de nous aider à retrouver une communication équilibrée et harmonieuse avec nos semblables. Les autres devaient s'affirmer alors que je devais mettre un bémol à mon autorité pour éviter de hérisser mes interlocuteurs. Ce groupe était également piloté par ma psy. Il mettait en œuvre les techniques comportementales que l'on utilise également dans tous les métiers relationnels comme le commercial par exemple. Très intéressant. J'en ai tiré quelques méthodes de négociation que je ne connaissais pas. Ça ne m'a pas rendu moins autoritaire bien entendu mais je me suis amélioré quand il s'agit de faire semblant d'être civilisé. Il va de soi que je n'en abuse pas.

II - 7) Diététique

L'arrêt de l'alcool m'a fait prendre 12 kilos et l'arrêt du tabac 13 kilos supplémentaires ou l'inverse. Je ne me souviens plus très bien. Après avoir pris 25 kilos j'ai décidé d'arrêter la prise de poids et je suis allé voir la diététicienne du service. Bien entendu elle est spécialisée dans l'alcoologie et elle connaît très bien le sujet. La méthode utilisée n'a rien à voir avec les régimes quantitatifs qui font en général grossir tout le monde. Ils consistent à peser quasiment tout ce qu'on mange ou à se nourrir uniquement de certains types d'aliments (certains types de viandes ou de poissons... à volonté mais avec carences évidemment). La raison en est simple et connue depuis très longtemps. Ils sont source de carences et dès que l'on relâche l'attention l'organisme reconstitue des réserves à la vitesse grand V et on reprend très vite les kilos perdus. Ou alors il faut se surveiller pendant des mois ou des années, c'est-à-dire se flageller en permanence. C'est d'ailleurs grâce à cette tendance innée que les espèces ont survécu à travers les âges. Le corps reconstitue des réserves pour pouvoir faire face en cas de disette. Malheureusement, dans certains pays il n'y a plus de disettes. Rien n'est parfait.

Mon avis était donc clair sur ce sujet. Pas de méthodes quantitatives. Il ne s'agit que d'un avis personnel qui n'engage absolument pas les diététiciens. Je connais ce phénomène depuis 50 ans environ. Mon père avait tendance à l'embonpoint et faisait à l'époque un régime « dissocié ». Un jour du poulet, un jour du poisson, etc. C'est-à-dire le même principe que certains régimes que l'on nous vend aujourd'hui. L'argument était le même : vous n'aurez pas faim pendant le régime. Ce qui est exact. Que voulez-vous de mieux ? C'est beau le marketing et ça permet de faire du fric sur la bêtise humaine. Il maigrissait et reprenait ensuite le poids perdu comme on l'observe aujourd'hui chez les adeptes de ce type de méthode. Il a compris très rapidement et a laissé tomber cet attrape-nigaud. La bêtise étant une constante de l'espèce humaine, ce genre d'attrape-couillons fonctionne toujours 50 ans après. Je ne voulais donc pas entendre parler de ces âneries mais il n'y avait aucun risque. Le service pratique une diététique contemporaine intelligente.

Sans entrer dans les détails qui seraient trop longs, le principe consiste à retrouver le sens de la faim. Le cerveau connaît parfaitement la quantité de nourriture qui nous est nécessaire et il met fin à la sensation de faim quand on a absorbé ce qu'il nous faut. Ce mécanisme est très perturbé chez l'être humain par sa culture moralisante inspirée à mon avis par le marketing. Il ne faut pas manger de ceci ni de cela, le pain fait grossir, il faut manger cinq légumes différents tous les jours et autres balivernes. On perd donc ce sens inné et le but est de retrouver cette faculté disparue. C'est plus facile à dire qu'à faire et il faut du temps. C'est pourquoi un suivi est nécessaire.

Avec cette méthode je suis arrivé à retrouver ce sens de la quantité de nourriture nécessaire au bout de quelque temps et j'ai totalement arrêté de grossir. Il faudrait ensuite que je maigrisse mais j'en ai assez d'arrêter des choses pour l'instant : arrêter de boire, arrêter de fumer. Et je n'ai plus envie de me battre sur ce terrain pour l'instant. Je verrai peut-être ça plus tard mais la méthode fonctionne très bien. C'est ça la diététique contemporaine.

II - 8) Autres groupes

Il existe encore d'autres groupes comme les groupes de relaxation ou le groupe de créativité. Le premier consiste à faire régulièrement des séances de relaxation en appliquant les différentes techniques connues en la matière sous la conduite de professionnels formés à ces techniques. Du professionnalisme et jamais de charlatanisme, nous ne le répéterons jamais assez. Le second consiste à stimuler l'esprit créatif des patients en leur permettant d'exprimer leur sensibilité et leurs émotions. Ils réalisent des œuvres dans leurs domaines de prédilection : peinture, sculpture, dessin, photo, écriture... N'ayant pas pratiqué ces groupes régulièrement je suis mal placé pour en parler plus longuement.

Conclusion

Il existe plus d'une dizaine de méthodes différentes pour favoriser l'apparition du déclic. Certaines de ces méthodes permettent d'aborder des centaines de points particuliers comme les entretiens individuels et le groupe de parole. Le champ d'investigations est donc proche de l'infini. Tous les buveurs ne participent pas à autant de groupes que moi. Certains se contentent même du groupe de parole et des entretiens psychologiques individuels. Il n'y a pas de règle intangible comme dans tout ce qui est humain. Tous les individus sont différents. Le but ultime de tout cela consiste à provoquer le déclic d'arrêter de boire. Sans ce déclic rien ne sera possible et lorsqu'il a eu lieu le reste du chemin est quasiment un jeu d'enfant. Il faudra néanmoins travailler pour y arriver mais le chemin sera déjà balisé jusqu'à l'abstinence. On ne sait pas comment se connectent les neurones pour arriver à ce déclic. On essaie donc tout ce qui a déjà donné des résultats. Étant entendu qu'il vaut mieux en faire plus que pas assez. Ensuite le chemin se trace dans le cerveau ou il ne se trace pas et on ne sait toujours pas pourquoi. Comment connaître toutes les connexions possibles entre les 100 milliards de cellules nerveuses de notre cerveau ?

Après cet aperçu des méthodes à mettre en œuvre pour avoir une chance de venir à bout de cette saleté, on comprend que le traitement de l'alcoolisme ne sera jamais à la portée d'un médecin seul. Aucune chance. Quant aux membres de l'entourage n'en parlons même pas. Les pontages non plus ne sont pas à la portée d'un médecin seul. Et alors ? Il suffit d'en être conscient et de diriger les patients vers les services compétents. Seulement voilà, tous les médecins en sont-ils conscients ou informés ? Bien sûr que non.

Chapitre XIII - Les méthodes appliquées après le sevrage : moins de 6 mois, de 6 à 18 mois, après 18 mois.

Au fil du temps le risque de rechute diminue. C'est une évidence. Par conséquent il y a de moins en moins de précautions à prendre pour éviter les envies de boire. Dans mon cas elles ont disparu presque totalement au bout de quelques mois. Néanmoins le risque de rechute ne disparaît jamais. Il ne faut pas confondre les envies de boire et le risque de consommer de l'alcool. Ce risque peut apparaître en l'absence de toute envie pour de multiples raisons. La plus commune réside dans l'excès de confiance bien connue des buveurs qui ont une formation convenable. Je maîtrise parfaitement l'abstinence donc je ne risque rien. Si je rechute je m'arrêterai quand je voudrai puisque je l'ai déjà fait. Malheureusement c'est totalement faux. Il est faux de penser que l'on s'arrêtera facilement après avoir remis le couvert parce qu'à nouveau c'est l'alcool qui commandera et plus l'individu. On oublie trop souvent qu'il s'agit d'une maladie c'est-à-dire d'un besoin que l'esprit humain ne contrôle plus. Comme nous l'avons déjà dit c'est le cerveau qui décide de son besoin d'alcool chez ceux qui sont dépendants, indépendamment de l'individu. L'erreur de raisonnement est extrêmement claire. On s'imagine que l'on décidera de notre consommation quand on aura recommencé à boire comme si on pouvait continuer à décider comme on le fait quand on est abstinent et comme le font la plupart des êtres humains. Or on sait très bien que c'est faux et c'est là qu'est l'erreur de raisonnement. Le « programme » de dépendance se remet en marche presque instantanément comme un programme d'ordinateur. Et c'est alors lui qui décide, plus l'individu. Tous ceux qui ont rechuté l'ont vécu et je n'échappe pas à la règle. Je sais donc de quoi je parle. On oublie trop facilement que l'on ne décidera plus rien dès lors que l'on aura remis ça. Il faudra ensuite un second déclic qui n'est jamais garanti. Puis un troisième, un quatrième et ainsi de suite à chaque rechute. On peut également céder à un problème personnel d'ordre familial ou professionnel. Dans ce cas on oublie qu'on le traitera beaucoup moins bien en buvant qu'en restant abstinent. Là encore c'est un simple problème de logique pure. On aura toutes les peines du monde à faire face si on boit parce qu'un des effets de l'alcool consiste à diminuer la résistance psychologique des individus. C'est quand même simple ça. Tous les buveurs qui ont l'expérience de l'abstinence et une bonne formation le savent mais ils ne sont pas à l'abri pour autant. Tout le monde peut l'oublier momentanément et ce peut être fatal.

Dans ce chapitre j'ai découpé le temps après le sevrage en trois périodes : de 0 à 6 mois, de 6 mois à 18 mois et au-delà de 18 mois. Ces étapes correspondent à des périodes où les anciens buveurs ont des comportements à peu près homogènes. Encore une fois il y a toujours des exceptions mais dans l'immense majorité des cas on peut distinguer ces trois stades d'évolution des individus. Bien entendu la durée de chaque stade peut varier légèrement d'un individu à l'autre. Le premier stade ne dure pas toujours 6 mois pile au jour près, c'est évident. Il en est de même pour les deux autres stades. De même qu'on pourra toujours ergoter pour savoir s'il y a trois stades chez tout le monde ou deux ou quatre et demi. Mais ce schéma me semble correspondre à ce que l'on observe chez la plupart d'entre nous.

I) Période de 6 mois après l'abstinence

C'est évidemment la période la plus délicate. Celle où les envies et les pulsions sont les plus fréquentes. Il convient tout d'abord de distinguer les envies des pulsions.

I - 1) Les envies

Pendant les envies on ressent le besoin de boire mais ce besoin n'apparaît pas brutalement. On le sent venir et on peut plus facilement y faire faire face soit en absorbant des boissons sucrées, soit en mangeant, soit en ayant une activité qui nous fera penser à autre chose. On peut regarder la photo que l'on avait prise quand on buvait, celle où on a une tête de mort-vivant. On peut également utiliser des arguments rationnels : si je replonge je reperdrai l'affection de ma femme, de mes enfants ou je retomberai dans l'enfer de la boisson, etc. Dans ce cas il semble que le besoin de boire résulte du manque d'alcool accumulé depuis un certain temps, le cerveau demande à ce que l'on active les centres du plaisir mais ce n'est pas trop brutal. C'est comme un vieux souvenir agréable qu'on aimerait bien retrouver. Comme quand on pense à un bon carré de chocolat par exemple. Si on en avait ce serait bien agréable mais si on n'en a pas ce n'est pas dramatique. C'est quelque chose comme ça d'après moi.

I - 2) Les pulsions

Dans les pulsions en revanche le besoin de boire apparaît brutalement et sa brutalité est assez déconcertante. Dans ce cas j'ai l'impression que l'on a activé brutalement des circuits de la mémoire qui rappellent une situation antérieure où l'on buvait. Ce peut être le passage devant un rayon alcool d'une grande surface, ce peut être la vue de notre alcool préféré. Ce peut être également une angoisse que l'on calmait auparavant en buvant : une dispute conjugale, le stress de parler en public, le rappel d'un échec professionnel ou social (je ne vaux pas grand-chose, j'ai un poste subalterne...). Etc. Il y a une infinité de raisons qui poussent les gens à boire comme nous l'avons déjà dit. On y fait face de la même manière que les envies mais il faut rester calme, ne pas céder à la première tentation de boire et mettre en place très rapidement une stratégie. Ce n'est pas le moment d'ergoter à l'infini sur la manière de s'en sortir. Comme avec les envies, le besoin de boire ne dure pas très longtemps mais il est plus violent. Il est relativement facile d'y résister. Bien souvent il suffit d'attendre. La plupart du temps je m'en suis sorti comme ça, tout simplement. Je me suis dit : tu as envie de boire et c'est frustrant de ne pas le faire, certes. Mais dans quelques minutes tu n'y penseras plus. Alors attends tranquillement que ça passe. Et la plupart du temps les envies ou les pulsions ont disparu comme par enchantement. Ce n'était pas la peine de s'énerver. Bien entendu, chez certains les envies de picoler ne passent pas aussi facilement. Il faut alors mettre en œuvre les techniques que l'on aura choisies parmi toutes celles que proposent les centres d'alcoologie compétents et que nous venons d'évoquer très brièvement.

I - 3) les situations qui suscitent le besoin de boire (envies ou pulsions)

Nous allons maintenant donner un certain nombre de situations à éviter parce qu'il est connu qu'elles sont de nature à réveiller les envies de boire. Cette liste n'est pas exhaustive, loin de là, mais elle permet de comprendre que les envies ne viennent pas du tout par hasard et que l'on peut partiellement les gérer.

1 - 3 - 1) Les lieux de vente d'alcool

Il convient au début d'éviter tous les lieux qui vendent de l'alcool, ça va de soi. Ceux qui buvaient dans les bars éviteront ce genre d'établissement où il est si facile de passer commande de son alcool préféré. Dans les grandes surfaces on essaiera de faire un détour pour éviter de passer devant le rayon alcool qui regorge de tentations par milliers. On évitera également les épiceries où on allait également s'approvisionner de temps à autre. On recommande même de faire un crochet et de rallonger éventuellement ses trajets pour éviter de passer devant. Pour excessive qu'elle puisse paraître cette précaution peut éviter une rechute. En effet on peut passer devant tous ces lieux de vente des dizaines de fois sans jamais rien ressentir jusqu'au jour où la simple vue de bouteilles d'alcool déclenchera une pulsion de boire extrêmement violente. Il y a une raison à cette pulsion violente et soudaine mais il n'est pas toujours facile de la trouver. De plus elle est bien souvent impossible à anticiper. J'ai eu très peu de problèmes avec ces lieux de vente. Je buvais le moins possible dans les bars et je n'ai donc jamais eu la tentation de commander un whisky dans un tel établissement puisque j'y consommais auparavant des cafés. Rien n'a changé. Je n'ai jamais été programmé pour boire de l'alcool dans les bistrots. En ce qui concerne les épiceries ou les grandes surfaces, je n'ai presque jamais eu de tentations non plus à l'exception de quelques pulsions qui m'ont fait quitter les lieux le plus rapidement possible. Cette fuite a suffi à me préserver d'acheter quoi que ce soit d'alcoolisé mais j'ai toujours été incapable de prévoir ces pulsions. Courage fuyons, c'est la seule solution.

J'ai néanmoins essayé d'en analyser une avec l'aide de ma psychologue préférée. J'étais en vacances en Bretagne où je coulais des jours paisibles. C'était en juin si ma mémoire est bonne. Tout allait très bien quand je fus pris d'une envie ou d'une pulsion (je ne sais pas très bien) en faisant les courses dans une grande surface. J'y étais déjà venu plusieurs fois depuis mon arrivée sans avoir la moindre envie de boire. Cette envie m'a assailli en passant devant les rayons des alcools. Je n'ai rien compris et je me suis empressé de finir mes courses, d'aller payer et de fuir ce lieu de perdition le plus rapidement possible. Dès que je suis sorti sur le parking, l'envie a disparu et j'en ai été débarrassé. Quelques jours plus tard je suis revenu faire quelques courses, pensant que ma précédente mésaventure ne se renouvellerait pas. J'ai voulu en avoir le cœur net, erreur. Ça a recommencé et j'ai adopté la même stratégie de fuite qui a également très bien fonctionné. Courage fuyons, toujours. J'y suis ensuite revenu plusieurs fois mais en évitant soigneusement de passer devant le rayon alcools et j'ai échappé à toute nouvelle envie. Cet épisode m'ayant interpellé quelque part, j'en ai parlé à ma psy à mon premier rendez-vous suivant mon retour. Après avoir cherché les causes possibles elle a trouvé l'origine probable de ces envies en Bretagne. Elles résultaient de la conjonction de deux phénomènes simultanés. Tout d'abord j'étais en vacances, donc dans un lieu qui ne m'était pas familier, où je n'avais pas de repères et surtout où j'étais loin de tous les endroits habituels où j'avais l'habitude de gérer ma vie pour éviter les envies. Dans ce nouveau contexte j'étais désarmé face aux tentations possibles que je ne savais pas gérer. Par conséquent je ne savais plus me défendre contre les éventuelles tentations, ma méfiance avait en grande disparue. J'étais donc plus vulnérable. En second lieu, nous venions de décider d'écrire le présent livre sur l'alcool. Cette décision me plaçait dans la position psychologique d'un expert qui explique aux autres comment fonctionne cette maladie. Pour ce faire il faut totalement maîtriser le sujet et dans ce cas on est censé tout savoir sur ce sujet. Ce qui est faux bien entendu. On ne peut donc pas être pris en défaut puisque l'on connaît tous les aspects du problème. Ben voyons. Cette assurance m'avait donc conduit à baisser ma garde, croyant inconsciemment que je ne risquais plus rien face à ce produit. Grave erreur bien entendu puisque les rechutes seront toujours possibles jusqu'à la fin de nos jours. Ces deux facteurs psychologiques étant totalement inconscients, je ne pouvais pas m'en méfier puisque je ne savais pas qu'ils existaient. De plus il avait fallu la conjonction de ces deux évènements pour que des connexions s'établissent inconsciemment dans mon cerveau pour produire des envies de boire. Chacun des deux n'aurait probablement pas donné d'envie de boire ou de pulsion. Un seul de ces deux événements n'aurait probablement rien déclenché. Voilà un exemple de ce qui peut se passer dans le cerveau des anciens buveurs pour générer des envies qui peuvent à leur tour conduire à des rechutes. Il existe probablement une infinité de réactions psychologiques possibles comme celles-là et il est impossible d'en faire la liste. Nous avons vu ici un exemple simple avec deux causes seulement mais il y a probablement de nombreux cas de figure où de multiples facteurs interviennent. Plus les facteurs sont nombreux et plus il est difficile de décomposer les mécanismes. C'est très clair. De surcroît on ne peut analyser ce type de phénomène qu'a posteriori. On est donc désarmé quand il commence à se manifester. C'est pourquoi il faut toujours avoir présente à l'esprit une batterie de méthodes pour passer le cap en cas d'envies.

I - 3 - 2) L'alcool à la maison

Il faut éviter d'avoir de l'alcool à la maison, c'est plus prudent. Surtout en ce qui concerne le ou les alcools que l'on avait l'habitude de boire. Au début de l'abstinence, la simple vue de ces alcools réactive immédiatement l'envie de boire qui commençait à disparaître. Là encore les réactions de chacun sont différentes mais la règle de prudence est la même pour tout le monde : pas d'alcool à la maison dans un premier temps en on verra après. Dans mon cas, je n'ai pas tout à fait respecté cette règle. Je suis devenu abstinent deux fois et dans ces deux cas je vivais sur deux sites : mon appartement en ville et la maison de famille à la campagne où j'allais souvent passer le Week End. Je n'avais bien entendu aucun alcool en ville. Il est clair que je me serais précipité dessus. En revanche j'avais une cave de plus de trois cents bouteilles à la campagne que j'ai toujours gardée. Rappelons que je buvais du whisky. Je n'avais donc jamais créé le moindre circuit dans ma tête associant le vin au plaisir de l'alcool. Mon brave cerveau ne voyait donc pas le rapport entre le vin de ma cave et le besoin de boire. Il n'y a pas de connexions. Je n'ai donc jamais eu la moindre tentation de boire une des bouteilles qui vieillissaient paisiblement dans mes chais. J'ai ensuite gardé cette cave que j'ai toujours. Elle me permet d'offrir mes vins aux amis et à mes proches qui en sont très contents. Je ne sors jamais de vin de moins de 15 ans. Question de standing, sauf pour les blancs bien entendu. Je la renouvelle régulièrement, c'est pour moi un grand plaisir de voir vieillir les vins. C'est probablement une manière de garder un lien avec ce breuvage qui est d'ordinaire si sympathique. J'ai dans les 350 bouteilles à ce jour mais mon stock est très fluctuant comme dans toutes les caves. Je n'ai pas l'occasion d'en offrir beaucoup et je n'ai toujours pas réussi à terminer mes crus 1995. Par bonheur, la cave est excellente et mes vins se conservent très bien. J'ai offert récemment une bouteille d'Alsace de 1972 qui était absolument splendide paraît-il bien que ce fût un vin de modèle tout ce qu'il y a de plus courant. C'est là un des effets insoupçonnés de l'alcoolisme.

Paradoxalement il peut contribuer à préserver de vieilles bouteilles. Il ne faut jamais croire aux lieux communs. L'être humain a des ressources insoupçonnées. En revanche je n'ai aucun alcool fort dans cette maison qui est maintenant ma résidence principale. Après onze ans d'abstinence j'ai toujours une peur bleue de ce type de produit. Certains de mes amis abstinents peuvent stocker chez eux leur alcool de prédilection après cinq ans d'abstinence. Ils ne craignent plus rien. Pas moi. Je sens très clairement que je ne résisterais pas très longtemps à la cohabitation avec une bouteille de whisky au-delà de quelques jours. Cette idée déclenche en moi une réaction très violente de rejet et d'agressivité. Je serais capable de vider ce produit dans les toilettes si je le côtoyais. Dans mon esprit il est plus dangereux pour moi que le cyanure. Cette réaction n'apparaît pas lorsque je passe quelques jours chez des amis par exemple. Pour une raison qui m'échappe je considère que je n'ai pas à toucher à ces bouteilles et elles n'éveillent aucune tentation. Voilà encore un exemple qui prouve qu'il n'y a pas deux individus qui réagissent de la même manière et que les proches n'ont aucune chance de comprendre un buveur ou un ancien buveur.

I - 3 – 3) Les émotions

Une autre source d'envies de boire réside dans les émotions. C'est un point très important. Tous ceux qui ont un minimum de culture alcoologique savent qu'il faut gérer ses émotions pour éviter de boire. L'alcool est anxiolytique, déstressant et euphorisant. Le buveur a donc pris l'habitude d'en consommer dans chaque situation qui provoquait du stress, de l'angoisse et de la déprime. C'est à dire dans de nombreuses situations qui génèrent des émotions chez les bipèdes normalement constitués. Très simple. Afin d'éviter d'activer ces circuits dans le cerveau on essaiera de réduire les sources de stress, d'angoisse et de déprime. Ce qui est plus facile à dire qu'à faire. Bien entendu on ne peut pas faire disparaître totalement ces risques qui font partie intégrante de la vie quotidienne. Il s'agit ici de les réduire et la seule manière d'y parvenir consiste à anticiper les sources de ces trois émotions négatives. On essaiera d'éviter les tensions avec ses collègues, ses proches et son entourage. On s'attachera à régler les problèmes administratifs tels qu'impôts, paiement des factures de toutes sortes dont certaines peuvent être majorées en cas de retard. On veillera à gérer son budget si c'est possible pour éviter les découverts et autres emprunts à la consommation qui peuvent s'accumuler. Tout cela est source de contrariétés et de stress. Il est impossible d'en faire une liste exhaustive comme chacun le comprend mais on voit bien l'idée. Éviter les décharges d'adrénaline qui pourraient être calmées par l'alcool. Dans mon cas personnel comme nous l'avons déjà vu les deux principales sources de stress résidaient dans le traitement des problèmes administratifs et dans la fin prochaine de ma mère. Ces deux problèmes ont été gérés avec succès par des méthodes de psychologie comportementale. En rendez-vous avec ma psychologue nous en avons traité des dizaines d'autres bien évidemment mais nous ne les traiterons pas dans cet ouvrage. Ce serait beaucoup trop fastidieux et d'un intérêt pour le moins limité. Il s'agit de toutes les contrariétés de la vie. Elles sont infinies. On pourra également préparer ses arguments pour justifier dans un repas que l'on ne boit pas d'alcool. Cette situation est également une source de stress pour l'ancien buveur.

I - 3 - 4) les boissons de substitution

Il faut également préparer des boissons de substitution autre que l'eau pour trouver un plaisir à boire des liquides sans alcool. À part dans les périodes de grandes chaleurs, l'eau ne procure pas de plaisirs inoubliables. Sur ce thème je vous renvoie aux diététicien(nes) des services d'alcoologie qui ont des tonnes d'idées sur le sujet. Ce sont des pros cent fois plus compétents que moi sur le sujet. Il convient donc de trouver des substituts à ces éventuels plaisirs gustatifs. Par ailleurs, les boissons sucrées font disparaître instantanément les envies de boire de l'alcool chez la plupart des sujets. C'est un des moyens de faire face aux envies ou aux pulsions. Boire un jus de fruit et l'envie disparaît comme par enchantement. Ce moyen est très simple mais on n'y pense pas toujours. Il faut se garder des excès consistant à boire des boissons sucrées en permanence. Ce travers peut faire apparaître du diabète à force de stimuler le pancréas. Il peut se fatiguer ce qui n'est pas le but de la manœuvre. À titre personnel j'ai adopté le café au lait comme boisson de base. Je suis bien incapable de dire pourquoi. J'ai toujours bu le café sans sucre. J'ai donc continué ce qui m'évite d'absorber des excès de sucre. Il y a maintenant onze ans que je bois environ un litre de café par jour avec du lait bien que certains médecins me disent que c'est un poison. Ça ne m'empêche absolument pas de dormir et mon pouls bat à 64 pulsations minute. D'après les tests d'effort mon cœur est en pleine forme. Tout va bien, merci. Le café ne m'énerve pas mais je me garderais bien de conseiller cette méthode à quiconque. Que chacun trouve la sienne.

En cas d'envie on se souviendra avec profit de l'enfer que l'on a vécu pendant notre alcoolisation. Cette perspective dantesque peut également arrêter le buveur qui hésite à replonger. On essaiera de détailler dans sa tête les épisodes les plus douloureux de préférence. Le souvenir de la souffrance et des échecs peut avoir dans ce cas la vertu de faire apparaître une motivation à toute épreuve. Cette méthode a sauvé de nombreux abstinents de la rechute. J'ai souvent utilisé cette idée quand les envies ou les pulsions apparaissaient. Comme je l'ai déjà dit, à titre de précaution j'ai toujours gardé sur moi la photo que j'avais prise quand je n'avais plus figure humaine. Je rappelle que j'en avais également pris une deux semaines après avoir arrêté de boire pour que l'on voie bien la différence : avant, après. Question de pédagogie. Jusqu'à présent je ne m'en suis jamais servi mais je les garde toujours dans mon portefeuille comme dernière chance en cas de tentation forte. On ne sait jamais. Il y a des années que je n'ai pas eu la moindre envie de boire mais la dépendance est à vie, ne l'oublions jamais.

I - 4) la durée des envies ou des pulsions

Un dernier facteur important réside dans la durée des envies ou des pulsions. Cette durée est extrêmement faible. Elle doit varier d'un individu à l'autre mais chez moi elles n'ont jamais duré plus de trois minutes me semble-t-il. C'est encore un élément très positif puisqu'il est facile de résister 2 à 3 minutes. Je me disais : si tu replonges tu vas retomber dans toutes les souffrances de l'alcool et en tout état de cause tu n'as qu'une poignée de minutes à tenir. J'essayais de penser à autre chose et le problème disparaissait très simplement et très rapidement. Il y a une superstition qui amuse tous les buveurs. Les gens croient qu'on a beaucoup de mérite à avoir arrêté. Il nous aurait fallu beaucoup de volonté et nous sommes extrêmement méritants, voire même des héros quand on tombe sur des débiles profonds. On les laisse croire ça si ça les amuse mais c'est totalement faux. Lorsqu'on a eu le déclic on a la motivation et les choses sont extrêmement simples. Les envies ou les pulsions ne posent pas de gros problèmes. Comme on en a assez d'entendre ces âneries pour beaufs indécrottables, on finit par laisser dire. De plus ceux qui pensent ça sont généralement assez bornés. Ils ne croient que ce qu'ils ont envie de croire. Il n'y a donc rien à en tirer intellectuellement. Après tout, ce n'est pas un supplice insurmontable de passer pour un héros. De temps en temps ça ne peut pas nuire à la seule condition de ne jamais y croire. À consommer avec modération.

Pour clore les mille et une manières de faire face aux envies il faut préciser que nous n'avons traité ici que quelques méthodes. Il en existe d'autres qui sont enseignées par les centres d'alcoologie compétents. On ne peut pas tout traiter dans cet ouvrage dont la lecture deviendrait alors extrêmement fastidieuse. Comme d'habitude nous renvoyons le lecteur ou le buveur vers les centres médicaux spécialisés pour une information plus complète. Encore une fois nous avons bien dit « centres médicaux spécialisés » et pas charlatans de quartier mythomanes bons à enfermer qui se prennent pour des psys.

Après mon abstinence j'ai eu assez peu d'envies de boire. Je ne me souviens plus exactement de leur fréquence que je n'ai pas notée à l'époque mais je dirais environ 2 ou 3 par mois. Je pense que c'était moins d'une par semaine. Pour résumer ma lutte contre les envies ou les pulsions de boire on peut dire que c'était un jeu d'enfant. Ma motivation à m'arrêter était très forte. Nous avions déminé le plus possible de motifs de stress et d'angoisse et j'ai essentiellement utilisé deux méthodes : je me remémorais l'enfer de la boisson et j'attendais que ça passe sachant qu'il suffisait de patienter 2 à 3 minutes. On peut résumer ce problème aux idées simples ci - dessus. Il n'y avait vraiment pas de quoi fouetter un chat quand on a trouvé la motivation et le déclic associé. Encore une fois, il n'en est probablement pas de même pour tout le monde et l'étude sérieuse et scientifique de ce phénomène reste à faire.

La notion « d'abstinence heureuse » doit enfin être abordée. C'est un des grands thèmes des groupes de paroles. Ce concept est une des idées importantes du sevrage alcoolique. Il s'agit tout simplement de la période à laquelle on recouvre toutes nos facultés et une vision positive de la vie. Ce stade procure évidemment une sensation de bien-être que tout abstinent ressent quand il sort de la dépendance. La question est de savoir dans quel délai cet état apparaît et comme toujours cela dépend de chaque individu. Il peut apparaître immédiatement, après quelques jours. Ce qui fut mon cas. Mais certains buveurs devront attendre jusqu'à deux ans au maximum d'après mes observations. Là non plus nous ne sommes pas égaux devant les symptômes de la maladie. On ne sait pas pourquoi il y a de telles différences, mais il faut savoir que ces différences existent et que la suppression de l'alcool ne s'accompagnera pas toujours immédiatement d'un tonus et d'un dynamisme renouvelé. Certains devront attendre un peu. En revanche ils en ressentiront néanmoins immédiatement tous les autres bienfaits tels qu'estime de soi, apaisement, santé retrouvée...

II) Envies de boire et pulsions de 6 à 18 mois après le sevrage

Les 6 premiers mois constituent la période la plus délicate parce qu'on découvre le problème du maintien de l'abstinence et qu'on peut perdre son sang-froid à un moment ou à un autre. Et retomber dans le produit. J'utilise à dessein le terme de délicate et non pas celui de difficile parce que je n'ai eu aucune difficulté à traverser cette période comme nous venons de le voir. Pour moi, le principal souci a résidé dans la crainte d'une envie forte et persistante à laquelle j'aurais du mal de résister. Cette envie n'est jamais venue. Au bout de 6 mois on connaît la plupart les difficultés qui nous attendent. Bien entendu on va être confrontés par la suite à une succession de pièges qu'on ne soupçonnait pas mais ces pièges peuvent être déjoués sans souffrance majeure. Et c'est précisément dans l'apparente facilité qu'est le danger. Tout nous paraît trop facile et on peut baisser sa garde. Car en effet cette période d'un an est la plus dangereuse. C'est généralement là que de nombreuses rechutes apparaissent. Probablement parce que l'on pense que l'on maîtrise notre sujet consistant à ne pas retoucher à l'alcool. C'est encore une fois le fameux excès de confiance qui est le danger le plus important dans cette démarche pour sortir du fléau. Il est vraisemblablement aussi dangereux que la dépendance elle-même. C'est donc le problème majeur de cette période d'un an environ. Sinon la fréquence des pulsions et des envies diminue considérablement. Elle tombe à moins d'une envie par mois environ au grand maximum. La fréquentation des bars et des commerces de vente d'alcool redevient possible mais avec prudence. On pourra participer à des repas avec de l'alcool à table sans craindre d'être tourmenté par la tentation. Si l'on ressent une envie, mettre en place les stratégies que l'on aura adoptées pendant les 6 premiers mois et essayer d'en trouver la cause avec l'aide des professionnels que l'on continue à consulter régulièrement. Il va sans dire que le suivi de professionnels est aussi indispensable après le sevrage qu'avant. Probablement plus. Il faut éviter à tout prix la rechute qui viendrait anéantir un processus si long et si difficile. Ce n'est pas quand on touche au but qu'il faut se laisser aller à l'insouciance. Ce suivi permet en particulier de détecter d'éventuelles émotions qui peuvent conduire à la re-consommation. Le buveur ne les connaît pas mais le corps médical en est parfaitement averti, il en connaît les signes avant-coureurs et permet d'anticiper. Là encore, les proches sont totalement incapables de faire preuve de ce professionnalisme. Ça va sans dire. Ils se feront du souci pour des vétilles sans importance et seront incapables de détecter un problème majeur. Pour rechuter faites confiance à votre entourage. Vous ne serez pas déçus.

III) Période de sevrage après 18 mois, sevrage de long terme

Nous abordons là le sevrage de long terme. Bien entendu on ne sait pas avec précision si le sevrage de long terme commence à 18 mois et un jour, 2 mois avant ou 2 mois après. Ça dépendra des individus. C'est aux alentours d'un an et demi mais il faut bien fixer les idées avec un délai précis. Il est important de garder un contact avec les équipes soignantes pour faire le point de temps en temps. Je ne recommanderai aucun rythme précis. C'est aux soignants d'apprécier le rythme adapté à chaque individu. Chacun son métier. Il faut noter à cet égard que la plupart des rechutes surviennent quand l'ancien buveur a abandonné tout contact thérapeutique avec ses alcoologues préférés ou avec une structure traitant ce problème. Excès de confiance. Ce point me paraît fondamental.

À partir du délai d'un an et demi les envies et pulsions ont quasiment disparues. Ce ne sont que de mauvais souvenirs. Ce qui ne veut pas dire que l'idée de boire nous nous effleurera jamais. Dans la plupart des cas il s'agira alors soit de vagues tentations, soit du fameux excès de confiance, toujours lui. En plus de ces deux cas on citera également les gros problèmes de la vie comme les décès, les licenciements ou les maladies graves. On peut également être confronté à une association de plusieurs causes qui vont générer des envies ou des pulsions. On est en présence des fameuses causes multifactorielles. Plusieurs facteurs se combinent pour réveiller le circuit du plaisir par l'alcool. Ce dernier cas de figure est relativement rare et imprévisible passé un an d'abstinence.

Les tentations vagues seront évitées avec les techniques utilisées auparavant pour résister aux tentations fortes ou aux pulsions. Elles ne présentent donc aucune difficulté.

Les gros problèmes de la vie donneront lieu à des rendez-vous plus fréquents avec les alcoologues, psychologues et autres professionnels. On ne peut pas faire mieux. L'excès de confiance sous-estime le caractère sournois de cette maladie qui peut ressurgir à tout moment. Il n'y a qu'un remède contre cette source de rechute. Continuer à consulter des professionnels au rythme fixé par ces derniers comme indiqué précédemment. En ce qui me concerne, l'excès de confiance est une des deux causes qui ont provoqué ma rechute, l'autre étant le fait de me croire plus malin que les autres. Rappelons que cette rechute est intervenue quatre à cinq mois après mon premier sevrage. Elle n'était absolument pas due à une envie ou à une pulsion mais simplement à ma croyance que je pouvais alors boire un peu comme tout le monde. Cette idée fausse et très répandue m'a couté 9 mois d'une galère particulièrement pénible. Au deuxième sevrage il était donc très clair dans mon esprit que ne me ferais pas avoir une deuxième fois par cet excès de confiance consistant à croire que je pourrais arrêter quand je voudrais puisque je l'avais déjà fait une fois. Je n'ai donc jamais été tenté une seule seconde par l'idée que je pourrais boire à nouveau comme tout le monde. La première rechute m'avait permis de comprendre définitivement que je ne reboirais jamais comme tout le monde. Face à cette double question : est-ce que je pourrai reboire comme tout le monde, et est-ce que je réussirai à m'arrêter quand je voudrai si c'est nécessaire, la question est de savoir s'il est possible de comprendre dès le premier sevrage que la réponse est non. Si c'est possible, peut-on trouver des méthodes psychologico - méthodologico - je ne sais quoi, susceptibles de favoriser cette compréhension précoce ? Je ne sais pas répondre à ces dernières questions. Il faut bien laisser un peu de boulot aux autres.

Concernant les pulsions résiduelles qui pourraient subsister comme dans mon cas dans cette grande surface de Bretagne, elles sont extrêmement rares et imprévisibles. Dans ce cas on aura à nouveau recours aux techniques mises au point à l'origine pour résister à ce type de pulsions. On prendra évidemment rendez-vous le plus vite possible avec son alcoologue habituel pour éviter de laisser subsister un risque qui peut conduire à la rechute.

Conclusion

Les méthodes à appliquer après le sevrage pour éviter les rechutes sont les mêmes quel que soit le délai après l'arrêt. On notera simplement qu'au fil du temps il est de plus en plus facile de faire face à d'éventuelles envies. Ces dernières sont de moins en moins fréquentes bien entendu et elles finissent par disparaître dans un délai compris entre un et deux ans chez la plupart les individus. Passé ce délai, quelques vagues tentations peuvent apparaître de ci de là mais il sera très facile d'y faire face avec les méthodes qui auront été mises au point pour chaque individu avec des alcoologues compétents.

Rappelons une fois de plus que dans les dépendances, le succès de tout sevrage dépend uniquement de la motivation du patient à retrouver une vie harmonieuse. Toutes formes de moralisme comme la volonté par exemple, ne seront d'aucun secours. Hors de cette motivation, toutes les méthodes du monde seront impuissantes face à la toute-puissance de la dépendance. Quel que soit le produit.

Il conviendra bien entendu de rester en contact avec le personnel soignant avec un rythme propre à chacun. L'expérience prouve que les rechutes sont beaucoup plus fréquentes chez les sujets qui ont abandonné tout suivi.

Chapitre XIV - La perception de l'alcoolisme par les autres (opinion d'autrui). Liste partielle des idées fausses.

La vision de l'alcoolisme est imprégnée d'un profond obscurantisme comme nous l'avons déjà vu dans les chapitres précédents. Cet obscurantisme est du bien entendu aux lacunes énormes que nous avons dans la connaissance de ce phénomène. Lacunes qui trouvent elles-mêmes partiellement leur origine dans le tabou qui pèse sur cette maladie et qui est un obstacle très important à l'allocation de crédits pour son étude. Il est difficile d'établir une classification des âneries que l'on peut entendre sur le sujet tant elles sont nombreuses. Les deux pires consistant d'une part à penser que les buveurs sont devenus dépendants en sachant très bien ce qu'ils faisaient et d'autre part que l'abstinence était une question de volonté alors que la volonté est une garantie certaine d'échec dans le sevrage de cette dépendance. Sans être exhaustif, ce qui n'est pas possible tant la bêtise humaine est insondable, nous allons nous efforcer de décrire les idées fausses les plus répandues sur ce sujet.

I) Les alcooliques sont des faibles.

Le mécanisme conduisant à la dépendance est totalement inconscient comme nous l'avons vu précédemment. Le buveur ne se rend pas compte qu'il boit de plus en plus en raison du déni qui le caractérise. Lorsqu'il s'en rend compte il est bien souvent trop tard, la dépendance est déjà installée. Bien entendu on peut toujours trouver quelques exceptions comme partout. Mais j'en ai rencontré très peu parmi les 750 buveurs qu'il m'a été donné de côtoyer. Je crois même pouvoir affirmer que je n'en ai rencontré qu'un seul. C'est-à-dire un buveur qui s'arrête et essaie de traiter son problème avant d'avoir atteint la dépendance « totale ». Et je n'en suis même pas certain. Le traitement passe par la consultation de spécialistes et la fréquentation de groupes de buveurs. Il est clair que je n'ai pas pu côtoyer tous ces groupes à travers la France. Je n'ai donc pas eu connaissance de tous les cas, bien entendu.

Il n'y a aucun lien entre la force de caractère et l'alcoolisation. On pourrait citer de nombreux cas de buveurs qui ont réalisé de grandes choses dans l'industrie ou dans d'autres domaines qui nécessitent de la force de caractère pour réussir. Il y avait des ingénieurs, un chef d'orchestre, des patrons de la banque et de l'industrie, des profs de fac... Des gens ayant énormément d'énergie.

II) L'alcoolisme n'est pas une maladie

Faux bien entendu, c'est une maladie. Il semble que les premiers à comprendre que la dépendance alcoolique était insurmontable par le buveur étaient des Anglais en 1804 : Trotter TT, Loungman, Hurst, Rees and Orms London 1804. L'idée a ensuite cheminé lentement comme toute idée nouvelle. Ce n'est que dans les années 1950 que l'alcoolisme commence à être considéré comme une « maladie » grâce à Jelinneck aux États-Unis *(Disease Concept of Alcoholism)* et Fouquet en France. Mais ce nouveau concept de « malade alcoolique » prendra un certain temps avant de pouvoir s'imposer[24]. L'Organisation Mondiale de la Santé reconnaît l'alcoolodépendance (ou alcoolisme ou éthylisme) comme une maladie que depuis 1978 il y a 40 ans. Cette classification est aujourd'hui facile à comprendre par un bref rappel de ce qui a déjà été dit précédemment. Lorsque le buveur est dépendant, par définition son organisme ou son cerveau ont besoin de ce produit et le buveur en sent un besoin irrépressible. Ce besoin est si fort qu'aucune volonté humaine ne peut s'y opposer. Par conséquent il est clair qu'il n'a plus aucun arbitre en la matière. Comme on dit couramment « c'est l'alcool qui commande ». Rappelons qu'il est clair que nous ne parlons que des buveurs ayant atteint le stade de la dépendance. Par définition les autres n'ont pas atteint le stade « maladif » évidemment.

Certains mènent encore des combats d'arrière-garde sur ce sujet et contestent que la dépendance alcoolique fût une maladie. Il y aura toujours des gens qui ont 2 siècles de retard sur leur époque. Cette attitude réactionnaire et rétrograde a au moins trois origines.

La première est évidente il s'agit de la bêtise. Inutile de s'étendre sur un sujet aussi clair.

Elle vient ensuite du moralisme. Il y aura toujours des esprits moralisateurs et réactionnaires qui ne veulent pas admettre cette analyse. Ces gens-là ne sont pas tous des abrutis congénitaux quoiqu'étant néanmoins majoritaires. Ils veulent rester dans le passé au bon vieux temps où l'alcoolisation était le « mal ». Certains d'entre eux utilisent des arguments pseudo logiques pour essayer de démontrer le contraire. Nombreux sont ceux qui n'ont aucun diplôme de médecine et qui n'ont jamais traité un buveur de leur vie. Ils ne

---

[24] D'après un entretien avec le Pr Michel HAMON, professeur de neuropharmacologie à l'UPMC, (Université Pierre et Marie Curie, Paris), directeur de recherche honoraire à l'Inserm et vice-président du comité scientifique de l'IREB (Institut de recherches scientifiques sur les boissons). 10/07/2014.

sont absolument pas qualifiés pour en parler. Ce sont souvent de simples charlatans arriérés.

Elle peut venir enfin de la confusion entre buveurs excessifs et dépendance. Comme nous l'avons déjà souligné tous les buveurs excessifs ou réguliers ne sont pas dépendants. Il y a en France cinq millions de buveurs excessifs dont deux millions seulement sont dépendants. Les autres 3 millions peuvent arrêter de boire du jour au lendemain s'ils le désirent. Il est évidemment assez facile de guérir d'une maladie qu'on n'a jamais eue. Ça aide à faire des miracles il faut bien le dire. Ceux qui n'ont pas une réelle connaissance de la dépendance peuvent penser qu'un buveur excessif est dépendant. C'est là que réside l'erreur de raisonnement. Ils constatent ensuite que certains mettent un terme à leur consommation excessive sans trop de difficultés. Il s'agit de ceux qui ne sont pas dépendants bien entendu. Ils en déduisent alors que l'on peut revenir à une consommation « normale » après avoir été « alcoolique ». Si l'on peut sortir de l'alcoolisme sans traitement et sans efforts ce n'est pas une maladie. Ce raisonnement tiendrait la route sauf qu'il est totalement faux bien entendu. Il ne s'applique qu'aux buveurs excessifs qui ne sont pas « malades » mais pas aux buveurs dépendants qui le sont.

Certains avaient compris le caractère de maladie de cette affection il y a 210 ans. Ce que d'autres n'ont toujours pas compris aujourd'hui. Il en sera toujours malheureusement ainsi. Les hommes ne sont pas égaux, en aucun domaine. Sauf en Droits bien entendu (Déclaration Universelle des Droits de l'Homme) bien que cette égalité soit très théorique. En effet elle dépend des moyens financiers qui permettent de se payer un bon avocat ou les services de conseillers financiers, juridiques ou fiscaux. Certains ne comprendront jamais.

III) L'arrêt de la boisson est une question de volonté

Encore une idée totalement fausse. Cette idée est malheureusement très répandue. Elle résulte elle aussi d'un moralisme totalement arriéré sur le thème : on peut quand on veut, c'est une question de volonté... Cette maxime est quelques fois vraie comme chacun le sait. Mais l'erreur des esprits étriqués est d'avoir des idées simplistes et de croire qu'il n'y a qu'une explication possible à chaque phénomène. Et en l'occurrence que la volonté peut tout résoudre. Quand on fait 1,50 mètre par exemple on ne sautera jamais 2 mètres en hauteur même avec beaucoup de travail et de volonté. Cette conception sous-entend par ailleurs que si on n'y arrive pas c'est parce qu'on est un faible et donc quasiment un sous homme. Cette vénération pour la volonté était par ailleurs une des caractéristiques de l'idéologie nazie qui n'était pas un modèle d'analyse rationnelle et scientifique si j'ai bien compris. Ou alors je n'ai pas tout compris. Rappelons qu'un film a été tourné sur ce thème : "Le triomphe de la volonté", "Triumpf of the Will", "Triumphiere über den Willen", "Триумф по желанию" tourné en 1934. Dans ce film tout est fait pour glorifier l'idéologie nazie, aussi bien la mise en scène que le son ou bien encore le montage. Il montre l'ordre, l'unité et l'ambition du mouvement national-socialiste. Goebbels, le ministre de la propagande, lui décerna le ''Prix national du film'' le 1er mai 1935. Ce film reçut également en 1935 le prix d'honneur du meilleur documentaire en France... Ce qui éclaire peut-être sur les idées favorables au nazisme qui se sont ensuite manifestées en France. D'abord en 1938 et ensuite avec la collaboration. Mais c'est un autre débat. La connotation moralisante, idéologique et nazie de la volonté étant claire, passons à une analyse un peu plus sérieuse.

L'arrêt de la boisson en cas de dépendance est une question de motivation et en aucun cas de volonté. La nuance est de taille. Le buveur dépendant a perdu toute liberté par rapport à l'alcool. C'est un malade qui ne peut plus s'empêcher de boire. Ses pulsions ou ses envies s'imposent à lui. Il ne maîtrise plus rien. Par conséquent la volonté serait chez lui la capacité à réaliser son désir de ne plus boire. Désir réel chez tous les buveurs qui ont atteint ou dépassé le stade du déni. Mais par définition et compte tenu du caractère de maladie de cette affection, ils en sont totalement incapables. Le concept de volonté supposerait que le buveur soit en mesure de s'imposer de ne pas boire. Ce qui n'est pas possible.

La plupart des théories portant sur la volonté : Aristote, Rousseau, Descartes, Kant... présupposent que l'homme est capable de réaliser ses désirs si la Société lui en donne les moyens. Le problème est alors simplement de savoir si les modes de gouvernement donnent à l'être humain la liberté et les moyens de réaliser ses désirs et ses objectifs. Nous ne sommes évidemment pas dans ce cas de figure puisque le buveur dépendant ne peut pas arrêter de boire. Personne ne l'en empêche bien au contraire mais il a un mécanisme dans la tête qui lui commande de boire et contre lequel il ne peut rien. Ces théories n'apportent donc absolument rien dans notre cas précis. Elles sont hors sujet.

Ces quelques remarques peuvent expliquer qu'il peut y avoir confusion entre volonté et motivation. Si l'on omet de dire que la dépendance se traduit par un besoin irrépressible de boire, alors il est clair que le désir ou la motivation se transforment en volonté qui a son tour peut se traduire en action. Action d'arrêter. Mais malheureusement il y a une erreur de raisonnement encore une fois. Dans notre cas le désir peut se transformer en volonté mais la volonté ne peut pas se traduire en action, c'est-à-dire en action d'arrêter. Le cerveau empêche l'être humain d'arrêter par un « ordre » de boire. « Ordre » que la volonté ne peut pas transgresser. Cette confusion est fréquente. On la rencontre encore une fois quand on est en présence de patients qui ne sont pas clairement dépendants. Ceux-là peuvent décider d'arrêter le massacre. Leur volonté peut encore se traduire en action. Se croyant dépendants à tort ils en déduisent que tout le monde peut faire comme eux. Ce qui est totalement faux comme on l'a vu. Voilà ce qui arrive quand on se prend pour le nombril du monde. Il y a toujours un très grand nombre de cas de figure. Pas un seul et unique : le sien.

Le buveur doit donc trouver un autre moyen pour arrêter sa consommation le temps que les envies diminuent et disparaissent. C'est ça le défi du « buveur de fond » si je puis dire. En admettant que le nouveau médicament en vogue supprime l'envie de boire, il ne supprime pas la dépendance à ma connaissance. C'est-à-dire que dès que les patients cessent de le prendre volontairement ou par mégarde, les envies devraient revenir. Et le patient n'est toujours pas libre contrairement à l'abstinent qui n'a plus besoin de rien ni de personne pour supprimer ses envies de picoler. Et le seul moyen totalement efficace qu'aient trouvé les buveurs jusqu'à présent réside dans la motivation. C'est-à-dire le désir extrêmement fort d'arrêter le massacre et son cortège de catastrophes : dégoût de soi-même, nuisances pour les autres (agressivité, passivité, coups, violence physique et verbale...), dé-sociabilisation, déchéance physique, sociale, intellectuelle et mentale, divorce, chômage et j'en passe. C'est une forte motivation à arrêter qui conduit les malades à consulter des professionnels, médecins diplômés habitués à traiter le sujet. Ensuite ces professionnels sont les seuls habilités à les orienter vers les soins et les méthodes les plus adaptées au cas de chacun. La réussite du traitement dépendra de la force de cette motivation et là personne n'y peut rien. Même pas le malade lui-même, malheureusement.

La grande question réside donc dans l'origine de cette motivation. Et sur ce point crucial nous sommes totalement démunis. Il n'existe malheureusement pas de réponse miracle. Et probablement pas de réponse tout court. Il n'existe aucune méthode pour transmettre cette fameuse motivation à coup sûr. Il existe de nombreuses méthodes que nous avons exposées pour tenter de faire apparaître cette motivation. Nous n'y reviendrons pas. Mais ces méthodes ne sont pas une garantie de réussite à 100 %. Quelques fois ça marche, quelques fois ça échoue. Et personne ne sait pourquoi. On l'a déjà dit. Par ailleurs certains patients ont cette motivation sans avoir fait le moindre exercice pour y parvenir. Ce n'était pas mon cas et j'ai dû beaucoup travailler alors que d'autres y arrivent les mains dans les poches. Tranquilles. C'est ce qui explique qu'à partir des mêmes traitements certains réussissent un sevrage définitif alors que d'autres échouent. Et c'est ce qui peut constituer un obstacle majeur dans le nouveau traitement médicamenteux. Ceux qui ont cette motivation à arrêter en profiteront pour arrêter. Les autres retomberont inéluctablement dans le produit à mon avis. Ce dernier point sera à vérifier à l'usage mais c'est ce que j'ai déjà constaté sur certains patients traités avec le médicament actuellement très à la mode. D'autant plus que ce médicament peut être prescrit par tous les médecins. Donc par des médecins qui ne connaissent pas grand-chose à cette maladie dans 99 % des cas. C'est exactement comme si tous les médecins s'amusaient à prescrire des anticoagulants très puissants dont nous tairons le nom au lieu de réserver cette pratique aux cardiologues. Il y a fort à parier que la mortalité augmenterait +++. Nous verrons avec l'expérience si le dernier médicament anti alcool fait des victimes et combien. Qui vivra verra. Pour revenir à notre motivation, ce problème est souvent débattu avec les professionnels ainsi qu'entre les buveurs bien entendu. Je rappelle que j'ai eu l'occasion de discuter avec environ 750 de mes « collègues » buveurs ou anciens buveurs. Nous n'avons pas trouvé grand-chose sur le sujet. La motivation peut venir des suites négatives de l'alcool que nous venons de rappeler. Je ne veux pas tomber dans le caniveau et la mendicité par exemple. Ou je veux éviter l'isolement physique et surtout psychologique lié à ce produit. On peut ainsi trouver des dizaines d'autres motifs évidents mais c'est loin d'être suffisant dans de nombreux cas. Dès lors que le buveur est sorti du déni, il se rend parfaitement compte qu'il est en train de couler. Mais au début ça ne sert pas à grand-chose. Il pense qu'il va pouvoir échapper à une dégradation très importante. On a le même phénomène chez les fumeurs. Tout le monde sait que la probabilité de cancer augmente considérablement en fumant mais tous les fumeurs pensent très longtemps que le cancer « c'est pour les autres ». Rappelons que dans le cas de l'alcool il y a plusieurs formes de déni. Celui qui porte sur le fait de boire trop, celui qui porte sur le fait d'être dépendant et ensuite celui qui porte sur les conséquences possibles de l'alcoolisation comme chez les fumeurs (ça n'arrive qu'aux autres).

La motivation la plus efficace que nous avons détectée est la peur de mourir. Que le risque d'en mourir à plus ou moins long terme soit réel ou supposé. Peu importe. Mais là non plus nous n'avons pas inventé l'eau chaude et ce n’est pas toujours suffisant non plus. À ce stade je ne tomberai pas dans le piège grossier de la psychologie de prisunic consistant à dire qu'il s'agit de tendances suicidaires. Beaucoup trop grossier. La réponse est beaucoup moins simpliste que cela.

Il semble que l'origine de la motivation reste assez mystérieuse jusqu'à présent mais il en est de même dans tous les domaines : motivation pour la musique, le sport, les langues, les mathématiques, la pêche, la chasse, l'enseignement, etc. En tout état de cause voilà un beau sujet pour nos successeurs. Il n'y a pas de raison que ce soient toujours les mêmes qui fassent tout le boulot.

IV) Le delirium tremens est dû à la consommation d'alcool

Faux, il est dû à l'arrêt brutal d’une consommation excessive d'alcool. Ce sujet a déjà été traité, mais revenons-y plus en détail. Dans la croyance populaire, ce symptôme est dû au contraire à une consommation trop importante d'alcool. Le syndrome de sevrage alcoolique débute cinq à dix heures après l'arrêt de l'alcool. Il est variable selon les individus et en fonction de la quantité absorbée de manière régulière. Là comme partout la règle est qu'il n'y a pas de règle. Personnellement j'ai eu des symptômes de sevrages très faibles même en fin de parcours quand j'absorbais des quantités impressionnantes de whisky. Je dois ajouter pour l'information des lecteurs que je suis rarement resté sans « recharger » mais j'ai pu le faire néanmoins pendant 24 heures sans qu'il m'arrive quoique ce soit à part des très légers tremblements presque indétectables par les autres. Bien entendu quand on arrête plus longtemps il n'est pas question de le faire sans une aide médicamenteuse qui est précisément destinée à éviter ces symptômes qui peuvent s'avérer mortels comme on l'a déjà vu. L'arrêt de l'alcool peut donc être mortel. Encore une fois c'est la seule « maladie » dont la « guérison » peut vous tuer.

Revenons au délirium tremens. Il se traduit par des tremblements dus à une perturbation du système nerveux autonome qui contrôle les fonctions vitales ce qui entraîne des palpitations cardiaques et une hypertension artérielle. Le patient ressent un mal-être général, une anxiété et fait des cauchemars. Après 48 heures, il devient confus, c'est-à-dire que ses capacités de raisonnement s'altèrent, que son orientation dans le temps et l'espace est perturbée, que sa conscience s'obscurcit.

Il peut être sujet à des hallucinations visuelles — il voit des choses sans aucune stimulation — et à des illusions sensorielles — ce qu'il voit est déformé. Quelquefois les hallucinations prennent la forme d'animaux inquiétants mais c'est très rare. Ce sont rarement des éléphants roses mais c'est peut-être l'origine de cette légende. Plus souvent de petits animaux qui rampent ou trottinent.

À ce stade des crises d'épilepsie surviennent fréquemment. C'est une première cause possible de décès lorsque les malades vivants seuls avalent leur langue et s'étouffent. Dans 5 % des cas, le delirium tremens est très grave avec une confusion aiguë et une grande agitation qui mettent en danger l'entourage ou le buveur lui-même. Une insomnie totale peut apparaître et le dérèglement végétatif provoquant une forte hypertension, une déshydratation et de la fièvre peuvent causer la mort. C'est alors la deuxième cause possible de décès dû au sevrage.

Ces dérèglements sont dus à des mécanismes complexes dans le fonctionnement du cerveau. Pour simplifier, l'alcool a les mêmes propriétés qu'un neurotransmetteur du cerveau (le gaba) qui a un effet inhibiteur. Pour compenser cet effet, le cerveau diminue sa production naturelle de gaba et augmente la production de neurotransmetteurs excitateurs (noradrénaline, sérotonine, dopamine). En cas d'arrêt de l'alcool l'effet inhibiteur disparaît, mais la production d'excitants naturels se poursuit et se traduit par une hyperexcitabilité neuronale globale dans le cerveau. Hyperexcitabilité qui met la pagaille que nous venons de décrire et qui peut provoquer la mort. C'est très simple, il suffit de le savoir. On considère en général que les effets potentiellement mortels disparaissent au bout de cinq jours. Ce qui fait dire que la dépendance physique ne dure que cinq jours. C'est vrai mais on est loin s'être à l'abri de toute rechute après cinq jours de sevrage. Tout d'abord on ne sera jamais à l'abri d'une rechute. De plus la dépendance psychologique subsiste, elle durera des mois voire des années chez certains. Bienvenue au club. Ce qui explique qu'un suivi est indispensable après le sevrage qui n'est qu'un tout petit début. Au risque de me répéter je dirai qu'il est facile d'arrêter de boire en cure de sevrage. Pour la plupart des patients c'est presque un jeu d'enfant mais le plus difficile commence bien entendu à la sortie de la cure lorsque vous remettez les pieds dehors, sur le trottoir. Bon courage. C'est ce qui explique que ceux qui n'ont pas une motivation suffisante rechutent plus ou moins rapidement. C'est notamment le cas de ceux qui sont placés là par une décision de justice. Ils n'ont aucune motivation et les cas de rechute sont à peu près de 100 %. C'est une hypocrisie totale de la Société qui se donne bonne conscience en faisant semblant de faire quelque chose. Ça coûte environ le prix d'une petite voiture neuve dans chaque cas et en pure perte. Tous ceux qui connaissent le sujet le savent et on continue sans se poser la moindre question. J'ai connu un contre-exemple sur 750. Celui d'une femme. Je soupçonne qu'elle était arrivée à un stade où elle était très motivée pour arrêter et le placement d'office en cure de sevrage est arrivé au bon moment. Bien entendu je ne peux pas prouver mon interprétation. Que chacun en pense ce qui l'arrange le mieux.

V) Les abstinents ne boivent que de l'eau

Encore une erreur monumentale. C'est même exactement l'inverse. Pourquoi ? Parce qu'un des moyens de diminuer les risques de rechute consiste à se donner du plaisir en buvant. On peut à nouveau faire une tirade de psychologie de prisunic si on veut. L'alcool est un plaisir oral qu'il faut remplacer par un autre plaisir oral. C'est peut-être vrai et peu importe. L'important est que ce point ait été vérifié par les professionnels. Les diététiciennes attachées aux services d'alcoologie sérieux ainsi que leurs collègues masculins vous conseilleront une foule de boissons possibles avec tous les cocktails imaginables de leur cru. Je n'en donnerai aucun, je ferais moins bien qu'eux. Avec leurs conseils chacun trouve sa solution sans aucun problème.

Je donnerai simplement ma recette personnelle en rappelant qu'elle fonctionne avec moi mais qu'elle n'a aucun caractère universel. C'est le moins qu'on puisse dire. Je pense même que de nombreux médecins vous diront que c'est exactement ce qu'il ne faut pas faire. Avec moi ça marche. J'ai bu pendant plus de onze ans environ un litre de café par jour avec du lait.

J'adore le café au lait que je digère très bien, merci. Je suppose que le café a remplacé l'excitant qu'était l'alcool et que je m'y suis habitué. Depuis quelques mois je me suis remis au thé en parallèle en diminuant ma consommation de café. Mais je dois toujours boire mon sacro-saint café au lait sinon ça ne va pas. Il vaut mieux être shooté à la caféine qu'à l'alcool, c'est beaucoup moins destructeur. Si tant est que l'on puisse être dépendant à la caféine ce qui est loin d'être évident. J'avais testé une autre boisson miracle, à savoir le jus de fruit. Sur moi les boissons sucrées avaient pour effet de stopper net l'envie de boire quand j'en avais une après le sevrage. Quelques gorgées et je n'y pensais plus. Génial. Mais le sucre a un autre effet nocif qui s'appelle le diabète. Je n'en ai pas mais ayant des antécédents diabétiques j'ai toujours eu une peur bleue d'en avoir. Je fais donc attention à ma consommation de sucre depuis une quarantaine d'années. On m'avait conseillé ça à l'hôpital Pasteur à Paris et je l'ai toujours fait. J'ai fait attention, je n'ai jamais supprimé totalement le sucre ni les pâtisseries. Soyons sérieux, surtout avec les pâtisseries. C'est pourquoi je n'ai eu recours aux boissons sucrées qu'exceptionnellement.

VI) Origine des causes de l'alcoolisation

Mis à part les idées reçues habituelles de beaufs de bas de gamme traitées ci - dessus : faiblesse et absence de volonté, deux autres idées reçues simplistes et donc fausses sont très répandues. Il est facile de trouver la cause de l'alcoolisation, de même qu'en s'attaquant à cette cause on peut supprimer l'effet. Les deux sont fausses bien entendu. La première a été traitée dans le chapitre IV et je vous invite à vous y reporter. En ce qui concerne la deuxième, elle peut être vraie mais uniquement pour les buveurs qui ne sont pas dépendants. Dans ce cas si on peut réussir à obtenir l'arrêt de la boisson en trouvant la cause, le patient peut se débarrasser de cette mauvaise habitude puisqu'elle n'est pas encore une addiction. Je doute que l'on trouve de nombreux exemples de ce cas de figure mais en théorie c'est possible. En revanche quand il y a addiction, l'origine psychologique de cette addiction ne peut être d'aucun secours puisque la dépendance est installée et qu'elle n'obéit plus à aucun raisonnement. Elle obéit à des mécanismes cérébraux encore mal connus et totalement indépendants de la volonté du malade. Dans ce cas, la cause psychologique de la maladie peut également être utile si le buveur atteint l'abstinence. Elle peut alors éviter la rechute ou aider à l'éviter. L'aide à l'évitement de la rechute est déjà d'un précieux secours. Cela peut suffire à faire la différence pendant une envie de replonger.

VII) Les buveurs ont tous les mêmes symptômes

Bien entendu c'est également totalement faux. Ce sujet est traité au Chapitre VI et je vous invite également à vous y reporter.

VIII) La difficulté à trouver la cause de l'alcoolisation et de la dépendance peut conduire à penser qu'il n'y a aucun remède possible. Cette affirmation conduirait à penser que « qui a bu boira ». Ce qui est faux, une fois de plus. Les groupes de paroles destinés aux buveurs regorgent d'anciens buveurs abstinents comme moi. Concernant les maladies dont on ignore les causes et leurs traitements se reporter également au Chapitre IV.

IX) Attitude à adopter vis-à-vis des autres quand on devient abstinent

C'est un des sujets les plus difficiles à mon avis. En effet il conditionne l'insertion du buveur dans la société après son abstinence qui n'est pas un long fleuve tranquille comme nous l'avons déjà dit. La difficulté est évidemment d'expliquer pourquoi on ne boit jamais d'alcool. Il n'y a pas de recette miracle et chacun doit trouver la sienne. Tous les abstinents y sont arrivés. Il n'y a donc pas de problèmes, que des solutions mais les solutions sont assez longues à trouver. Il faut le reconnaître. J'entends par solution la méthode que chacun utilise sans problème et sans trop d'appréhension. Je dis sans « trop » d'appréhension parce qu'après onze ans d'abstinence il m'arrive encore de renoncer à le dire devant certains auditoires. J'utilise alors une des nombreuses ruses pour éviter le sujet. Et en particulier la meilleure : courage fuyons. Ne jouons pas aux héros aujourd'hui, je ne le sens pas. Comme on l'a déjà dit cette difficulté à affronter le regard des autres vient probablement d'une certaine honte résiduelle au fond de nous. À mon avis aucun psy ne peut nous aider à en venir à bout. Arrêtons de rêver mais ce n'est pas un problème. Elle vient également de la crainte d'avoir affaire à de sombres primates qui ne comprendront rien au sujet. Ce type de primate a le don de nous énerver beaucoup plus qu'un tantinet. On craint alors d'être tentés de leur rentrer dedans, verbalement dans un premier temps.

Les services spécialisés en alcoologie proposent toutes les méthodes possibles que l'on a trouvées jusqu'à présent. Comme le sujet des explications à donner en société concernant notre abstinence a déjà été abordé auparavant nous en resterons là.

Conclusion

Les idées fausses concernant l'alcoolisme sont légion et viennent essentiellement du tabou qui pèse toujours sur cette maladie. Tabou qui empêche d'aborder clairement et ouvertement le sujet. Ce chapitre permet aux béotiens de mieux comprendre la réalité de cette addiction. Il permet également aux buveurs de trouver des arguments et des explications à fournir à ceux qui ont l'esprit assez ouvert pour les écouter.

Chapitre XV - Bénéfices du sevrage et motivations pour éviter la rechute

Nous allons aborder dans ce dernier chapitre quelques-uns des principaux bénéfices tirés de l'arrêt de l'alcoolisation. On ne peut pas être exhaustif tant ils sont nombreux. Nous nous contenterons donc des plus importants comme toujours. Ils sont autant de motifs à éviter la rechute.

I) Vivre au lieu de mourir

Le premier d'entre eux consiste à vivre au lieu de sombrer dans une déchéance qui finira par la mort. Cet avantage de la vie par rapport à la mort paraît assez simple à comprendre bien qu'il soit à peu près impossible à démontrer rationnellement. On peut néanmoins essayer de le démontrer a contrario bien que la démonstration soit très discutable. Il suffit de voir la dégradation progressive de quelques « peoples » célèbres ou de quelques SDF ayant atteint un stade avancé pour se rendre compte de l'état de décomposition physique, intellectuelle et psychologique où mène la consommation du produit jusqu'à sa limite. Les médias nous montrent complaisamment ces pauvres diables quand ils sont célèbres, notamment la télé. Ils les exhibent comme des animaux de cirque jusqu'à la fin. Le public aime beaucoup les mises à mort publiques. Il adore quand le dompteur se fait bouffer par le lion. Tout cela se vend bien. Tout le monde fait du fric sur la déchéance du buveur sauf le « condamné » et son entourage qui vivent un enfer dont tout le monde se moque totalement. Les jeux du cirque font toujours recette à condition que le gladiateur meure à la fin et certains journalistes en profitent. Les médias ne traitent pratiquement pas l'alcool, ils ne rebutent pas le spectateur ou le lecteur avec un sujet qui ne se vend pas et n'attire donc pas la publicité, tout est propre et aseptisé. Tant que le condamné est drôle et qu'il débite ses âneries devant la caméra ça va. Âneries généralement d'une platitude et d'une vulgarité répugnantes. Il fait le clown et les imbéciles croient qu'il est gai. Pauvres débiles, ils en redemandent. Que la bêtise des lecteurs et des téléspectateurs est sinistre. Rappelons ici que l'alcool rend dépressif. Bien entendu certains buveurs peuvent être dépressifs par nature ou pour une raison quelconque mais dans la plupart des cas c'est le produit qui génère la dépression à la longue dans les périodes de manque. Ce qui est une raison supplémentaire d'en consommer à nouveau pour y rechercher l'effet euphorisant qui combattra justement cet effet déprimant. C'est une autre source de cercle vicieux.

Ça ne fait pas rire les familles ni les anciens buveurs qui savent ce que les pitreries des alcoolos cachent comme souffrance. Parmi les anciens buveurs certains s'occupent de quelques « collègues » pour tenter de leur venir en aide. Cet accompagnement se termine de temps en temps au cimetière pour accompagner ceux qui n'ont pas pu s'arrêter ou qui se sont arrêtés trop tard. Il arrive en effet qu'on soit rattrapé par des cancers et autres maladies dont nous avons parlé au Chapitre V longtemps après avoir arrêté. Rien ne dit d'ailleurs que j'y échapperai. Ces maladies peuvent se déclarer plusieurs années après l'arrêt. Nous verrons bien. En attendant mes années d'abstinence auront été des années de vie supplémentaires au lieu de survivre lamentablement comme une loque dans la médiocrité de ce produit. Toujours ça de pris. Un de mes amis est mort il y a 2 ans d'un cancer à évolution assez rapide plus de dix ans après avoir arrêté avec une rechute entre temps et un nouvel arrêt il y a quatre ans. On ne pourra jamais prouver qu'il aurait évité cette saleté s'il n'avait jamais bu. Bien entendu. Mais son cas comme bien d'autres ne rassure pas l'ancien buveur que je suis. D'autant plus qu'il avait mon âge ce couillon-là. Ça m'incite évidemment à profiter de chaque instant de la vie. Qu'est-ce qui m'attend demain ? C'est le cas de tout le monde me direz-vous, ne soyons pas à une banalité près, mais il me semble que les anciens buveurs le savent un peu mieux que d'autres parce qu'ils savent que ce qu'ils ont avalé jadis pourrait bien leur jouer un mauvais tour un jour ou l'autre. D'autant plus que tous ceux qui se sont informés un minimum savent qu'il faut 14 ans pour retrouver une probabilité de décès égale à la moyenne quand on a eu l'excellente idée de fumer en même temps. Ce qui est le cas d'environ 90 % des buveurs. Plus que 3 ans à tirer dans mon cas. Ça devient bon. J'ai déjà fait 78 % du chemin, c'est au début où les risques sont les plus importants.

Pour en terminer avec cette partie passionnante sur l'intérêt de vivre au lieu de mourir, je ferai part de mon expérience personnelle sur le sujet. Expérience qui est d'ailleurs bien décevante dans la mesure où là non plus personne n'a trouvé la pierre philosophale. Pas plus moi que mes petits camarades. Je peux simplement dire que la vie me paraît géniale depuis que j'ai arrêté de boire et que je me lève tous les matins en étant heureux de vivre et heureux de ce que je vais faire de ma journée. Même si j'ai décidé de glander sec. Il est très difficile de comparer ce que je ressens maintenant à ce que je ressentais avant de picoler. Rappelons que j'ai eu une vocation tardive et que j'ai ressenti la vie sans alcool pendant 47 ans environ avant. Il serait donc possible en théorie de comparer mes deux états sans alcool : avant la boisson et depuis l'abstinence. Malheureusement nous sommes là en présence d'un problème de mémoire des sentiments. Il me semble que personne ne peut se souvenir avec précision de ce qu'il a ressenti il y a plusieurs années. On ne peut donc pas comparer les sentiments présents et les sentiments passés sauf à prendre le risque de fantasmer des sentiments passés en les modifiant totalement. Ce qui nous conduirait immanquablement à une analyse totalement fausse. Il n'y a donc pas de réponse scientifique à la question posée. En revanche il me reste les impressions. Et ces impressions me soufflent que ma sensibilité se soit considérablement épanouie avec l'arrêt de l'alcool. J'ai toujours eu ce qu'il est convenu d'appeler « une bonne nature ». Néanmoins, il me semble que je suis maintenant d'une gaîté et d'un optimisme constants ce qui n'était pas toujours le cas auparavant. Par ailleurs je suis presque toujours actif en dépit de ma retraite et je réalise un certain nombre de projets : apprentissage d'une langue, rédaction de ce bouquin, plusieurs marches par semaine, de la photo, entretien du terrain autour de la maison (c'est mon plus gros travail, l'herbe repousse plus vite que son ombre, surtout la mauvaise), organisation de mes vacances en France mais surtout à l'étranger où je passe maintenant plusieurs mois par an. Là encore on peut tomber dans la banalité et dire que je ne suis pas le seul à faire ça. Certes, mais la seule question intéressante est de savoir si j'aurais été aussi tonique si je n'avais pas bu. Personne ne peut y répondre avec certitude mais je pense que non. Il me semble que le fait d'avoir sombré dans un début de déchéance alcoolique de même que la menace actuelle de tomber sous les coups d'une éventuelle maladie implacable, me donnent la conscience permanente qu'il faut profiter de la vie. Il me faut utiliser les forces que j'ai à réaliser des choses. Je suis très frappé par les réflexions de certaines de mes connaissances qui se lamentent souvent en se demandant ce qu'ils ont fait depuis une semaine, un mois, 6 mois, un an ou plus. Leur réponse est souvent : rien. Je ne veux surtout pas en être réduit à dire : qu'ai-je fait cette semaine ? Rien ! C'est une semaine perdue pour la vie. Et ça, je pense que je le dois à l'alcool et à son arrêt. Les deux.

Il n'est pas à exclure que les buveurs abstinents soient pris d'une motivation supplémentaire à réaliser des choses et à vivre. Motivation supplémentaire que n'ont pas ceux qui ne picolent même pas (ça leur apprendra à faire les malins) parce qu'ils n'ont pas côtoyé la déchéance et la mort d'aussi près. Voyage au bout de l'enfer. Ce qui ne nous tue pas nous renforce c'est bien connu et c'est bien vrai. Je confirme. Malheureusement on ne peut pas programmer volontairement des voyages au bout de l'enfer pour une raison simple : on n'est jamais sûr d'en revenir vivant.

II) Estime de soi

Le retour de l'estime de soi est l'autre élément fondamental de l'arrêt de l'alcool. Comme nous l'avons déjà souligné les bénéfices de l'arrêt sont très rapides. Il est difficile de fixer une limite précise mais on peut dire encore une fois qu'ils sont déjà très nets après 5 jours. Ceux qui fréquentent les services de sevrage le savent très bien. La métamorphose est déjà bien entamée après ce délai sauf dans les cas où la dégradation était déjà très avancée : difficulté ou incapacité à marcher, maigreur extrême, crise de délirium, polytoxicomanie grave (consommation de plusieurs substances psychotropes afin d'en renforcer les effets), etc. Les médecins qualifiés pourraient faire une description plus fidèle et plus exhaustive que moi de ces cas très préoccupants. Je ne rapporte que quelques exemples que j'ai vus.

Rassurez-vous, ces cas extrêmes ne représentent qu'environ 1 à 2 % des cas dans les services de sevrage. Dans tous les autres cas l'estime de soi commence donc à se manifester au bout de ces quelques jours. On peut enfin regarder les autres en face. Je n'ai pas un gramme d'alcool dans le sang, je ne passe pas mon temps à raconter des inepties, mon cerveau fonctionne, je peux soutenir la comparaison avec n'importe qui. Et on peut enfin regarder les interlocuteurs en face. Ce qu'on n'osait plus faire depuis longtemps. Deux facteurs principaux entraient en jeu dans cette perte de l'estime de soi.

Il y avait d'abord la conscience d'être tombé dans une dépendance qui finit par diminuer considérablement un certain nombre de facultés humaines telles que le jugement, le contact avec les autres, les facultés intellectuelles générales, les capacités physiques également, la disparition totale de la mémoire pendant les périodes de forte alcoolisation, la sensibilité, etc. Le buveur sait consciemment ou inconsciemment qu'il a perdu bon nombre des caractéristiques d'un être humain. Il serait par ailleurs intéressant d'essayer de mesurer le niveau de conscience qu'ont les buveurs de ce phénomène.

Il y a ensuite la honte d'avoir perdu ces capacités. Il s'agit alors du sentiment d'infériorité d'être incapable d'arrêter l'alcool pour retrouver le statut d'être humain. Je sais que le premier verre va en entraîner inévitablement d'autres qui vont me faire perdre ce statut d'être humain. Je ne suis même plus capable de ne pas le prendre. Je suis incapable de faire ce qu'il faut pour redevenir un être humain, un Homo Sapiens, un Homme savant. Je suis tombé bien bas.

Pour retrouver ce statut il faut bien entendu arrêter le massacre. À cet égard je serais intéressé de savoir ce qu'éprouvent ceux qui prennent ce nouveau médicament. En effet, il ne se traduit que rarement par un arrêt total de l'alcool si j'en juge par le comportement de ceux de mon entourage qui en prennent. Par conséquent ils perdent à nouveau leur statut d'être humain de temps à autre selon la définition que je viens de donner. Alors quid de leur honte d'être incapables d'arrêter ? Et de manière plus générale quid de leur estime de soi ? La réponse est intéressante mais je ne la connais pas.

III) Santé physique et intellectuelle

Il est clair que lorsqu'on arrête de s'empoisonner ça va beaucoup mieux. Il n'est pas besoin de sortir de Polytechnique pour comprendre ça. Ces problèmes physiques ont déjà été abordés au chapitre V. Nous nous contenterons donc de les rappeler brièvement. L'arrêt de l'alcoolisation permet de les faire tous disparaître ou presque. L'amélioration est donc considérable.

III - 1) Problèmes physiques

La dépendance à l'alcool suscite l'apparition de problèmes physiques qui vont évidemment en s'aggravant. Plus on s'empoisonne et moins bien on se porte. Progressivement, le buveur a moins d'appétit et maigrit contrairement à un raisonnement simpliste et primaire consistant à penser que les calories contenues dans les boissons alcoolisées contribuent à faire grossir. Souvent cet effet est plus que compensé par la diminution des autres nourritures dues à une perte d'appétit progressive.

Le problème le plus important réside dans la fatigue. L'organisme se bat en permanence contre les effets dévastateurs de l'alcool et devient de moins en moins résistant bien entendu. En raison de l'affaiblissement de l'organisme, des infections à répétition peuvent apparaître.

La libido est en baisse, ce phénomène est bien connu.

Des problèmes dermatologiques peuvent apparaître. Ce sont généralement des picotements aux pieds ou aux mains. Dans mon cas ces picotements et ces démangeaisons se sont manifestés après avoir arrêté l'alcool. Je ne suis pas le seul dans ce cas et il m'arrivait encore il y a 2 ans d'avoir des démangeaisons sans cause. À titre d'anecdote, j'en ai eu une il y a 2 ou 3 ans qui se manifestait tous les soirs après mon coucher à l'extérieur et au milieu de la cuisse gauche. Je me grattais, elle disparaissait pour réapparaître deux à trois fois de suite. Elle disparaissait ensuite aussi mystérieusement qu'elle est apparue. Je n'avais aucun signe sur la cuisse, absolument rien. Sachant de quoi ça venait, j'ai attendu patiemment qu'elle se calme. Et elle a fini par disparaître totalement. Je ne me souviens même plus quand. Cette démangeaison était réglée comme un métronome. Je n'en ai même pas parlé à mon médecin. Concernant ces démangeaisons j'ai connu une « collègue » qui avait de telles démangeaisons aux mains après son sevrage qu'elle se grattait au sang. Elle a été obligée de mettre des bandages pour éviter de s'arracher la peau. Ce phénomène a fini par disparaître. Je ne sais plus en combien de temps. Aujourd'hui elle va très bien, merci.

Quand l'alcoolisation est très ancienne et les dégâts importants, le buveur peut avoir une démarche hésitante. Nous ne parlons pas ici de la perte de l'équilibre due à une présence trop élevée d'alcool dans le sang. Mais d'un état permanent. La coordination de la marche au niveau du cerveau se fait mal. Dans ce cas il est urgent de faire quelque chose. Entre anciens buveurs nous avons coutume de dire qu'à ce stade il n'y en a plus pour longtemps si le malade ne se soigne pas. On n'en arrive pas là sans avoir eu de nombreuses alertes au niveau physique, intellectuel et psychologique. S'il en est arrivé là c'est bien parce qu'il n'a jamais pu arrêter en dépit de ses efforts. Le diagnostic est assez noir.

En matière de maladies reportez-vous au chapitre V qui traite de ce sujet : cirrhoses, cancers, pancréatites, varices œsophagiennes...

En matière de troubles visibles nous nous limiterons aux rougeurs du visage et aux tremblements. Le visage peut rougir petit à petit sous l'effet de la couperose. Ce phénomène est dû à la dilatation des vaisseaux superficiels du visage. L'alcool a un effet vasodilatateur qui se manifeste notamment sur les vaisseaux de la face. Cet effet s'atténue un peu lorsqu'on devient abstinent mais très peu. Il est irréversible à 60 % environ. Les dermatologues ont des traitements qui atténuent ces rougeurs. Le mien me les avait proposés mais ma couperose étant très légère j'y ai renoncé. Ayant une peau de blond je mets ça sur le compte de la fragilité de ma peau ou du soleil et ça passe très bien.

Les tremblements sont dus à une insuffisance d'alcool dans l'organisme comme nous l'avons déjà dit. C'est un phénomène de sevrage. Il peut être très gênant psychologiquement pour le buveur. En effet dans ces cas-là on a l'impression que tout le monde ne voit que ces tremblements et qu'on est démasqué en tant qu'alcoolo - dépendant.

Les troubles du sommeil sont également fréquents. Ils sont dus aux propriétés excitantes de l'alcool, comparables aux effets du café. Ces troubles contribuent à affaiblir le malade physiquement bien entendu de même qu'ils se traduisent par des problèmes intellectuels et psychologiques que nous allons aborder dans la partie suivante. Des cauchemars peuvent également apparaître

III - 2) Problèmes intellectuels

L'alcool diminue l'assimilation des vitamines PP et de certaines vitamines B qui sont nécessaires à la survie des neurones. Son usage prolongé se traduit donc par la destruction plus ou moins importante des neurones entraînant un certain nombre de lésions.

La plus grave est évidemment la maladie de Korsakoff ou syndrome de Korsakoff. Ce trouble présente des symptômes voisins de la folie (crises d'angoisse et de panique, graves problèmes de mémoire courte et longue, problèmes d'orientation dans le temps et dans l'espace, incapacité à planifier et apathie). Je dois dire à cet égard que je n'ai aucune expérience de ce syndrome dans ce sens où je n'en connais pas d'exemple dans les groupes de buveurs ou d'anciens buveurs que j'ai fréquenté. En effet, les gens atteints de cette maladie sont devenus inaccessibles aux soins permettant de retourner à une vie normale dans la mesure où ils ont totalement « perdu les pédales ». Ils sont donc traités dans des unités psychiatriques réservées aux cas très difficiles et on ne les voit pas.

Sans aller jusqu'à cet extrême les troubles intellectuels et psychologiques provoqués par l'alcool y ressemblent en moins accentués. Il s'agit de difficultés de concentration, de pertes de mémoire notamment concernant la mémoire courte, de troubles de l'humeur avec des accès d'agressivité ou au contraire de passivité (apathie) et d'accès dépressifs.

Concernant les troubles de mémoire courte on signalera la disparition totale des souvenirs des périodes très alcoolisées. Combien de fois je me suis réveillé chez moi la nuit ou le matin des lendemains de cuite en trouvant dans ma cuisine un sac plastique de courses que je ne me souvenais absolument plus d'avoir faites. Par bonheur je n'ai jamais fait de dépenses insensées. Ce qui arrive à certains. J'ai connu un cas qui avait acheté un petit camion pour son entreprise. Camion dont il n'avait pas besoin bien entendu et qu'il ne pouvait pas payer de surcroît. Il avait fait un chèque sans provision. Après cet épisode sa famille l'a mis sous tutelle. Il est décédé maintenant. C'est le moins qu'ils pouvaient faire pour se protéger. Un de mes amis est rentré un soir chez lui avec une seule chaussure toute crottée. Il n'a jamais retrouvé la deuxième et n'a jamais su ce qu'il avait bien pu en faire. Un autre soir il est allé boire une bière dans un bar à 150 km de chez lui à Vitry-le-François avant de rentrer et n'a jamais su pourquoi. Aujourd'hui il va très bien merci. Il est abstinent depuis plus de 30 ans. Une autre de nos amies a été retrouvée morte chez elle à la suite d'un incendie. Elle n'était pas abstinente et s'est probablement endormie avec une cigarette allumée. Elle était traitée avec ce nouveau médicament. Dommage, elle était jeune et vraiment mignonne.

III - 3) Problèmes psychologiques

Les troubles caractériels et les cas d'agressivité sont légion. Ils peuvent aller jusqu'au meurtre bien que ce soit rare mais les cas de maltraitance sont beaucoup plus courants. Un de mes amis ancien buveur avait un père lui-même buveur qui menaçait de les tuer avec un couteau à la main et leur marchait sur le visage avec des chaussures cloutées. La pédagogie des alcoolo dépendants est parfois assez musclée. À l'inverse certains sont plus apathiques avec l'alcool. C'était mon cas. Je frisais la tolérance. C'était grave mais je me suis soigné.

Parmi les problèmes psychologiques il faut signaler les problèmes relationnels dans le couple et avec les enfants. On ne compte pas les divorces dus à la boisson. Le buveur n'est plus supportable, il ment comme il respire, il n'est absolument plus fiable et souvent très pénible même s'il n'est pas violent. Les abstinents ne renouent quasiment jamais avec leur conjoint après une séparation. Il est généralement inutile d'y penser, inutile de rêver. Il faut tourner la page. En revanche nombreux sont ceux qui y parviennent avec leurs enfants mais c'est quelquefois très long. Il faut que la confiance se rétablisse. Il y a quand même des cas très réconfortants. Un de mes amis a une fille qui est très fière de son père. Elle dit volontiers qu'il buvait comme un trou et qu'il a arrêté. Elle trouve que ça vous pose un homme d'avoir arrêté. Il faut de tout pour faire un monde.

La boisson entraîne également de nombreux problèmes juridiques. Combien de buveurs ont perdu leur travail à cause de la boisson. Ils ne sont plus fiables, font des erreurs, arrivent en retard ou ne viennent pas du tout sans prévenir parce qu'ils sont tellement alcoolisés qu'ils ne peuvent pas se montrer. Les buveurs finissent par tout négliger : des payer les factures ou les impôts même s'ils en ont encore les moyens. On leur coupe le téléphone ou ils ont des majorations de 10 % ou plus dans tous les domaines. Ce comportement est dû à l'apathie liée à la boisson. Je ne compte plus les majorations de 10 % que j'ai dû payer alors que j'avais les moyens de régler les factures sans problème. Je ne voulais plus voir la gestion courante de ma vie. Dans mon cas ça n'a jamais représenté des sommes considérables mais ça horripile votre conjoint. Ce type de problèmes s'aggrave considérablement bien entendu quand vous ne pouvez plus payer les factures. Il devient alors de plus en plus difficile de s'en sortir. Si vous arrêtez de boire il faut commencer par affronter une montagne de dettes. Bien souvent il faut retrouver un travail. Ce qui est évidemment décourageant. Alors pourquoi ne pas retomber dans le produit. Et vogue la galère. Il y a cependant des buveurs qui le font. J'ai vu de nombreux cas qui remboursent leurs dettes pendant des années après avoir arrêté de boire. Bravo. Il faut tenir. Ce n'est pas mon cas, je n'avais pas un centime de dettes. Certains parmi nous se sont spécialisés dans l'accompagnement juridique de ceux qui en ont besoin. Ils connaissent les tribunaux et les arguments que les juges aiment entendre sur le sujet. Ils sont d'une aide précieuse et contribuent à minimiser les peines encourues par nos « collègues » dans le besoin. Je me suis d'ailleurs servi de leur argumentaire lors d'un procès qui m'a opposé à un membre de ma famille comme je l'ai déjà dit. Cette saleté avait argumenté que je n'étais pas fiable en raison de mon alcoolisme. L'argumentaire est alors simple : j'ai bu, je m'en suis sorti et je peux le prouver par des attestations de mes médecins traitants. Par ailleurs je fais partie d'un groupe de parole pour aider les autres buveurs. La juge m'a cru sur parole et j'ai gagné. Il faut y aller franchement, sans hésiter. À condition de dire la vérité. Si vous niez avoir bu ça sonnera faux. Très dangereux même si vous êtes bon comédien. Les buveurs repentis sous-estiment la cote qu'ils ont auprès des gens d'un bon niveau intellectuel comme les juges. Évidemment il ne faut pas se payer leur tête. Là vous êtes morts. Normal.

Conclusion

Lorsque l'on est sevré tous ces problèmes disparaissent. Voilà ce qu'apporte l'abstinence. Il est inutile de faire de grands discours. Il suffit de prendre conscience de la chappe de fonte que tous ces soucis représentent pour avoir une idée du soulagement quand tout disparaît. Certains ne disparaissent pas immédiatement c'est vrai : les dettes, les liens avec les enfants, la recherche de travail, les ennuis juridiques. En ce qui concerne la destruction des neurones je suis très optimiste. Certains doivent être aux abonnés absents. C'est possible. Mais je dirais simplement que nous en avons tellement (100 milliards parait-il) que d'autres prennent le relai. Il va de soi que cette affirmation mérite d'être démontrée scientifiquement, ce que je ne suis pas en mesure de faire. Mais je constate qu'intellectuellement je ne me trouve pas particulièrement débile. Les chevilles ça va, merci. Cette remarque n'aurait aucun intérêt si elle n'était pas corroborée par les autres abstinents que je connais. Or on constate que ceux qui arrêtent de boire connaissent plutôt une très bonne réussite professionnelle par la suite. On a tendance à penser entre « professionnels de la boisson » qu'on est plutôt meilleurs après qu'avant. Tout cela est vrai à condition de ne pas être allés trop loin dans la maladie de Korsakoff. C'est évident. Il y a quand même des limites au-delà desquelles le cerveau ne peut plus compenser les destructions en créant de nouvelles connexions dans les neurones qui restent disponibles.

Conclusion du livre

Ce livre a pour but de présenter les principaux aspects actuellement connus de la maladie alcoolique. Il ne peut être totalement exhaustif dans la mesure où certains professionnels pourront toujours ajouter quelques éléments supplémentaires bien entendu. Néanmoins la plupart des sujets concernant cette maladie sont abordés. Il s'agit bien d'une maladie bien que certains esprits d'un autre âge en doutent encore. Les premiers à le pressentir étaient les Anglais Trotter, Loungman, Hurst, Rees et Orms en 1804, il y a 210 ans. Depuis 1978, il y a 40 ans, les organismes médicaux sérieux l'ont reconnue comme telle : Organisation Mondiale de la Santé (OMS), Académie de Médecine, Académie Nationale de Pharmacie... On ne connaît toujours pas les origines de cette maladie. Certes, elle est due à une consommation excessive d'alcool pendant un certain temps. Magnifique banalité. Mais on ne connaît pas la durée d'exposition nécessaire, elle varie selon les individus. On ne connaît pas non plus les causes qui poussent certains à recourir à ce produit avec excès contrairement à ce que pensent les adeptes simplistes de la psychologie de prisunic. Ce ne sont pas les hypothèses qui manquent, elles sont même pléthore, mais il n'y a rien de convainquant à ce jour. Par ailleurs pour une même consommation certains deviendront dépendants et d'autres pas. Cette maladie fait environ 49 000 victimes par an selon les estimations les plus fiables des organismes médicaux. Soit un mort toutes les 10 minutes en France. Seul le tabac réussit à faire mieux avec une victime toutes les 8 minutes avec 66 000 morts par an. C'est peu dire qu'il s'agit d'un enjeu de santé publique des plus importants.

Écrit par un ancien buveur abstinent, cet ouvrage traite uniquement de la dépendance alcoolique qui concerne environ 2 millions de personnes en France alors que 3 millions d'autres ne sont que des buveurs excessifs sans dépendance. Ces derniers peuvent s'arrêter s'ils le souhaitent ce qui n'est pas le cas des 2 millions d'autres qui ont d'énormes difficultés à se passer de leur drogue favorite. Il s'attache à analyser la plupart des mécanismes de la dépendance connus à ce jour et pointe également les nombreuses lacunes qui subsistent.

Ce livre n'a aucun but thérapeutique. Ce qui signifie qu'il est hors de question de vouloir se soigner soi-même en appliquant les notions exposées ici. Les soins ne peuvent être dispensés que par des professionnels compétents, spécialisés dans cette discipline et doté d'un diplôme de médecine bien entendu. Charlatans s’abstenir. Ce qui va sans dire. En dehors de cette procédure toute tentative à toutes les chances d'être vouée à l'échec. De même que l'entourage n'a aucune chance de guérir le malade. Cette maladie est beaucoup trop complexe. C'est du travail de pros uniquement.

Fondée sur l'expérience personnelle de l'auteur, la dizaine de méthodes analysées ici sont celles qui sont appliquées par un centre d'alcoologie français. N'ayant pas une vue synthétique de tous les traitements en vigueur en France et à l'étranger, l'auteur ne peut pas prétendre à l'exhaustivité. Il est donc tout à fait probable qu'il existe d'autres traitements possibles en France ou à l'étranger. Néanmoins ceux qui lui ont été appliqués donnent des résultats. Au cours de son traitement il a côtoyé environ 750 buveurs en recherche d'abstinence comme lui. Avec des fortunes diverses. Le parcours de ceux qui ont réussi témoigne très clairement qu'il est tout à fait possible de sortir de ce piège et de cet enfer.

L'élément fondamental dont dépend la réussite d'un traitement réside dans la motivation du patient à sortir de cet enfer. Le concept de volonté est totalement dépassé dans la mesure où il procède d'un moralisme étriqué totalement arriéré. Il était par ailleurs un élément central de l'idéologie nazie ce qui le rend plus que douteux. Les méthodes appliquées dans ce centre d'alcoologie ont pour but d'amener les patients à la décision ferme d'arrêter de boire. Il s'agit d'un long chemin qui se construit petit à petit. Chaque patient n'utilisera qu'une faible partie des méthodes proposées. Celles qui conviennent à sa psychologie et à son caractère. Inutile de préciser que la psychologie est un élément décisif de la démarche. Il s'agit bien entendu de psychologie pratiquée par des professionnels dotés des diplômes décernés par nos bonnes facultés. Là aussi charlatans s'abstenir. Ils ne maîtrisent absolument pas les concepts psychologiques ni alcoologiques et essayent souvent de soigner eux-mêmes leurs propres problèmes psychologiques. En vain, ça va de soi.

Tout au long de l'ouvrage l'auteur fait également part d'anecdotes concernant son cheminement vers sa libération et sa renaissance. Elles sont destinées à aérer le texte qui pourrait être un peu trop théorique et à le rendre plus vivant. Elles montrent également par des exemples vécus quelles sont les difficultés rencontrées et les chemins pour en sortir.

ANNEXE : LES PRINCIPAUX CONCEPTS DE L'ALCOOLOGIE

Le but de cette annexe est de montrer quels sont les principaux concepts qu'il faut connaître pour comprendre quelque chose à l'alcool. On se rend ainsi mieux compte que c'est probablement aussi complexe que n'importe quelle spécialité de médecine. On trouvera infra 80 concepts qu'on peut considérer comme les plus importants. Il y en a encore trente à quarante autres plus secondaires. On les trouvera au fil de la lecture du livre. Il y a en tout 120 concepts minimum à maîtriser. Il faut également maîtriser les interactions qu'ils ont entre eux. Soit une somme encyclopédique considérable. Comme dans tout apprentissage médical.

1) Origines de l'alcool, Préambule. L'usage des boissons alcooliques est contemporain de la sédentarisation de l'homme pendant le néolithique avec l'apparition de l'agriculture et l'invention de la poterie. La découverte de ce produit est vraisemblablement due à un mauvais stockage de produits alimentaires laissés à la pluie. Les premières traces de vin connues datent de cette époque, des archéologues ont trouvé à Zagros en Iran des amphores de vin vieilles de 7500 ans. Des papyrus égyptiens décrivent les étapes de fabrication de même que l'importance de la production et de la commercialisation de la bière et du vin. La première appellation date probablement de cette époque avec des sceaux indiquant l'origine des boissons, les bons vins et les bonnes années.

2) Début du diagnostic de dépendance (200 Avant JC environ), Préambule. L'alcoolo-dépendance est décrite à l'époque du Grec Caton l'Ancien 234 - 149 avant JC. Il décrit l'alcoolo dépendance avec d'autres termes dans « De agri cultura ». La différence entre la consommation d'alcool et la dépendance, c'est-à-dire le stade où l'alcool devient une drogue date donc de 2200 ans au minimum. Les premiers à le reformuler à une époque récente sont les Anglais Trotter, Loungman, Hurst, Rees et Orms en 1804, il y a 210 ans. L'Organisation Mondiale de la Santé (OMS) l'a ensuite officiellement reconnu comme maladie en 1978. Il y a 40 ans.

3) Éléments nécessaires à la compréhension de la maladie alcoolique. Il y faut une formation théorique et pratique. Il existe des Diplômes Universitaires (DU) Alcoologie (Paris, Lyon, Nantes, Amiens...). Ils sont dispensés sur 2 semestres et comprennent 105 à 170 heures d'enseignement ainsi que la rédaction d'un mémoire. Une formation est également dispensée à l'attention des personnels soignants tels que médecins, infirmiers et aides soignant(e)s dans certains centres hospitaliers d'alcoologie. De plus une pratique consistant à traiter des patients dépendants est bien entendu nécessaire pour éviter les erreurs. Je ne suis pas qualifié pour définir combien de patients faut-il traiter avant d'avoir une compréhension suffisante des cas de figures les plus courants. Une cinquantaine me paraît être un minimum sauf avis contraire des professionnels. Toute autre formation relève du charlatanisme, de l'escroquerie et de l'exercice illégal de la médecine à mon avis.

4) Formation des médecins généralistes. Sauf erreur de ma part ils ont très peu d'heures de cours sur le sujet. C'est à dire rien. Leur maitrise du sujet est donc nulle sauf pour ceux qui ont suivi des formations complémentaires dans des centres d'alcoologie par exemple. Une infime minorité.

5) Définition de l'alcoolisme, Chapitre I. Le terme « alcoolisme » ne veut rien dire. L'imprécision de ce terme a amené un comité d'experts de l'Organisation Mondiale de la Santé à lui préférer le terme de syndrome de dépendance à l'alcool. En anglais alcohol dependance syndrome (Edward & Gross 1976, Organisation Mondiale de la Santé 1980). Il y a donc les alcoolo dépendants (2 millions en France soit 3 % de la population) qui ressentent un besoin d'alcool dès que la « dose » habituelle diminue dans leur organisme et les buveurs excessifs (3 millions en France soit 4,5 % de la population) qui peuvent s'arrêter de boire sans trop de difficultés s'ils le souhaitent.

6) Nombre de morts par les drogues en France (tabac, alcool, héroïne), Chapitre 1. Chaque année 49 000 Français meurent des suites de l'alcool faute d'avoir pu mettre un terme à leur consommation. Le problème est le même avec l'héroïne, le tabac, etc... Seul le nombre de morts diffère d'une drogue à l'autre. Le tabac fait un peu mieux avec 66 000 morts par an. Quant à l'héroïne elle n'atteint que 750 morts par an (soit 1,7 % de l'alcool et 1,1 % du tabac). Soit 111 750 morts pour ces trois drogues, 306 par jour, 1 mort toutes les cinq minutes dû à 99,3 % au tabac et à l'alcool.

7) Pourcentage d'alcoolo - dépendants en France, Chapitre I. Pour 3,0 % d'entre nous (2 millions de nos concitoyens sont dépendants sur 66 millions d'habitants en 2013) l'alcool est une drogue au même titre que l'héroïne, la cocaïne, le crack, le tabac, etc. Il y a par ailleurs 3 millions de buveurs excessifs soit 4,5 % de la population (3 sur 66 millions). 5 millions de Français soit 7,5 % ont donc un problème avec l'alcool.

8) Qu'est-ce que la dépendance ? Chapitre I. La dépendance est un état où l'usager n'est plus capable de contrôler sa consommation en dépit d'une conscience plus ou moins claire des problèmes liés à sa consommation abusive. Bien entendu on peut trouver d'autres définitions de la dépendance, ce n'est pas ce qui manque mais l'essentiel est de bien comprendre que la personne dépendante ne peut plus se passer de la substance concernée. C'est son cerveau qui commande de boire. Il n'y peut plus rien. Sauf à traiter le problème bien entendu.

9) Actions psychotropes des drogues (tabac, alcool, autres) Chapitre I. L'alcool entraîne la libération de dopamine chez l'homme. Cette dopamine active un circuit appelé « circuit de la récompense » en œuvre dans toutes les drogues. Elle agit sur un ensemble de structures cérébrales qui, comme un baromètre, nous indiquent à chaque instant dans quel état physique et psychique nous nous trouvons. Lorsque la quantité de dopamine augmente dans ces structures, quelle qu'en soit la raison, nous ressentons du plaisir et considérons que tout va bien (effet euphorisant). C'est le « circuit de la récompense » que les drogues permettent d'activer. Néanmoins la dopamine n'explique toujours pas quel est le mécanisme qui provoque la dépendance. On a simplement établi une corrélation entre dépendance et dopamine sans décrire clairement le lien de causalité qui conduit à cette dépendance et pas seulement au plaisir.

10) Impôts sur le tabac (10 Milliards €) Chapitre I. Le tabac rapporte environ 10 milliards d'Euros par an au Trésor public. Ce qui est égal aux indemnités de 850 340 chômeurs par an (un chômeur coûtait en moyenne 11 760 € par an en 2011). Certes ce n'est pas le Trésor Public qui indemnise le chômage mais ça donne un ordre de grandeur. Par ailleurs nos gouvernants ne s'attaquent pas vraiment à sa consommation. Y aurait-il comme un rapport entre les deux ?

11) Début de la dépendance Chapitre I. Il est à mon avis impossible de déterminer avec précision le début de la dépendance de chaque buveur. Il y a en effet une période trouble qui dure plusieurs mois ou même plusieurs années pendant laquelle le besoin d'alcool commence à se manifester sans que ce soit très net. Si les experts ont les idées plus claires ils seraient bien avisés de nous en faire part. Il existe en effet des tests de dépendance que je n'ai jamais pratiqué personnellement. Ils sont probablement riches d'enseignement sur le sujet.

12) Définition générale du déni Chapitre II. Le déni est un des plus puissants mécanismes psychiques permettant de nier une évidence. C'est une réaction de défense pour supporter ce qui est psychologiquement insupportable. Son but est d'assurer la survie des individus. Ce mécanisme s'étend souvent aux problèmes psychologiquement supportables qu'on ne veut pas voir. C'est le cas de la dépendance à l'alcool que les buveurs nient très longtemps voire toujours.

13) Médaille d'Or de Déni : concernant le tabac et nombre de morts par tabac et par tabagisme passif Chapitre II Le déni. Le tabac comme toute drogue crée la dépendance et rend les fumeurs esclaves du produit. Certains ont osé parler de liberté là où il n'y a qu'esclavage et servilité de bas étage. Le tabac tue 66 000 fumeurs par an en France dont 3 000 fumeurs passifs qui inhalent la fumée des autres. Des inconscients relevant de l'asile psychiatrique voudraient pouvoir continuer à assassiner 3000 personnes par an pour satisfaire leur bon plaisir. Ils appellent ça la liberté. Sans complexes. C'est un magnifique exemple de déni de la part de fumeurs qui refusent de voir l'évidence. Leur cerveau ou leur inconscient leur masque la réalité pour leur éviter de prendre conscience qu'ils assassinent les autres ainsi qu'eux-mêmes bien entendu. Ce dernier point n'étant que demi mal mis à part les frais médicaux supportés par la collectivité. C'est en effet leur problème.

14) Expériences personnelles de déni Chapitre II. Se reporter au vécu de l'auteur

15) Record d'absorption d'alcool Chapitre II Le plus gros buveur qu'il m'ait été donné de côtoyer dans le groupe de parole était arrivé à 11 litres de blanc sec par jour. Il buvait jour et nuit et ne dormait pratiquement plus puisque l'alcool est un excitant. Il a réussi à arrêter mais il a pris 60 kilos qu'il a partiellement perdu par la suite. Rien n'est impossible.

16) Inadéquation de la psychanalyse freudienne dans le traitement de l'alcool. Chapitre II. D'après mon expérience personnelle les psychiatres français n'ont aucune formation en alcoologie. Cette maladie obéissant à quelques lois que l'on connaît ainsi qu'à d'autres que l'on ne connaît pas, il est bon d'être compétent dans les mécanismes connus à ce jour. Ce qui n'est absolument pas le cas des psys. En conséquence ils ignorent les mécanismes qui sont en jeu sauf ceux qui ont fait l'effort de se former sur le sujet. Ils ne peuvent donc qu'assurer un accompagnement général mais ne peuvent absolument pas prendre en compte les mécanismes de cette affection. De plus, lorsque la dépendance est installée c'est le cerveau qui commande pas l'individu. La psychanalyse n'y peut plus rien si tant est qu'elle puisse quoi que ce soit.

17) Il faut essayer de changer de cadre de vie après l'abstinence Chapitre II. Le but est d'éviter les réflexes de Pavlov qui peuvent survenir si l'on reste dans le même cadre. Il convient au minimum de faire un nettoyage en règle du logement qui doit être accueillant. Si le buveur retombe dans un logement sale et en désordre, son envie de vivre en sera évidemment réduite. On pourra éventuellement modifier la place du mobilier pour ne plus être dans la même ambiance qu'avant.

18) Les causes multifactorielles Chapitre II. Les causes de l'alcoolisation ou des rechutes sont probablement multifactorielles. Elles viennent d'un enchevêtrement de plusieurs causes simultanément. De plus, ces causes sont différentes d'un individu à un autre. C'est une combinatoire propre à chacun ce qui la rend très difficile à trouver. De mon point de vue, cette idée est la plus puissante du livre. On cherche souvent la cause ou les 2 causes psychologiques de l'alcoolisme. On n'a aucune chance de trouver parce qu'il y en a probablement bien plus. Tant qu'on procédera ainsi on n'a aucune chance d'y arriver. La complexité est beaucoup plus grande. Tout ce qui est simpliste est faux.

19) La dépendance est à vie Chapitre III. Les buveurs les plus inconscients s'imaginent qu'avec quelques consultations en alcoologie ils vont avoir la révélation d'on ne sait qui et d'on ne sait où et qu'ils vont arrêter leur consommation excessive pour revenir à une « consommation normale ». Comme tout le monde et comme au temps béni où ils pouvaient s'arrêter à volonté sans aucun problème. Que nenni. Il n'en est rien et ça ne s'est jamais vu. La dépendance ne disparaît jamais. En revanche les envies et les pulsions de boire disparaissent avec l'arrêt de la consommation du produit.

20) Les risques liés au sevrage Chapitre III. Delirium tremens et épilepsie peuvent apparaître après le sevrage. Ils peuvent être mortels. Ce sont des symptômes de manque. Des médicaments permettent de les éviter, bien heureusement. L'alcoolisme doit être la seule maladie dont on peut mourir quand on en sort. Rien n'est parfait.

21) Travail nécessaire à l'arrêt Chapitre III. Il s'agit là du fameux travail que l'on fait sur soi. Il permet d'atteindre un meilleur niveau de lucidité sur son propre cas. Ce travail est généralement considéré comme la condition sine qua non pour arriver à un état psychique suffisamment clairvoyant pour arrêter notre drogue favorite. L'estimation que j'ai faite sur mon cas personnel nous donne un minimum de 300 heures de travail. Ce chiffre est clairement un minorant mais il donne un ordre de grandeur.

22) Les médicaments disponibles Chapitre III. Nous ne traitons pas ici des médicaments permettant d'éviter les crises de délirium tremens et d'épilepsie. Ce sont des analgésiques dont l'utilisation requiert une compétence médicale certaine que je n'ai pas. Nous traitons ici de ceux qui sont censés diminuer l'appétence à l'alcool. Ils sont au nombre de quatre.

23) Rechutes après 20 ans Chapitre III. J'ai assisté à plusieurs témoignages de rechute après 20 ans d'abstinence environ. La plupart du temps il n'y a apparemment pas de causes particulières. Ce qui prouve qu'il faut rester vigilant jusqu'à sa mort bien qu'il n'y ait plus d'envies. Les mécanismes en jeu sont alors psychologiques bien entendu. Mais comment fonctionnent-ils ? Personnellement je n'en ai aucune idée. Repassez dans 10 ans j'aurai peut-être replongé.

24) Les méthodes de transmission des connaissances en alcoologie (écrit - oral) Chapitre III. On peut distinguer 4 types de transmission par ordre croissant d'efficacité : l'écrit et 3 types de transmission orale : émanant des professionnels de santé compétents, témoignages indirects de buveurs et témoignages directs de buveurs.

25) L'hérédité comme cause de l'alcoolisme Chapitre IV. Rien ne permet de se prononcer scientifiquement sur cette idée. On ne peut pas prouver qu'il y a une hérédité alcoolique. De même qu'on ne peut pas prouver que cette hérédité n'existe pas. Encore un thème de recherche.

26) Autres causes de l'alcoolisme Chapitre IV). Aucune corrélation claire n'existe entre quelque facteur que ce soit et la dépendance alcoolique. Les études scientifiques ont porté sur la profession, le sexe, le niveau social. On n'a rien trouvé de probant jusqu'à présent. Autre thème de recherche à explorer.

27) L'alcool serait jusqu'à preuve du contraire une maladie sans cause comme il en existe des dizaines. Chapitre IV. Liste non exhaustive de certaines maladies sans cause. Cette partie est destinée à montrer que la dépendance à l'alcool est loin d'être un cas isolé parmi les maladies dont on ne connaît pas l'origine. Elles sont légion ce qui n'empêche pas de les traiter.

28) Statistiques de décès liés à l'alcool Chapitre V. 49 000 décès sont dus à l'alcool et à ses « suites » comme on dit pudiquement. Les suites sont constituées des cancers (16000), des troubles mentaux (2500), des problèmes cardio-vasculaires (7600), des problèmes respiratoires (1100), des troubles digestifs (8200), des accidents et empoisonnements (7100), mal spécifiés (2500). 84 % sont des hommes et 16 % sont des femmes. Où est la parité ? Que font les pouvoirs publics ? Un scandale.

29) 16 bonnes raisons de mourir de l'alcool Chapitre V. Cancers : des lèvres, de la cavité buccale, des mâchoires, du larynx, du pharynx, de l'œsophage, du colon, du rectum, du foie, du sein chez les femmes. Épilepsie, délirium tremens. Cirrhose, rupture d'anévrisme, rupture de varice œsophagienne, pancréatites. 16 possibilités différentes de mourir. Faites votre choix. À la bonne vôtre.

30) Caractéristiques communes à tous les buveurs Chapitre VI. Contrairement à une idée reçue de plus elles sont très rares. On peut à la rigueur en trouver trois : modification de l'humeur (plus d'agressivité ou moins selon les cas), le déni et la dissimulation de la boisson. Il n'y a pas de différence de comportement entre les hommes et les femmes. En revanche les dégradations physiques, intellectuelles et psychologiques sont plus rapides chez les femmes. On ne sait pas pourquoi. Exceptionnellement, les hommes ne revendiquent pas la parité dans ce cas précis.

31) Modification de l'humeur Chapitre VI. Les buveurs ont la réputation d'être agressifs notamment avec leur entourage. L'agressivité n'est pas la règle. Certains buveurs sont au contraire plus passifs qu'avec leur véritable nature. Mais à ma connaissance on ne dispose pas d'éléments d'information suffisants pour dire quelle est la proportion de buveurs agressifs et quelles sont les formes exactes de cette agressivité. De même on ne sait pas non plus quelle est la proportion de ceux que l'alcool rend plus apathiques.

32) Le déni comme caractéristique commune Chapitre VI. Rappelons que le déni est une réaction psychologique de défense des individus pour supporter un souvenir ou une situation qui seraient insupportables. Cette caractéristique touche tous les buveurs sans exception. Il convient d'en sortir pour commencer à s'attaquer sérieusement à l'alcoolo - dépendance.

33) La dissimulation de la boisson comme caractéristique commune Chapitre VI. Tous les alcooliques éprouvent une énorme culpabilité et une énorme souffrance à être dépendants. Ils essaient toujours de cacher leur penchant pour la boisson. De même, ils croient toujours qu'ils réussissent à dissimuler leur maladie alors même que tout le monde s'en ai rendu compte.

34) Corrélation alcool - tabac Chapitre VI. Dans une population de patients alcoolo-dépendants, la prévalence du tabagisme atteint 88 % et celle de la dépendance à la nicotine 81 %[25]. Dans les populations étudiées, le niveau de sévérité de la dépendance à l'alcool évolue comme celui de la dépendance à la nicotine. Les grands alcoolo-dépendants sont également de grands nicotino-dépendants.

35) Les rechutes Chapitre VI. Les rechutes sont fréquentes dans le processus d'abstinence. La plupart des buveurs ont besoin de passer par là pour s'en sortir. Tant que l'on n'a pas compris et admis tous les éléments de base du fonctionnement de la dépendance, on a peu de chance de s'arrêter. On fera toujours des erreurs liées aux éléments qui n'ont pas été assimilés. Parmi ces erreurs, il y en aura toujours au moins une qui conduira à une rechute. Les buveurs qui ne passent pas par ce stade sont très rares. Sur 750 ils se comptent sur les doigts d'une main, disons environ 1 %.

36) Conduite en état d'ivresse Chapitre VI. La question qui se pose est de savoir ce qui peut expliquer que certains buveurs n'ont jamais d'accident avec des doses mortelles d'alcool dans le sang. On peut risquer une explication. Certains individus ont un instinct de survie plus développé que d'autres et sont parfaitement conscients qu'ils ne sont plus en pleine possession de

---

[25] Batel et Rueff, http://uk.alcoweb.fr/alcoweb/front/Controller?controller=InterligoController&action=loadPage&codeRubrique=116

leurs réflexes. Ils adaptent donc leur conduite à leurs possibilités du moment. Vitesse raisonnable, distance de sécurité pour tenir compte de la lenteur des réflexes, ils trouvent une astuce pour ne voir qu'une ligne médiane de préférence et pas deux, etc. L'ange gardien de certains buveurs n'existe pas. Superstition archaïque. Il s'appelle envie de vivre et prudence au volant quand on conduit rond comme une queue de pelle. Tout simplement.

37) Durée d'alcoolisation Chapitre VI. Il a plusieurs notions de durée d'alcoolisation. Concernant la durée d'alcoolisation avant l'abstinence. Elle est très variable. D'après mon expérience elle va d'une dizaine d'années à 35 ans. Je pense que la durée maximale peut être très supérieure mais je n'ai pas connu de tels cas personnellement. Certains sont particulièrement robustes. Pour les autres types de durée se reporter au livre.

38) Autres notions de durée Chapitre VI. On peut distinguer la durée avant de se rendre compte qu'on boit trop, la durée avant d'admettre qu'on est dépendant et la durée avant de comprendre qu'on ne pourra jamais reboire comme avant d'être alcoolique.

39) La prise de conscience Chapitre VII. Dans un but de simplification on peut considérer qu'il y a deux types de prises de conscience. La première concerne la consommation excessive d'alcool. La deuxième concerne la dépendance. De nombreux facteurs retardent ces prises de conscience quand ils ne les empêchent pas d'apparaître. Certains n'auront jamais conscience de rien.

40) Facteurs s'opposant à la prise de conscience Chapitre VII. L'alcool a des effets euphorisants, antistress, excitants et désinhibants qui peuvent être considérés comme des avantages. La peur de la cure de sevrage incite à refouler le problème. Peur tout à fait imaginaire bien entendu. De même que la peur de devoir se passer définitivement de l'alcool. On s'y habitue très bien. Est-ce que vous mangez du caviar ou du foie gras tous les jours ?

41) L'inefficacité de l'entourage Chapitre VII. L'efficacité de l'entourage est très limitée. Elle est notamment inhibée par le tabou qui pèse sur cette maladie. Il ne faut pas en parler. Les liens affectifs entre le buveur et son entourage constituent un autre facteur d'échec. Ces liens faussent totalement l'objectivité de la relation avec l'entourage. Ce dernier sera soit trop indulgent soit trop sévère mais jamais juste. L'expérience montre que les membres l'entourage sont les plus mal placés pour obtenir des résultats.

42) La tempérance Chapitre VII. Elle permet tout d'abord au buveur de se refaire une santé en réduisant sa consommation lorsqu'il y parvient. Ce qui lui permet de durer plus longtemps. Restant en vie sur une durée plus longue, il a ainsi plus de temps pour prendre conscience que la tempérance ne sera jamais une bonne méthode et c'est le deuxième avantage. Il finit par vérifier qu'il rechute toujours et que la seule méthode efficace réside bel et bien dans l'abstinence. La tempérance peut conduire ceux qui ne sont pas abstinents à réduire leur consommation. Il existerait des cas où la tempérance est possible chez les alcoolo-dépendants. Sur ce point voir les professionnels.

43) La cure de sevrage Chapitre VII. Elle a pour but de montrer aux buveurs qu'il est possible de se passer de ce produit. Elle leur donne également les connaissances de la maladie alcoolique qui pourraient leur manquer. Elle fournit une batterie d'outils qui les aideront dans leur motivation à se passer d'alcool. Ils étudieront les mécanismes de l'alcoolisation. Ils sont dotés d'une « boite à outils » sous forme de cassettes, d'exposés et de discussions. Elle leur donne toutes les méthodes connues pour se passer d'alcool. Ils affronteront également la peur d'arrêter ce produit. L'emploi du temps est organisé entre travail et repos de manière à les occuper utilement pour qu'ils pensent le moins possible à boire.

44) Les souffrances du buveur Chapitre VIII. Il est impossible de décrire ces souffrances. À ma connaissance il n'existe pas de description de ces souffrances chez ceux qui ont écrit sur le sujet. Peut-être parce que la mémoire efface le souvenir de ces souffrances ou tout simplement parce que les mots n'existent pas. En revanche on peut décrire dans quelles situations on souffre. Quatorze de ces situations sont décrites dans le livre.

45) Les peurs des buveurs Chapitre VIII. Peur d'être démasqué en tant que buveur invétéré. Peur d'être esclave du produit. Peur de la déchéance sociale : placardisation ou licenciement, retrait de permis. Peur d'expliquer pourquoi on refuse l'alcool en cas d'abstinence. Peur d'aller en cure. Peur de la clochardisation. Peur des accidents de voiture.

46) La propagande prétendant que certaines substances bénéfiques ne se trouvent que dans le vin Chapitre VIII. Ces molécules ne sont pas arrivées dans le vin par génération spontanée comme les arriérés ont pu le croire jusqu'au Moyen - Age. Si elles sont dans le vin c'est qu'elles sont dans le raisin. On les trouve donc dans ce fruit qu'il soit frais ou sec. Par ailleurs on en trouve également dans bien d'autres aliments : le chou, l'épinard, le poireau, la laitue, l'oignon, l'ail, l'avocat, les kakis, le citron, le thé, le cacao, les cassis, les cerises, la pomme, la prune, tous les jus de ces fruits, le jus de canneberge, la rhubarbe, le sorgho, la grenade, l'huile d'olive, l'huile de colza, les huîtres, etc.

47) Les échecs dans la maîtrise de la consommation Chapitre VIII. Le buveur et son entourage essaient bien entendu de maîtriser sa consommation. C'est une étape qui est parsemée de nombreux échecs. Échecs après des tentatives psychologiques, après la tempérance, les ultimatums des proches, les rechutes, les problèmes professionnels, les problèmes financiers, les promesses d'alcooliques. Ces échecs peuvent conduire à se poser les bonnes questions.

48) Les dérapages Chapitre IX. Un dérapage est une re-consommation qui se limite à une seule alcoolisation ou a un faible nombre d'alcoolisations. Pour réussir cet exploit sans retomber dans l'alcoolisation permanente il faut avoir une solide formation en alcoologie, une motivation intacte à s'arrêter et être en relation presque immédiate avec des professionnels. La solide formation en alcoologie peut être acquise auprès de professionnels compétents au cours d'un traitement de fond ou en groupe de parole. Cette formation permet d'acquérir la certitude que l'arrêt immédiat après une re-consommation est possible.

49) La tempérance comme école de l'abstinence Chapitre IX. Le buveur se met d'accord avec son alcoologue préféré pour s'en tenir à des doses inférieures à ce qu'il absorbe habituellement. Il consulte régulièrement pour essayer de comprendre pourquoi il a réussi ou échoué ce qui constitue une bonne séance de psychologie de toute façon. Ça ne peut pas nuire. À mon avis, le but ultime consiste à l'amener à admettre que ce n'est pas vraiment tenable. C'est une lutte permanente qui s'apparente à une flagellation récurrente. Il vaut mieux arrêter de se flageller en arrêtant totalement. Il existerait des cas où c'est une bonne technique pour les buveurs.

50) Pourquoi est-il si difficile d'arrêter Chapitre IX. Parce qu'il faut vaincre les envies de boire (principal obstacle bien entendu), l'opinion d'autrui quand on refuse l'alcool et la peur d'échouer à s'arrêter.

51) L'alcool complique les relations avec les autres Chapitre X. L'entourage est constitué des amis, voisins, collègues, supérieurs hiérarchiques, conjoints, enfants, parents, collatéraux plus ou moins éloignés. Soit ils se font du souci pour nous lorsqu'ils sont bienveillants et que l'on n'est pas trop nuisibles. Soit ils sont hostiles à cause de leurs aprioris ou en raison des nuisances réelles que l'on peut générer : erreurs, manque de tonus, apathie, incapacité à s'occuper des autres, optimisme et gaîté sans cause, agressivité, perte d'emploi, perte de revenus, problèmes judiciaires et financiers, retrait de permis, maladie, dépression ou simple sinistrose.

52) Dissimulation des boissons Chapitre X. Tous les buveurs ont cette manie de dissimuler un des signes extérieurs de leur problème que sont les bouteilles. Les raisons en sont toujours les mêmes : éviter le rejet de l'entourage, éviter la honte de se faire prendre en flagrant délit, éviter les sempiternelles scènes du conjoint et de l'entourage, éviter le rejet du milieu professionnel, la rétrogradation, la placardisation, le licenciement, la perte de ressources, le divorce, l'isolement, la mendicité. Les raisons psychologiques sont exposées dans le livre. On y trouvera également quelques situations cocasses réellement vécues.

53) Exemples personnels de dissimulation de la boisson Chapitre X. Exemples en Serbie et au Kosovo.

54) Problèmes relationnels avec l'entourage proche Chapitre X. Ces problèmes se compliquent en raison tout d'abord de la méconnaissance généralisée de la maladie. L'entourage proche tombe évidemment dans tous les panneaux classiques en croyant bien faire. De plus, ce sont les moins bien placés pour traiter le problème en raison des liens affectifs avec le buveur.

55) Relations avec les autres pendant le sevrage Chapitre X. Quelques erreurs à éviter comme la surveillance trop voyante, les conseils rationnels et bien-pensants. Éviter de trop attendre du buveur qui ne pourra apporter quelque chose que quand il ira mieux. Le chemin sera défini en concertation avec des professionnels. L'amateurisme ne pardonne pas.

56) L'abstinent doit se préparer à faire face aux questions sur son refus de l'alcool Chapitre XI. De multiples méthodes sont enseignées dans tous les bons centres d'alcoologie dignes de ce nom. Chacun trouvera la méthode qu'il sent le mieux. La crainte lancinante de devoir dire qu'on a été alcoolique s'estompe petit à petit au fil du temps.

57) L'abstinence peut entraîner un rejet de l'ancien buveur Chapitre XI. L'entourage était habitué à s'occuper de tout. L'abstinent retrouve toute son énergie, tout son jugement, toute sa capacité de décision et toutes ses facultés intellectuelles. Il reprend donc toute sa place qui empiète sur celle que les autres avaient prise. Ce qui se passe rarement sans heurts. Il y a également des cas de divorce dus au fait que « le buveur va beaucoup mieux ». Contrairement à ce que l'on pense l'abstinence n'est pas non plus un long fleuve tranquille.

58) La réaffirmation de soi Chapitre XI. Même problème que précédemment. Toutes les atteintes à la personnalité dues à l'alcool et elles sont nombreuses, disparaissent quasiment du jour au lendemain sauf pour ceux qui ont besoin de plus de temps pour récupérer. Ils ne sont pas très nombreux. La personnalité de l'ancien buveur change brutalement. Il faut attendre que les autres s'habituent à notre nouvelle personnalité et à nos nouveaux comportements. Plus facile à dire qu'à faire.

59) Le soupçon de rechute Chapitre XI. Le soupçon de rechute se manifeste à propos de tout et de rien. Que vous ayez l'air fatigué, que vous ayez l'air un peu rouge, que vous soyez gai, que vous soyez triste. C'est horripilant pour l'ancien buveur. Là encore il faut attendre que les autres s'habituent à nos nouveaux comportements. C'est également une source de friction avec l'entourage.

60) Méthodes favorisant l'arrêt Chapitre XII. Nous ne sommes pas dans le cadre d'un traitement médicamenteux où le patient est totalement passif. Il avale ses pilules et il attend qu'elles fassent effet sans participer au traitement. C'est le fondement de la médecine occidentale mais ça ne marche pas dans notre cas. Il s'agit ici de déclencher ou de renforcer des motivations chez les patients. Travail psychologique donc. De multiples méthodes sont utilisées dans les centres d'alcoologie. Elles ne donnent pas toutes des résultats sur tout le monde mais chacun a des chances d'y trouver celles qui lui conviennent parmi celles qui sont proposées.

61) Le groupe de parole Chapitre XII. Ce sont des groupes de buveurs ouverts à tous et sans aprioris idéologiques. Ils se tiennent en milieu hospitalier en présence de personnels soignants professionnels de l'alcoologie. Les participants ont le loisir d'évoquer leurs cas personnels et recueillent l'avis et les conseils de leurs « collègues » en boisson. Eux-mêmes buveurs de fond mais également buveurs abstinents. Et c'est là qu'est le principal apport. L'expérience a montré que les buveurs accordent beaucoup plus de crédibilité aux propos de ceux qui ont eu le même problème qu'eux. Bien entendu les professionnels disent la même chose ou mieux mais leur message passe un peu moins bien. C'est comme ça, ils le savent pertinemment et l'acceptent. C'est une loi de l'espèce. Le travail psychologique y est par ailleurs très puissant.

62) Les consultations de psychologie Chapitre XII. Il s'agit de rendez-vous individuels classiques avec du personnel soignant, généralement un ou une psychologue ou psychiatre. On y traite évidemment des petits problèmes rencontrés dans la vie courante et de la manière de les résoudre. Une méthode comportementale m'a été appliquée. Elle me convient cent fois mieux que les méthodes freudiennes.

63) À titre d'exemples, problèmes personnels que j'y ai traités Chapitre XII.

64) Autres méthodes utilisées Chapitre XII. Ces méthodes m'ont procuré des bénéfices incontestables. Il s'agit de l'information alcool, de l'assistante sociale, des cassettes « Phare », d'un groupe motivationnel, du groupe d'aide au maintien de l'abstinence, du groupe d'affirmation de soi et de la diététique. Il existe encore deux autres groupes auxquels je n'ai pas participé : le groupe de relaxation et le groupe de créativité. Si je compte bien il y a donc 11 méthodes utilisées dans ce centre dont certaines sont très gourmandes en temps. On comprend mieux maintenant pourquoi le traitement sérieux de cette maladie ne sera jamais à la portée de médecins individuels. De même qu'il n'est pas envisageable par des structures privées remboursées par la Sécurité sociale. Dans les structures du secteur totalement libre les coûts sont exorbitants. Il faut bien payer tous ces spécialistes et entretenir les marguerites du parc. Les généralistes qui imaginent pouvoir traiter seuls le problème avec un nouveau médicament miracle rêvent totalement. Ils rêvent peut-être également de se créer une nouvelle clientèle qui leur échappait jusqu'alors. À n'en pas douter, certains doivent y croire, ceux qui ne connaissent pas le sujet. Mais j'ai mauvais esprit, c'est bien connu.

65) Avec l'abstinence d'autres problèmes commencent Chapitre XIII. Formule provocatrice pour dire simplement que de nouveaux problèmes apparaissent pour maintenir l'abstinence. Ne pas traduire par « plus ça va mieux et plus c'est pire », n'exagérons rien. Les principales difficultés et les moyens d'y faire face sont traités infra.

66) Les envies et les pulsions Chapitre XIII. Les envies sont des besoins de boire qui n'apparaissent pas brutalement. On les sent venir et on peut plus facilement y faire faire face soit en absorbant des boissons sucrées, soit en mangeant, soit en ayant une activité qui nous fera penser à autre chose. En revanche les pulsions apparaissent brutalement. On a l'impression que l'on a activé brutalement des circuits de la mémoire qui rappellent une situation antérieure où l'on buvait. Ce peut être le passage devant un rayon alcool d'une grande surface, ce peut être la vue de notre alcool préféré. Ce peut être également une angoisse que l'on calmait auparavant en buvant : une dispute conjugale, le stress de parler en public, le rappel d'un échec professionnel ou social (je ne vaux pas grand-chose, j'ai un poste subalterne...). Etc. Ces deux phénomènes ne durent que quelques minutes et il est assez facile d'y faire face grâce aux méthodes apprises dans le cadre de la « boîte à outils ».

67) On évitera les lieus de vente d'alcool Chapitre XII Il faut éviter d'aller dans les magasins où l'on s'approvisionnait auparavant et même éviter de passer devant au début. Quitte à changer ses circuits de déplacement. Le simple fait de passer devant le magasin peut vous donner l'envie irrépressible de rentrer pour acheter votre poison préféré. C'est une sorte de réflexe de Pavlov. Le cerveau se souvient immédiatement du plaisir éprouvé à boire et déclenche l'envie d'en absorber pour retrouver le plaisir en question. Le cerveau sait que le whisky agit sur le centre du plaisir et déclenche l'ordre d'en boire. Alors qu'en cas d'abstinence bien installée ce brave cerveau n'y pense plus.

68) On évitera l'alcool à la maison Chapitre XII. Cela concerne tout d'abord les alcools que l'on avait l'habitude de boire. Au début de l'abstinence, la simple vue de ces alcools réactive immédiatement l'envie de boire qui commençait à disparaître. Là encore les réactions de chacun sont différentes mais la règle de prudence est la même pour tout le monde : pas d'alcool à la maison dans un premier temps et on verra après.

69) Les émotions peuvent réactiver des envies de boire Chapitre XIII Une des sources principales des envies de boire réside dans les émotions. Le buveur a donc pris l'habitude de consommer le produit dans chaque situation qui provoquait du stress, de l'angoisse ou de la déprime. C'est à dire dans de nombreuses situations qui génèrent des émotions chez les bipèdes normalement constitués. On s'attachera donc à essayer d'éviter de telles situations. C'est évidemment plus facile à dire qu'à faire.

70) On préparera des boissons de substitution autres que l'eau Chapitre XIII De nombreuses boissons ont la propriété de diminuer ou de faire disparaître les envies de boire. Il s'agit notamment des jus de fruit. Sur ce point je renvoie aux diététiciennes spécialisées en alcoologie qui sont plus compétentes que moi. C'est un point important qui peut sauver la mise et éviter de remettre le couvert.

71) Trois périodes dans l'abstinence Chapitre XIII. De 0 à 6 mois, de 6 à 18 mois et de 18 mois et au-delà. Le chapitre XIII est consacré à ces trois périodes. Les problèmes y sont sensiblement comparables mais leur intensité diminue fortement. On trouvera dans ce chapitre les différences concernant chacune de ces périodes et les moyens d'y faire face.

72) Idée fausse : les alcooliques sont des faibles Chapitre XIV. Le mécanisme conduisant à la dépendance est totalement inconscient. Le buveur ne se rend pas compte qu'il boit de plus en plus en raison du déni qui le caractérise. Lorsqu'il s'en rend compte il est bien souvent trop tard, la dépendance est déjà installée. Il n'y a aucun lien entre la force de caractère et l'alcoolisation. On pourrait citer de nombreux cas de buveurs qui ont réalisé de grandes choses dans l'industrie ou dans d'autres domaines qui nécessitent de la force de caractère pour réussir.

73) Idée fausse : l'alcoolisme n'est pas une maladie Chapitre XIV. Le caractère de maladie est reconnu par toutes les instantes médicales compétentes : Organisation mondiale de la Santé (OMS, en 1978), Académie de Médecine, Académie Nationale de Pharmacie, Haute Autorité de Santé, Institut de la Recherche Scientifique et Technique (INRS) et quelques dizaines d'autres. Quelques obscurs charlatans moralisateurs et réactionnaires ne veulent pas l'admettre et s'accrochent à des idées des siècles passés. Tant qu'on ne réussira pas les greffes de cerveau on ne pourra rien pour eux.

74) Idée fausse : l'arrêt de la boisson est une question de volonté Chapitre XIV. Au stade de l'alcoolo dépendance le buveur ne peut plus rien contre sa consommation. L'alcool est plus fort que tout. Seule, la motivation peut en venir à bout avec l'aide de professionnels compétents. Personne ne peut sortir de la dépendance tout seul. De plus cette vénération pour la volonté était une des caractéristiques de l'idéologie nazie qui n'était pas un modèle d'analyse rationnelle et scientifique à ma connaissance. Un film nazi été tourné sur le thème de la volonté : "Le triomphe de la volonté", "Triumpf of the Will", "Triumphiere über den Willen", "Триумф по желанию" tourné en 1934. Je n'ai pas le souvenir qu'il ait eu le Prix Nobel. En revanche il a obtenu le prix d'honneur du meilleur documentaire en France en 1935 donc bien avant l'invasion allemande.

75) L'arrêt de l'alcool est une question de motivation Chapitre XIV. Le rôle de la motivation est communément admis par tous ceux qui ont un QI supérieur à celui de l'huître. En revanche on ne connaît pas de méthode qui déclenche cette motivation à volonté. De nombreuses méthodes contribuent à son déclenchement mais elles peuvent rester sans effet. Son origine reste un mystère.

76) Autres idées fausses Chapitre XIV. Les abstinents ne boivent que de l'eau, on peut trouver les causes de l'alcoolisation d'un individu, les buveurs présentent tous les mêmes symptômes. Tout cela est totalement faux.

77) Bénéfice du sevrage : Vivre au lieu de mourir Chapitre XV. Il n'est pas à exclure que les buveurs abstinents soient pris d'une motivation supplémentaire aux autres pour réaliser des choses dans la vie. Motivation supplémentaire que n'ont pas ceux qui ne picolent même pas (personne n'est parfait) parce qu'ils n'ont pas côtoyé la déchéance et la mort d'aussi près. Voyage au bout de l'enfer. Ce qui ne nous tue pas nous renforce. Le cursus post alcoolique brillant de certains permet de le penser.

78) Récupération de l'estime de soi Chapitre XV. Avec la boisson il y a la honte d'avoir perdu ses capacités. Il s'agit alors du sentiment d'infériorité d'être incapable d'arrêter l'alcool pour retrouver le statut d'être humain. Je sais que le premier verre va en entraîner inévitablement d'autres qui vont me faire perdre ce statut d'être humain. Je ne suis même plus capable de ne pas le prendre. Je suis incapable de faire ce qu'il faut pour redevenir un être humain, un Homo Sapiens, un Homme savant. Je suis tombé bien bas. Ces sentiments très douloureux disparaissent.

79) Les problèmes physiques disparaissent grâce à l'abstinence Chapitre XV. En dehors des maladies mortelles qui ont déjà été traitées, les pathologies alcooliques sont nombreuses. Citons-en quelques-unes : embonpoint ou maigreur, libido en baisse, problèmes dermatologiques, démarche hésitante (démarche ébrieuse, ataxie), tremblements, couperose (s'atténue mais ne disparaît pas totalement), troubles du sommeil. La plupart disparaissent totalement avec l'abstinence et ça va mieux quand ça s'arrête.

80) De nombreux problèmes psychologiques disparaissent avec l'abstinence Chapitre XV. On citera l'agressivité ou la passivité, les problèmes relationnels avec les proches (ils s'améliorent mais ne disparaissent pas toujours), les soucis liés aux problèmes juridiques et aux pénalités fiscales, on retrouve plus facilement un travail et éventuellement une compagne (pour les masochistes) ou un compagnon pour les femmes. Il y en a bien d'autres.

Table des matières

Remerciements 9

Préambule 11

Chapitre 1 - Qu'est-ce que l'alcoolisme et la dépendance ? 17
I) Qu'est-ce que l'alcoolisme ? 17
II) Comment j'ai vécu le chemin vers la dépendance 20
III) La dépendance 25
IV) Quand suis-je devenu dépendant ? 29

Chapitre II - Le déni, un des principaux problèmes des buveurs 33
I) Exemples de déni 33
I - 1) Exemple théorique : une mère perd ses enfants 33
I - 2) Un père tue une partie de sa famille en voiture 33
I - 3) Déni de l'alcool et des méfaits du tabac 34
II) Manifestations du déni dans mon cas 36

Chapitre III - La dépendance à l'alcool et aux drogues est à vie 45
I) Les risques liés au sevrage 45
I - 1) Le Delirium tremens 45
I - 2) La crise d'épilepsie 46
II) Mon expérience des médicaments à prendre en cas de sevrage 48
III) Les médicaments disponibles 51
III - 1) l'Espéral 52
III - 2) Le Révia 52
III - 3) L'Aotal 52
III - 4) Le Baclofène 53
IV) Les méthodes de transmission des connaissances en alcoologie (écrit oral) 56

Chapitre IV - Connait on les véritables causes de l'alcoolisme ? 59
I) L'hérédité 59
II) Les facteurs environnementaux liés à l'activité professionnelle 60
II - 1) Les transports routiers 60
II - 2) Les professions médicales 62
II - 3) Les gens de mer : marins de pêche et marins de commerce 62
II - 4) Enseignements des études auprès de populations salariées sur les liens entre consommations de Substances Psycho Actives (SPA) et travail 63

III) La recherche des causes de l'alcoolo dépendance par des méthodes psychologiques freudiennes 65
IV) Mon expérience personnelle de recherche des causes de ma consommation d'alcool 69
V) Maladies sans causes 70
V - 1) Cancers 70
V - 2) Le syndrome des jambes sans repos (SJSR) 71
V - 3) La fibromyalgie 71
V - 4) Prurit sans cause dermatologique 71
V - 5) L'hémorragie sous arachnoïdienne sans cause (HSA, hémorragie cérébrale) 72
V - 6) La fatigue chronique 73
V – 7) Maladie de Sudeck 73
V - 8) La dystonie 74
V - 9) La pancréatite 75
Conclusion 76

Chapitre V - Les pathologies liées à l'alcool 79
I) Décès liés à l'alcool 80
II) L'excès d'alcool provoque des cancers 81
III) Effets sur le cerveau et sur le système nerveux 82
IV) Les pathologies du foie 83
V) Les autres pathologies 84
Conclusion 85

Chapitre VI - Les caractéristiques communes à tous les buveurs 87
I) Modification de l'humeur (agressivité, passivité, etc.) 87
II) Différences hommes – femmes 88
III) Buveurs mono produit ou multi produits 89
IV) Origine socio - professionnelle des buveurs 95
V) Déni 96
VI) Rechutes 97
VII) Conduite en état d'ivresse 98
VIII) Durée d'alcoolisation 99
IX) Désir de cacher son penchant 101
Conclusion 101

Chapitre VII - La prise de conscience de l'alcoolisme par le buveur 103
I) Les obstacles à la prise de conscience 104
I - 1) Les prétextes pour refuser de voir que l'on boit trop 104
I - 2) L'inefficacité de l'entourage 106
II) La prise de conscience 110

II - 1) 1 La tempérance 111
II - 2) La cure de sevrage 112
II - 2 - 1) Les mécanismes de l'alcoolisation 113
II - 2 - 2) L'emploi du temps 114
II - 2 - 3) La « boite à outils » 114
II - 2 - 4) La peur de l'arrêt définitif de l'alcool 115
Conclusion 117

Chapitre VIII - Les moteurs de l'évolution vers l'abstinence et le temps nécessaire 119
I) Les souffrances 119
II) Les peurs 122
II - 1) Peur d'être pris pour un alcoolique 123
II - 2) Peur d'être esclave du produit 123
II - 3) Peur de la déchéance sociale 124
II-3-1) Peur de perdre mes missions de consultant 124
II-3-2) Peur de perdre mes enseignements 125
II-3-3) Peur de la suppression de mon permis de conduire 126
II - 4) Peur de refuser de l'alcool en société après l'abstinence 127
II - 5) Peur d'aller en cure 127
II - 6) Peur de la clochardisation 129
II - 7) Peur d'avoir un accident de voiture 130
III) Les échecs des tentatives d'arrêt 131
Conclusion 132

Chapitre IX - La difficulté d'admettre qu'il faut arrêter totalement et définitivement 135
I) Les exceptions à la nécessité d'arrêter totalement 135
I - 1) Les dérapages 135
I - 2) Le baclofène 136
I - 3) La tempérance 137
II) Pourquoi est-il si difficile d'arrêter 137
II - 1) L'envie de boire 137
II - 2) L'opinion d'autrui 138
II - 3) La peur d'échouer à arrêter 138
Conclusion 138

Chapitre X - Les relations avec les autres (famille, sociabilisation, travail) avant l'arrêt 139
I) Dissimulation des boissons 140
II) Exemples personnels de dissimulations 142
II - 1) En Serbie 142

II - 2) Au Kosovo 149
III) Problèmes relationnels avec l'entourage 151
VI) Relations avec les autres pendant le sevrage 153
Conclusion 155

Chapitre XI - Les relations avec les autres après l'arrêt : famille, sociabilisation, travail 157
I) Les relations avec les autres et la crainte de dire qu'on a été buveur 157
II) Difficultés qui apparaissent avec la sobriété 158
II - 1) Rejet possible par les proches 158
II - 2 La réaffirmation de soi 161
II - 3 Le soupçon de rechute 162
Conclusion 162

Chapitre XII - Les méthodes favorisant l'arrêt : méthodes psychologiques, groupe de parole, groupes de travail 165
I) Les Deux principales méthodes qui m'ont été très utiles 166
I - 1) Le groupe de parole 166
I - 2) Les consultations de psychologie 168
I -2 1) Traitement des formalités administratives 169
I - 2 - 2) L'hygiène de vie 171
I - 2 - 3) La photo 171
I - 2 - 4) Travail préventif sur le décès de ma mère 173
II) Autres méthodes pour se sortir de la boisson 175
II - 1) Information alcool 175
II - 2) Assistante sociale 175
II - 3) Les cassettes « Phare » 175
II - 4) Le groupe motivationnel du lundi matin 176
II - 5 Le groupe d'aide au maintien de l'abstinence 176
II - 6) Le groupe d'affirmation de soi 176
II - 7) Diététique 176
II - 8) Autres groupes 178
Conclusion 178

Chapitre XIII - Les méthodes appliquées après le sevrage : moins de 6 mois, de 6 à 18 mois, après 18 mois 179
I) Période de 6 mois après l'abstinence 180
I - 1) Les envies 180
I - 2) Les pulsions 180
I - 3) les situations qui suscitent le besoin de boire (envies ou pulsions) 181
I - 3 - 1) Les lieux de vente d'alcool 181

I - 3 - 2) L'alcool à la maison 183
I - 3 – 3) Les émotions 184
I - 3 - 4) les boissons de substitution 185
I - 4) la durée des envies ou des pulsions 186
II) Envies de boire et pulsions de 6 à 18 mois après le sevrage 187
III) Période de sevrage après 18 mois, sevrage de long terme 188
Conclusion 189

Chapitre XIV - La perception de l'alcoolisme par les autres (opinion d'autrui). Liste partielle des idées fausses 191
I) Les alcooliques sont des faibles 191
II) L'alcoolisme n'est pas une maladie 192
III) L'arrêt de la boisson est une question de volonté 193
IV) Le delirium tremens est dû à la consommation d'alcool 196
V) Les abstinents ne boivent que de l'eau 198
VI) Origine des causes de l'alcoolisation 199
VII) Les buveurs ont tous les mêmes symptômes 199
VIII) La difficulté à trouver la cause de l'alcoolisation 200
IX) Attitude à adopter vis à vis des autres quand on devient abstinent 200
Conclusion 200

Chapitre XV - Bénéfices du sevrage et motivations pour éviter la rechute 201
I) Vivre au lieu de mourir 201
II) Estime de soi 203
III) Santé physique et intellectuelle 204
III - 1) Problèmes physiques 205
III - 2) Problèmes intellectuels 206
III - 3) Problèmes psychologiques 207
Conclusion 209

Conclusion du livre 211

ANNEXE : Les principaux concepts de l'alcoologie 213

Récits, Mémoires, Témoignages aux éditions L'Harmattan

Dernières parutions

PRÉLUDE À L'APRÈS-MIDI D'UN ENFANT DÉFUNT
Bonnélie Anne
« Tu es tombé comme le petit prince. Ton serpent était une barrière en fer et ton sable du béton gréseux. La barrière de fer a fait un bruit d'enfer en tombant par terre. Ce n'est pas la faute à Voltaire ! Drôle de bruit pour un dimanche après-midi. Tu es tombé silencieusement, comme un enfant. Tu t'es couché sur le béton, comme si tu t'endormais, en plein après-midi. Tu es parti comme le Petit Prince tout seul. En un instant tu as rejoint ta rose et ton étoile. »
(Coll. Au-delà du Témoignage, 10.00 euros, 66 p.)
ISBN : 978-2-343-09020-7, ISBN EBOOK : 978-2-14-000632-6

QUAND L'ABSENCE SE FAIT SAISON
Lefebvre Gérard
L'auteur suggère que nous considérions l'absence comme une saison ; une saison à la fois vivante et oubliée, proche et lointaine, attendue et déjà regrettée. L'absence c'est notre saison d'homme. C'est un véritable voyage qui attend le lecteur, une invitation à se montrer attentif aux multiples métamorphoses de cette étrange saison. C'est également l'occasion de mettre en perspective diverses situations où l'absence, avec ou sans nous, se met en lumière et nous met implicitement en lumière. Pour nous accompagner dans ce voyage, l'auteur nous propose un dialogue surprenant, inattendu et intemporel.
(15.00 euros, 136 p.)
ISBN : 978-2-343-08838-9, ISBN EBOOK : 978-2-14-000774-3

ODE AU GRAND ABSENT QUI NE M'A JAMAIS QUITTÉ
Récit d'un fils de résistant français
Gaussot Jean-Michel
L'auteur, fils d'un résistant français mort dans un camp nazi, se penche, dans ce livre, sur le destin de cet homme qu'il n'a pas connu mais qu'il a toujours vénéré. Au terme d'une longue quête qui le verra revenir sur les lieux de souffrance de son père et retrouver des documents longtemps enfouis, il parviendra à reconstituer le parcours de ce héros obscur dont l'image n'a jamais cessé de l'habiter.
(Coll. Rue des écoles, 20.50 euros, 204 p.)
ISBN : 978-2-343-08613-2, ISBN EBOOK : 978-2-14-000519-0

MOBILITÉS, L'OMBRE D'UN PÈRE
Essai Hybride
Bonnet Michel
Cet essai autobiographique développe une série de réflexions non convenues sur les relations entre le temps et la mobilité à partir du concept de rythmes de vie. Il mêle différents plans et registres de vie : une histoire professionnelle, une psychanalyse au long cours, des expériences de vie cruelles... L'hypothèse freudienne de la pulsion de mort inspire l'interprétation d'une logique d'activation de la mobilité dont le temps existentiel serait le vecteur.
(Coll. Logiques sociales, 13.50 euros, 118 p.)
ISBN : 978-2-343-08827-3, ISBN EBOOK : 978-2-14-000665-4

MON NOVICIAT EN POLITIQUE
Chronique d'un engagement au MoDem
Laszlo Anne
Caustique parfois, tendre par moments, ironique et informative, cette chronique rend compte d'un engagement politique au Mouvement Démocrate et des étonnements qu'il suscite de mai à décembre 2015, à l'occasion des élections régionales. À l'enthousiasme des militants d'Alsace, Champagne-Ardenne et Lorraine, a succédé le désenchantement en même temps que le verrouillage politique au centre et à droite par les Républicains, pendant que la France et l'Europe étaient secouées par la « crise des migrants » et les attentats terroristes de novembre. L'auteure revendique son appartenance au MoDem, ce qui ne l'empêche pas de porter un regard critique sur les centristes.
(Coll. Rue des écoles, 14.00 euros, 126 p.)
ISBN : 978-2-343-08689-7, ISBN EBOOK : 978-2-14-000692-0

MIGRATIONS
Une famille dans l'histoire du XXe siècle
Smolar Roland
Né de la rencontre improbable entre un fils d'immigrés juifs de la Russie tsariste et d'une jeune femme dont les parents venaient de Picardie et d'Auvergne, l'auteur et sa famille ont subi les grands conflits qui ont traversé le XXe siècle. L'histoire familiale est confrontée à l'Histoire avec un grand H.
(Coll. Historiques, 24.50 euros, 242 p.) Illustré en noir et blanc) *ISBN : 978-2-343-08908-9, ISBN EBOOK : 978-2-14-000674-6*

REGARDS DU SUD
Bribes de mémoire du XXe siècle finissant
Aly Chérif Mohamed
Cet essai est une somme de réflexions sur des expériences vécues pour restituer les bribes de mémoire des étapes physiques, intellectuelles, politiques de la première partie du parcours de l'auteur, les années 1950-2000. Sont ainsi abordées les problématiques des Empires coloniaux et leur effondrement, la montée fulgurante des superpuissances, les dynamiques de leur confrontation et du vaste mouvement de libération nationale ayant débouché sur la nouvelle aire géopolitique baptisée «Tiers-Monde».
(38.00 euros, 378 p.)
ISBN : 978-2-343-07157-2, ISBN EBOOK : 978-2-14-000602-9

SOUFFRANCES ET ESPÉRANCES ARMÉNIENNES
Girard Marc, Gasparyan Zarouhie
Son premier voyage en Arménie fut un choc. De ce voyage naîtra une étonnante complicité avec la jeune guide arménienne qui l'accompagnait, concrétisée dans un ouvrage écrit en commun. Les deux auteurs s'associent à nouveau pour nous livrer leurs perceptions des réalités arméniennes, ses splendides paysages de montagne, sa culture millénaire, son peuple pétri de qualités humaines, malgré la blessure ancienne et profonde, pas encore refermée, qui l'accable.
(20.00 euros, 216 p.)
ISBN : 978-2-343-08507-4, ISBN EBOOK : 978-2-14-000411-7

LA BONNE PAROLE
Une coopérante en Afrique anglophone
Maldonado Michèle
Frais émoulus de l'université, nous étions un couple jeune et plein d'enthousiasme, soixante-huitards convaincus, idéalistes. À l'obtention du CAPES, nous sommes partis au Kenya puis au Nigéria y apporter «la bonne parole». L'expérience a été pour nous d'une inépuisable richesse. Confrontés à d'autres moeurs, d'autres cultures, nos modes de pensée ont évolué. Si, jusqu'au bout, la passion d'enseigner qui nous animait est restée intacte, nous avons gagné en lucidité – y compris sur nous-mêmes.
(Coll. Écrire l'Afrique, 17.50 euros, 182 p.)
ISBN : 978-2-343-07863-2, ISBN EBOOK : 978-2-14-000422-3

AIE PAS PEUR MÉMÈRE, J'SUIS LÀ
Récit
Jund Bernard
L'enfance de Louis est évoquée en une succession de tableaux, depuis l'évocation de la guerre (il a cinq ans en 1939) au souvenir de sa Mémère. Il faut suivre Louis, des avatars des premiers chagrins amoureux jusqu'à son entrée à l'École Estienne. Le lecteur glanera des souvenirs qui, sans être les siens, ne sont pas loin de ressembler – pour ceux qui ont vécu- à ce que tout un chacun pourrait déclarer... les nôtres !
(Coll. Rue des écoles, 19.00 euros, 188 p.)
ISBN : 978-2-343-07247-0, ISBN EBOOK : 978-2-14-000460-5

FOLIE DU MONDE ET VERTIGE DES RELIGIONS
Mémoires d'un vieux médecin
Weill Francis
Après de nombreuses parutions sur l'étude des religions ou sur son expérience de médecin, Francis Weill livre ici ses mémoires, libre de toute sujétion au «politiquement correct». Cet ouvrage vous propose de mieux connaître les cobras, apprendre un peu de cardiologie appliquée, découvrir les secrets du fonctionnement d'un CHU; pénétrer dans le cerveau des intégristes et découvrir comment les concepts d'amour de Dieu peuvent se transformer en un idéal d'impérialisme meurtrier... L'auteur vous propose de cheminer avec lui à la recherche d'un sens à la folie du monde.
(Coll. Acteurs de la Science, 39.00 euros, 448 p.)
ISBN : 978-2-343-08727-6, ISBN EBOOK : 978-2-14-000313-4

MES MEILLEURS SOUVENIRS
Douby
À l'affut du monde, Douby s'inspire des aspects absurdes de notre vie quotidienne pour camper des personnages : le pianiste concertiste, le technocrate, le danseur de kabuki, le prof... Beaucoup de lieux l'ont accueilli en France et à l'étranger pour les Alliances françaises. À la télévision, il s'est produit au «Grand Échiquier» et a tourné au cinéma dans le film «La Maison Vide», mis en scène par Denys Granier-Deferre. Après «Douby en 3D» au festival d'Avignon en 2014, il prépare le prochain Avignon 2016.
(Coll. Cabaret, 17.50 euros, 160 p.)
ISBN : 978-2-343-08522-7, ISBN EBOOK : 978-2-14-000325-7

VIVRE, C'EST QUOI ?
Parcours et réflexions d'un homme du temps présent
Raynaud Pierre - Préface de Mohamed Tadbirt
Pierre Raynaud revisite son parcours en abordant des thèmes qui lui sont chers avec beaucoup d'interrogations sur les institutions, la foi, le pouvoir... Le monde est en attente d'un renouveau profond, se basant sur les valeurs du respect de chacun. Les lecteurs apprécieront l'authenticité de ce témoignage, qui n'offre pas de certitudes, mais un questionnement auquel, ensemble, nous sommes appelés à nous atteler. Avec une clé du bonheur de vivre : l'amitié pour rebâtir le monde autrement.
(30.00 euros, 292 p.)
ISBN : 978-2-343-08101-4, ISBN EBOOK : 978-2-14-000381-3

DRESSÉE AVEC LE POING !
Confessions gauchistes d'une femme libre
Beraha Nadine
Confrontée à un monde qu'elle refuse, l'auteur se construit dès l'enfance un personnage fort et rebelle que l'on suit dans son parcours de vie : Dressée avec le poing ! Elle doit combattre d'abord ses propres démons hérités des angoisses de la judaïté, puis le modèle de ses parents, avant de se lancer dans le défi des années soixante qui remirent en cause une société figée dans ses valeurs conservatrices. En quête d'un monde nouveau inaccessible, en proie à ses propres faiblesses et contradictions, *Dressée avec le poing !* multiplie les expériences qui pourraient lui permettre de

s'épanouir, sans jamais y parvenir. C'est en partant seule parcourir le monde à l'âge de 57 ans qu'elle croit atteindre enfin la liberté ultime.
(Coll. Vivre et l'Écrire, 20.00 euros, 207 p.)
ISBN : 978-2-343-08289-9, ISBN EBOOK : 978-2-14-000392-9

AUTOBIOGRAPHIE INSTITUTIONNELLE ET EXPÉRIENTIELLE D'UNE PENSÉE DE LA FORMATION
Une histoire de l'IFEPP 1964-2000
Honoré Bernard - Préface de Christophe Niewiadomski
Dans cet ouvrage, Bernard Honoré revient sur l'histoire de son expérience en formation dans diverses institutions sociales, éducatives et de santé, en particulier dans le cadre de l'Institut de formation et d'études psychosociologiques et pédagogiques (IFEPP) qu'il a fondé et qu'il a dirigé pendant près de quarante ans. Il présente la succession de ses diverses expériences et les concepts qu'il a créés pour donner un sens à la formation.
(Coll. Histoire de vie et formation, 20.00 euros, 296 p.)
ISBN : 978-2-343-08462-6, ISBN EBOOK : 978-2-14-000388-2

L'ŒUF ET LE NID
Alain Bœuf
C'est l'histoire d'une adoption. C'est un témoignage au jour le jour de notre aventure familiale. C'est un conte à la fois géographique et imaginaire qui décrit les embûches, les fantasmes, les joies et les déceptions qui jalonnent ce parcours. La construction d'une famille d'adoption est-elle si éloignée de la construction d'une identité nationale multiculturelle ? Avec la question de l'appartenance au groupe, comment penser cet autre qui va devenir nôtre ? Pourquoi enfin, il nous semble parfois aussi difficile d'accueillir que d'être accueilli ? L'adoption met à jour les interrogations premières de toute l'Humanité : d'où venons-nous ? Qui sommes-nous ? Et où allons-nous ?
(20.00 euros)
ISBN : 978-2-336-31087-9

LA CONFIANCE EN QUESTIONS
Sous la direction de Sophie Agulhon, Franck Guarnieri, Sonny Perseil et Yvon Pesqueux
Qu'est-ce que la confiance ? La confiance est-elle source de vulnérabilités ? Est-elle nécessaire en matière d'éducation ? Peut-on parler de culture(s) de la confiance ? Le droit permet-il d'assurer la confiance ? Telles sont les principales questions abordées au sein de cet ouvrage interdisciplinaire qui offre une réflexion approfondie sur la thématique de la confiance. Cet ouvrage passionnant permet de mieux cerner cette notion polysémique grâce à la qualité des trente-cinq auteurs réunis.
(Coll. Perspectives organisationnelles, 39.00 euros, 424 p.)
ISBN : 978-2-343-08812-9, ISBN EBOOK : 978-2-14-000404-9

EFFACER LA HAINE
Bill Brummel
Ce documentaire primé fait la chronique d'une histoire touchante sur la transformation et la rédemption. En 2009, l'ex skinhead raciste Bryon Widner entame une douloureuse et importante chirurgie au laser, comptant au total 25 interventions en seulement 18 mois, dans le but d'effacer ses tatouages aux propos racistes. Mais la suppression de ces tatouages n'est que la représentation extérieure d'un changement intérieur. Ce film nous fait découvrir le côté obscur des skinheads racistes à travers le témoignage d'un homme tentant de fuir cette vie d'addiction, de sectarisme et de haine.
(20.00 euros)
ISBN : 978-2-336-31102-9

Structures éditoriales du groupe L'Harmattan

L'Harmattan Italie
Via degli Artisti, 15
10124 Torino
harmattan.italia@gmail.com

L'Harmattan Hongrie
Kossuth l. u. 14-16.
1053 Budapest
harmattan@harmattan.hu

L'Harmattan Sénégal
10 VDN en face Mermoz
BP 45034 Dakar-Fann
senharmattan@gmail.com

L'Harmattan Cameroun
TSINGA/FECAFOOT
BP 11486 Yaoundé
inkoukam@gmail.com

L'Harmattan Burkina Faso
Achille Somé – tengnule@hotmail.fr

L'Harmattan Guinée
Almamya, rue KA 028 OKB Agency
BP 3470 Conakry
harmattanguinee@yahoo.fr

L'Harmattan RDC
185, avenue Nyangwe
Commune de Lingwala – Kinshasa
matangilamusadila@yahoo.fr

L'Harmattan Congo
67, boulevard Denis-Sassou-N'Guesso
BP 2874 Brazzaville
harmattan.congo@yahoo.fr

L'Harmattan Mali
Sirakoro-Meguetana V31
Bamako
syllaka@yahoo.fr

L'Harmattan Togo
Djidjole – Lomé
Maison Amela
face EPP BATOME
ddamela@aol.com

L'Harmattan Côte d'Ivoire
Résidence Karl – Cité des Arts
Abidjan-Cocody
03 BP 1588 Abidjan
espace_harmattan.ci@hotmail.fr

L'Harmattan Algérie
22, rue Moulay-Mohamed
31000 Oran
info2@harmattan-algerie.com

L'Harmattan Maroc
5, rue Ferrane-Kouicha, Talaâ-Elkbira
Chrableyine, Fès-Médine
30000 Fès
harmattan.maroc@gmail.com

Nos librairies en France

Librairie internationale
16, rue des Écoles – 75005 Paris
librairie.internationale@harmattan.fr
01 40 46 79 11
www.librairieharmattan.com

Lib. sciences humaines & histoire
21, rue des Écoles – 75005 Paris
librairie.sh@harmattan.fr
01 46 34 13 71
www.librairieharmattansh.com

Librairie l'Espace Harmattan
21 bis, rue des Écoles – 75005 Paris
librairie.espace@harmattan.fr
01 43 29 49 42

Lib. Méditerranée & Moyen-Orient
7, rue des Carmes – 75005 Paris
librairie.mediterranee@harmattan.fr
01 43 29 71 15

Librairie Le Lucernaire
53, rue Notre-Dame-des-Champs – 75006 Paris
librairie@lucernaire.fr
01 42 22 67 13